彼自身による
ロベール・ブレッソン

インタビュー 1943–1983

ロベール・ブレッソン

ミレーヌ・ブレッソン 編・角井誠 訳

BRESSON PAR BRESSON

Entretiens 1943–1983

法政大学出版局

Robert BRESSON :
BRESSON PAR BRESSON : Entretiens 1943–1983
Rassemblés par Mylène BRESSON, Préface de Pascal MÉRIGEAU
© Flammarion, Paris, 2013

Titre : Anniversaire Jean GIRAUDOUX : GIRAUDOUX et le cinéma
Auteur(s) : Guinard, Philippe
Canal de diffusion : France Culture
Notice : PHD99208534
Date d'enregistrement : 17/02/1969
© Ina 17/02/1969

Titre : Le 5ème festival de Biarritz
Auteur(s) : Dubreuilh, Simone
Canal de diffusion : Chaîne Parisienne
Notice : PHD85013480
Date d'enregistrement : 26/04/1949
© Ina 26/04/1949

Titre : Des idées et des hommes
Auteur(s) : Desgraupes, Pierre
Canal de diffusion : Chaîne Nationale
Notice : PHZ05050617
Date d'enregistrement : 09/06/1950
© Ina 09/06/1950

This book is published in Japan by arrangement with Flammarion and Ina, through le Bureau des Copyrights Français, Tokyo.

ina

彼自身によるロベール・ブレッソン――インタビュー 1943–1983　目次

凡例

・原則として、原文の斜体は傍点、大文字で始まる語は〈 〉で表記した。文末の「…」、「!」、「?」などは、日本語として不自然にならない範囲で原著通りとした。
・原注は章の中の節毎に番号を振り直し、傍注とした。
・訳注はすべて、〔 〕内に表記した。また文意を明確にするための訳者の補足も〔 〕で挿入する。
・引用文献の出典については、邦訳がないものは原著のまま表記し、邦訳が存在するものは邦訳の該当箇所を示した上で、［ ］にて原著の出典を併記した。なお引用については可能な限り既訳を用いたが、文脈に応じて変更した場合もある。なお旧字体は新字体に置き換えた。
・映画、書籍、雑誌名などは『 』で、論文や記事名は「 」で示し、邦訳のあるものはその題名に従った。
・原書に掲載されていた写真は、著作権者の了解のもと一部差し替えている。

序論　「カメラによって導かれること……私が行きたいところへと」

パスカル・メリジョー

映画監督の言葉は長いあいだ希少なものであった。ロベール・ブレッソンの言葉もまた希少なものであり続けてきた。彼が自らを語ることが少なかったからというわけではない。映画の作家に商業的な価値が認められるようになって以降、他の多くの監督と同様に、彼もまた宣伝の要請に身を委ねて自らを語ったし、時にはそうした務めに喜び――読み進めるうちに喜びの瞬間は思いがけず現れる――を覚えさえしていた。ロベール・ブレッソンもまたゲームに加わったのである。しかし彼が自らに課したゲームの規則に背くことは決してなかった。そのせいで予定していた頁数を大幅に減らすことを余儀なくされたのを今なお覚えている編集長もいるだろう。ブレッソンがインタビューを読み直し、刈り込み、修正し、削除し、手直しを加えるうちに、予定されていた八頁ないし一〇頁のうち、四頁、よくても五頁しか残らないのだった。

自らの言葉を読み直すにあたっても、ブレッソンはスクリーンの前で――彼は編集室の中よりもスクリーンの前で映画の編集を行った――身につけた習慣を裏切ることは決してなかった。彼はフィルムに触れることを好まなかった。

それは彼にとって偏愛《フェティシズム》の対象ではなかったのである。一部の同業者とは対照的に、ブレッソンは自分の言いたいことしか言わなかったし、会話を火種として自らの思考を燃え上がらせるようなこともなかった。そして自分の言葉があらぬ方向へと飛び立ち、見失われてしまうのを頑なに拒んでいた。何事においても彼は「明確なもの」を追求し、「くっきりとした線」を愛した。そして空疎な言葉に対する嫌悪感を強調しながら、「あなたの無駄なお喋りもすべて聞かれている」〔『マタイによる福音書』第一二章三六節を参照〕という聖書の言葉を引用して聞き手をからかったりもした。ブレッソン夫人によって本書に集められた発言を読んで、まず引きつけられるのはそうした点である。発言は作品の製作順に並べられ、ブレッソンが進歩はしても、ほとんど変化しなかったことが理解される。しかしながらブレッソンは――何度もそのことを繰り返し指摘せねばならなかったのだが――彼の作品を愛する人々が彼について描きだすイメージのなかに自分自身を認めることはなかった。

いつも同じ話題――俳優がその筆頭に挙げられる――をめぐって延々と投げかけられる問いに倦むことなく答え、己の考えをじっくり説明し、己の原理原則の意味や特徴を詳らかにしようと努めたことも無駄ではなかっただろう。しかし彼が一九四三年の時点で宣言しているように、「良い職人は自分が鉋をかけた板を愛する」〔本書二一頁〕のである。そこで彼は、演出家の職業《メチエ》について語りつつ知らずのうちに、いずれ己がコミュニケーション――当時はまだそのようには呼ばれていなかったが――の名の下に遂行せねばならない仕事についても語っているかのようだ。おそらく彼にとって、コミュニケーションとは何よりもまず伝承《トランスミッション》に関わるものであった。些か教師然としたところのある『シネマトグラフ覚書』〔ロベール・ブレッソン『シネマトグラフ覚書 映画監督のノート』松浦寿輝訳、筑摩書房、一九八七年〕がそのことを証明している。かくして彼は、一九六三年にジョルジュ・サドゥール〔一九〇四―一九六七年、フランスの映画批評家、映画史家〕に向けて発した言葉を用いれば、「電線を裸に剝く」〔本書一六三頁〕ことに打ち込んだのである。「電線を裸に剝く」こと、それこそが電流を流す唯一の方法である。

電流が流れ、駆けめぐり、火花が飛び散る。かくしてこれらのインタビューが、彼の作品を愛する人々や彼の後に続くことを夢見る人々を感電させるものであることが明らかとなる。後者の人々に向けて、ブレッソンは、映画を作ろうとする前にじっくり考えるのも無益なことではないと告げる。この忠告はさして法外なものではない。しかし本当に映画《シネマ》について考えるのでよいのか？　誰もが知るように、ブレッソンは「シネマトグラフ」と言っていたのだった。彼にとって、彼の発言や文章において、両者は同じものではなかった。でなければ、なぜ一語で足りるのに、わざわざ二つの語を用いるのだろうか？　つまりこういうことである。「今日の映画《フィルム》の全体を「シネマ」と呼び、映画芸術、つまり己に固有の言語と手段をもった芸術を「シネマトグラフ」と呼ぶことにしましょう」〔本書一六六頁〕（一九六五年）。

こうした区別の根幹にあるのは、ある一つの確証、確信である。「人は映画を撮影された演劇にしようとしています。しかし、そこには演劇の輝きはありません。もはや肉体的な存在《プレザンス》、生身の存在がないのですから。それはただの影、演劇の影に過ぎません」〔本書六四頁〕（一九五七年）。異なる言い回しを一つ引いてみよう。ただし述べられる考えは同じである。「演劇作品の場合とは違い、人物は映画に生を与えることはできません。人物は生身の存在《プレザンス》をもっていないのですから。しかし映画の方は人物に生を与えることができます。何年、いや何十年経てば、人々はシネマトグラフと演劇とは相容れぬものだということに気づくのでしょうか」〔本書一六〇頁〕（一九六三年）。それ以来五〇年が経ったにもかかわらず、両者の混同は今なお、しかも強化されて存続している。おそらくまだまだ待たねばならないのだろう——過度な期待はせずに。しかしブレッソンの作品は存在する。四〇年の監督生活——それに一六年の沈黙が続く——のなかでわずか一三本とはいえ、それらは確かに存在しているのである。

『罪の天使たち』公開前夜の一九四三年、つまり誰一人として彼のシネマトグラフを目にしていない時点で、ブレッソンは大胆な教訓のかたちをとって、ある高邁な信念を語っている。「何かしらの既成のルールからすると過ちであっても、それが己の深い信念に根ざすものであるのなら、われわれはその過ちを犯すのを恐れはしません。そうした過ちからこそ、じつにしばしば観客のエモーションが生まれることになるのですから。このエモーションは、われわれが己の腕前《アビルテ》に強いられて何かをなすとき、われわれを導くあのエモーションとよく似ています」〔本書二二頁〕。その八年後、ブレッソンは次のように明確に述べている。「映画には単純さに対する偏見が蔓延っています。そうした偏見を断ち切るたびに、結果は目覚ましいものとなるのです」〔本書三七頁〕。ただし、これらの二つのフレーズはもっぱら彼自身の仕事、彼自身の個人的な探求から着想されたものではなかった。それらはまた、ある別の監督の作品、しかもブレッソンとはかけ離れているように思われる監督の作品から着想されたものであった。彼が「素晴らしい」と言うその映画とは、デヴィッド・リーンの『逢びき』〔一九四五年〕である。ロベール・ブレッソンはシネマトグラフだけでなく、シネマもまた評価する術を知っていたのである。彼はごく自然にチャップリンの名を挙げ、揺るぎなき確信をもってバスター・キートンの名を引き合いに出すのである。

しかしながら、時が経つにつれて、ブレッソンは映画館に足を運ぶことをやめ、他の監督の作品を見るのを断念してしまう。時にそれを残念に思うことはあれど、無理をしてまで映画を見に行こうという欲望はなくなってしまうのである。一九七〇年代のスクリーンでブレッソンが何より我慢ならなかったのは、彼がふざけて「絵葉書趣味」という言葉で名指したもの、つまりカラー映画の到来とその独裁を主な原因とする病であった。映画《シネマ》はもはや彼が期待するもの、つまりエモーションをもたらさなくなってしまった。エモーションこそが芸術の存在を正当化するにもかかわらず。

エモーション。シネマトグラフの存在理由はこの一語に要約される。「私が表現したいと望むのが行動《アクション》や出来事でなく、感情だからなのです」（一九五一年）〔本書五七頁〕と断言するブレッソンにとって、エモーションを作り出す方法は、エモーションから出発して流れを遡ること、スクリーンから紙へ、そして紙からカメラへと遡ること以外にはなかった。「まっとうな演出家の場合、準備作業はまさに効果から原因へと遡ることにあります。目標とする観客のエモーションから出発して、そのエモーションを最も上手く作り出しうる手立てを探るのです。逆向きの道を、選択と廃棄、削除と加筆を繰り返しつつ一歩一歩と進んでゆけば、演出家は必ずや構成《コンポジシオン》の起源へと、つまりは構成そのものへと至ることになるのです」（一九四三年）〔本書二三頁〕。こうした移動を欠いた内的な道行きの各段階で、作り手を導くのは直感である。長年の経験に培われた直感だけが、一瞬ごとに下さねばならない選択、撤退、決断を可能にするのである。「映画は多くの雑多な要素からなっています。映画には多くの手段があり、組み合わせや構成もじつに豊富で、しばしば地獄のようにこんがらがったものになってしまいます。しかし幸運にも、内的必要性と呼ぶべきものと出会うことがあります」〔本書三五頁〕（一九四六年）。そして素晴らしきフレーズが口にされる。「図式的なもの（シナリオ）から出発して、カメラによって導かれること……私の行きたいところへと」〔本書二九八頁〕。この一節は、ジャン・ルノワールが父親のオーギュストの言葉として語った、馬に自分が望むことをやらせるには彼らに好きなようにさせるにしくはないという一節を思い起こさせる。何事も定まってはいない。映画は生き生きとしたものであり続けねばならない。作り手ではなく、映画こそが導き手となるのである。「作り手が前もってすべてを正確にわかっていたら、つまり準備された計画をもち、たとえばスターのような、どんなことをするか、映画でどういう風に見えるかが正確に予測できるような俳優を起用していたら、それでは映画は芸術であると言えなくなってしまうのです」〔本書一二七頁〕。ここで問題になっているのは、即興のことだろうか。おそらくそうだろう。「ただし、じっくり練られた厳密な枠組みのなかで」〔本書一二六頁〕なされる限りにおいて。

　即興について質問したジャン゠リュック・ゴダールに対して、ブレッソンは次のように答える。「何かを修正できるためには、そもそもその何かが明確で、強固なものでなくてはならないのです。物事についての明確なヴィジョンはもちろん、紙の上に書かれたものも持ちあわせていないと、道に迷ってしまいかねません。〔…〕反対に、土台を明確にし、しっかりと築く努力をしておけば、その分、内容に対しても映画そのものに対しても自由に振る舞うことができるようになります」〔本書一八六－一八七頁〕。別のインタビューでも、彼はこう断言する。「まずは仕事をして、その後で思索するべきなのです」〔本書一二七頁〕。この言葉もまた素晴らしいものである。

　時に一冊の本が、題材と呼び習わされるものとしてではなく、固有の重要性をもつものとして映画監督に仕事の素材を提供することもある。プロデューサーが脚色をもちかけた『田舎司祭の日記』もその一例である。「この本で私を引きつけたのは、何よりもアクションが、劇《ドラマ》の筋道が内的なものであるという点でした。それはまさに映画において私が目指しているものと軌を一にしていたのです。私は、映画におけるアクションは内的なものでなくてはならないし、今後ますますそうなってゆくだろうと考えています。これまで運動と見なされてきたもの、映画がこぞって探求してきた運動というのは、結局のところ、空騒ぎに過ぎなかったのです」〔本書四九頁〕（一九五〇年）。ブレッソンがしばしば文学作品を映画化したのは、それを企画の立ち上げに好都合な形式だと考えたからでもあった。「脚色の場合、主題に関してすぐにプロデューサーと理解し合うことができるので、大いに時間の節約になります」〔本書三〇三頁〕（一九七四年）。なかでもジョルジュ・ベルナノスとドストエフスキーは二度も脚色している。なぜベルナノスなのか？　それは「ベルナノスには、心理や分析は存在せず、絵画《パンチュール》〔描くこと〕がある」〔本書二五三頁〕からである。またブレッソンは『新ムシェット物語』のなかに、「ベルナノスの信仰も文体も私のものとは異なる」〔本書二九〇頁〕にもかかわらず、「途方もないきらめき」を見出したのだった。では、なぜドストエフスキーなのか？　「彼が最も偉大な作家だから」〔本書三〇三頁〕である。しかし、どの本でもよいというわけではない。ブレッソンの着想源となった二つの中編、『やさしい女』と『白夜』はともに「やっつけ仕事」で、「単純かつ不完全で、急いで書かれた」〔本書三〇三頁〕ものであった。その反対に――ブレッソンは次のように警告している――「完璧な形式美を誇る彼の大長編にあえて手を出そうなどとは思いません。それらを自分なりに使おうとすると、どうしても原作を損なうことになってしまうでしょうから。彼の大長編はきわめて複雑かつ長大で、しかもロシアを舞台にしています」〔本書三〇三頁〕。確かに、ロシアが舞台になっているし、時代も異なっている。しかし時代の違いはさして問題にはならない。なぜなら「映画は過去を抹消する」〔本書二四八頁〕からである。

シネマトグラフはつねに現在形である。この第一の真理を、ブレッソンは己の芸術の素地とした。この現実に対する研ぎ澄まされた意識こそが、彼の作品を単純で崇高な歌たらしめている数々の条件のなかでもとりわけ重要なものであった。「映像は文章のなかの語に相当するものです。詩人は自分なりの語彙を作り上げます。しばしば詩人はあえてあまり華々しくない語の選択をします。日常的に使い回され、使い古された言葉こそ、しかるべき場所に置かれると、ふと途方もない輝きを放つものなのです」〔本書五八頁〕。単純さの賛歌、それどころか凡庸さの賛美と言うべきだろう。ただ凡庸さだけが人を揺さぶり、骨の髄まで感動させることができるのだ。シネマトグラフはそうしたことを可能にする、手の届きうるものにするとブレッソンは確信していた——ただし映画作家が、映像も音もそれ自体では価値がないということを理解している限りにおいて。この教訓は画家の経験に由来するものであった。「絵画が私に教えてくれたのは、事物はそれ自体で存在しているのではないということでした。事物のあいだの関係こそが事物を作り出しているのです」〔本書二三五頁〕（一九六六年）。かつて画家であったブレッソンはつねに画家であり続けた。「絵画——絵画は私を追いかけ、私は絵画から逃げているのですが——が今なお私に影響を及ぼし続けているというのも確かです」〔本書三二三頁〕。次のような報告もなされる。「あるとき私が気づいたのは、映像が平板であるほど、それが表現するものが少ないほど、その映像は他の映像との接触によって変化を受けやすいということでした。ある瞬間に変化が生じねばなりません。でなければ、そこに芸術は存在しなくなってしまいます。映像が一つの特異な言語を語り出すようにならないといけないのです」〔本書七八頁〕。

かくして進むべき道が切り拓かれる。「私が探し求めているのは、身ぶりや台詞、物真似による表現ではなく、むしろ諸映像の組み合わせとリズムによる表現、諸映像の位置、関係、数による表現です。映像の価値とは何よりまず交換価値でなくてはなりません。ただし、そうした交換が可能であるためには、諸映像がみな何らかの共通点をもっていて、一種の結合《ユニオン》に参与していることが必要です。だから私は人物たちに近親性を与えようとしたり、俳優たちにある種の同じような仕方で話すように要求したりするのです」〔本書五八頁〕（一九五一年）。

さて、いよいよ俳優である。そして声、台詞である。なぜ俳優を「好きではない」のか、なぜ俳優を「軽蔑している」のか、ブレッソンはどれほど繰り返しそう問われただろうか。この問いに関してもまた、彼の回答はつねに揺らぐことがない。すべては行動ではなく感情を記録するという意志に基づいている。「感情の領分に引き込まれるや、職業俳優は、カメラのレンズを向けられたとき奇妙な困惑を覚えることになります。事実や事件を中心とする舞台や映画で身につけた因習、自分なりの秘訣や癖、端的に言えばその才能のせいで、私の要求に応えるのを阻害、制止されていると感じるのです。私の方でも、おかしなことに、そうしたいっさいが折り重なって、ちょうど仮面のように私から俳優を隠しているように感じるのです」〔本書五七頁〕。かくしてシネマトグラフはシネマになり下がり、芸術は見失われてしまう。「俳優に芝居を演じさせ、芝居を演じる俳優を撮影する場合、カメラは複製の装置となり、創造の装置としての役割を果たすことはできません」〔本書二二〇頁〕（一九六六年）。ブレッソンは繰り返し、『罪の天使たち』に集められた大女優たちに触れ、彼女たちは「もはや人ではなくなっていました」〔本書三六二頁〕と言い張るのだった。

ブレッソンは俳優よりも「主人公《プロタゴニスト》」、「モデル」について語るのを好んだ。必要なのは、彼らを「選ぶ」こと、「導く」こと、そして「演技するのではなく行動するように求める」〔本書二四頁〕ことである。『スリ』のさいに、ブレッソンはモデルの一人に「自分に話しかけるように話しなさい」〔本書一〇八頁〕と助言した。確かに、彼自身が別の箇所で語っているように、「彼ら自身が自らを導く」〔本書二三八頁〕のである。ブレッソンのモデルたちは抑揚のない声で話していると言われてきた。果たしてブレッソンはそのように要求していたのだろうか？「この口調は抑揚を欠いたものではありません。それは真実のもの、つまり正確なものです」〔本書二三九頁〕。正確というのは、音が正確ということだろうか？然り。台詞は「文学的な台詞でも、演劇の台詞でも、実人生の会話のような台詞」〔本書二七頁〕であってもいけない。「理想的なのは、鈴の音が馬に、羽音が蜂に同伴するように、台詞が人物に同伴するものとなること」〔本書三六頁〕なのである。

蜂、馬、あるいはロバのバルタザール。それらの動物は気まぐれ《オ・アザール》に動き回っているように見えなければならない。そして、じっさいに動物たちは気まぐれに動いているのである。ロベール・ブレッソンは動物を愛し、しばしば動物について語った。しかしながら、「私は一度だけ悪魔を見た、というか感じたことがあります。それは拾ってきた犬のなかにでした。急いでその犬を追い払わねばなりませんでした。しかし私は動物が好きなのです。これはとても奇妙なことです」〔本書二五五―二五六頁〕（一九六七年）。一度だけだったのだろうか？　ブレッソンは別のインタビューでは「二度」

と言っているのだが、詳しいことを語ってはいない。ともあれ犬である。たとえばジャンヌの死の直前に広場を通り過ぎてゆく犬。なぜ犬がいるかというと、シャンゼリゼ通りかどこかで群衆が集まるときには、いつも通りを横切ってゆく犬がいるからである。ブレッソンはそうした犬に目をつけて、それを撮影したに過ぎない。確かにいつだって犬、そして鳩がいる。たとえばジャンヌがその魂を神に返す瞬間に舞い上がる鳩。フランソワ＝レジス・バスティード〔一九二六―一九九六年、フランスの作家、ラジオ司会者〕はそこにブレッソンの嫌う象徴を見てとろうとしたが、それはあくまでただの鳩であって、象徴としてのハトではない。ブレッソンは憤りを露わにする。彼は象徴が大嫌いなのだ。ハトではなく鳩が偶然そこにいただけなのである。とはいえ、この場合に限ってはブレッソンも少しばかり強弁しているのかもしれない。なんと言ってもジャンヌの魂が飛び去る瞬間に、ハトが、鳩が舞い上がるのだから〔ジャンヌの昇天の瞬間に彼女の口から鳩が飛び立ったと言われている〕。

しかし鳩かハトかはさして重要ではない。バスティードとのやりとりが示しているのは、本書に読まれるあらゆるやりとりがそうであるように、ブレッソンがまったく聞き手におもねろうとしないということである。彼もまた人並みに他人に好かれたいと思っていた。しかし是が非でも好かれたいというわけではなかった。彼の映画が連想させうるドライヤー〔カール・テオドア・ドライヤー、一八九九―一九六八年、デンマークの映画監督。『裁かるゝジャンヌ』（二八年）、『ゲアトルーズ』（六四年）など〕が話題になると、彼は憤慨してみせさえする。「私とドライヤーは正反対です。彼は演劇の手段を用いますが、私はそれを拒絶しています。彼は人物を内面化《アンテリオリゼ》する、つまり人物を外側からでなく内側から描くことはしているのですが、それをなすにあたって職業俳優の声の効果や身ぶり、物真似《ミミック》といった私が完全に拒否しているものをすべて使ってしまうのです」〔本書二三四頁〕（一九六六年）。確かに、ジャンヌ・ダルクという人物が両者を結びつける。しかし〔そうした関連付けがなされるのは〕ブレッソンが彼女の裁判を撮影するよりずっと前の時点においてなのである。本書のなかでも最も心揺さぶる直感の一つがここにある。『ブローニュの森の貴婦人たち』の撮影現場を訪れた『シネ＝ミロワール』誌の匿名の記者は、仕事をするブレッソンを目の当たりにして、「ファルコネッティとともに『裁かるゝジャンヌ』を撮影していたときのドライヤーの霊感を受けた意識」〔本書三三頁〕に思いを馳せるのである。この記者は、「これは単なる印象に過ぎない。『ブローニュの森の貴婦人たち』は洗練された雰囲気の作品であり、聖女の悲劇からは遠く隔たっているからだ」と補足までしている。じつのところ、ブレッソンは誰も必要としなかったのだ。彼はあらゆる影響を警戒し、あらゆる印象をはねつけた。ブレッソンは一人きりであることを望み、じっさいにそうだったのである。

他者の視線のなかで一人きりであること。そして自分の作品と一人きりで向き合うこと――作品が観客に届けられる以前においてはもちろん、作品が存在する以前においてさえも。「おそらく、多くのプロデューサーが考えるのとは反対に、己自身のために仕事をすればするほど、より多くの観客の心に触れることができるのです」〔本書一三六頁〕。観客を自分と同じくらい知的で、熱心で、気難しい存在とみなし、彼らの心に触れんとして、己自身のために仕事をすること。『抵抗』の成功――一部の人はそれを思いがけないものと考えた――の後で、ブレッソンは観客について次のように語っている。「しばしばなされるように、観客を下からとらえることもできます。しかし観客を上からとらえるときにこそ、彼らの心に強く触れることができるのです」〔本書六二頁〕（一九五七年）。これは敬意に関する事柄、信頼の問題である。信頼はまずプロデューサーをその気にさせるために必要となる。しかし、たとえ合意を取りつけ承諾を得たところで、それは必ずしも道が切り拓かれたことを保証するわけではない。彼はしばしば、その道を断念せねばならなくなるのだった。

ブレッソンは実現に漕ぎ着けるまで十数年ものあいだ、『湖のランスロ』の企画を温めていた。『クレーヴの奥方』の映画化を進めていたのに、ジャン・ドラノワに監督の座を奪われたこともあったし、ディノ・デ・ラウレンティス〔一九一九―二〇一〇年。イタリア出身の映画プロデューサー〕の依頼を受けて『創世記』（天地創造からバベルの塔まで）の準備のために何ヶ月もイタリアに滞在し、地上の楽園を構想し拵えようと庭師を率いまでしたのに、デ・ラウレンティスが心変わりしてジョン・ヒューストンの『天地創造』〔一九六六年〕の方に出資してしまうという憂き目にもあった。ブレッソンは最後まで『創世記』のアイデアに取り組んでいたが、映画が日の目を見ることはついぞなかった。本書が年代順にたどり直してゆくのは、落とし穴だらけでまともに刈り込まれていないそれらの道を進むブレッソンの歩みでもあるのだ。彼はそうした難所に長々とかかずらってはいなかった。興味深いことに映画はこの点でも、一九五七年にブレッソンが己の目標として語った「未知なるものへの歩み」〔本書六六頁〕と結びつくことになるのである。映画だけが、彼が見せたいと望むものを指し示すのであって、それが完成するまでは彼自身も自分の見せたいものをほとんどわかっていない。彼にわかっているのはただ、ポール・ヴァレリーが語ったように、「成功した事柄は、失敗した事柄がかたちを変えたものである」〔本書九二頁〕——ブレッソンはこの言葉を「素晴らしい」ものとみなし好んで引用した——ということだけだった。『創世記』の企画が頓挫した直後の一九六六年に、ブレッソンは次のようにこぼしている。「私は休むことなく撮り続けたくて燃え立っている、猛り狂っているのです」〔本書二三二頁〕。

彼を襲った熱狂、彼の身を焦がした炎。本書に集められたインタビューはそれらの痕跡をとどめている。しかし熱狂は鎮められ、炎はつねに灰の下で燻っている。本書では、口にされなかったことが口にされたことと同じくらい重要なのである（しかしながら、口にされたことはやはり価値がある）。それはきっと「シネマトグラフとは何も見せない芸術である」〔本書一三七頁〕と主張したロベール・ブレッソンにいかにも似つかわしいことだろう。

なぜ五〇ミリのレンズしか使わないのかという質問に対して、ブレッソンは「ひっきりなしにカメラのレンズを取り替えるのは、ひっきりなしに眼鏡を替えるようなものです」〔本書三二九頁〕と答えている。もし映画作家自身の眼がぼやけていたとしたら、シネマトグラフに与えられし「事物を捕まえる」という野心に答えることなどできはしないだろう。

ブレッソン自身に最後の言葉を任せるわけにもいかないので、ここはマルグリット・デュラスに結びの言葉を委ねることとしよう。「人がこれまで詩や文学でやってきたことを、ブレッソンは映画でやってのけたのです。彼以前には、映画は寄生的なものに過ぎなかった。映画は他の芸術から生じていました。そしてブレッソンとともに、私たちは純粋な映画へと踏み入りました。しかも彼はただ一人でそれをやってのけたのです」〔本書二一三頁〕。

1 『公共問題』——一九三四年

『公共問題』での道化師ベビー、王役のアンドレ・セルヴィランジュ、マルセル・ダリオ。三つ目の式典における失われた歌の場面。

前奏曲

ヴァンサン・ピネル〔一九三七年―、フランスの映画文筆家、映画修復家〕――あなたは画家だったと聞いています。絵を売ったり展示なさったりしていたとか……。

ロベール・ブレッソン――その通りです。ただ、以前は画家であったのに、今はもう画家ではないというわけにはいきません。絵画はじつに多くの恩恵をもたらしてくれました。映画をやる気にさせてくれたのも、映画の作り方を教えてくれたのも絵画でした。

ピネル――写真もやっていたのですか？

ブレッソン――ほんの少しだけです。当時、フロワドゥヴォー通り〔パリの一四区にあるモンパルナス墓地沿いの通り〕にアトリエがあったのですが、そこで数ヶ月ほど、人間の顔やオブジェに照明を当てるのに興じていました。二、三枚ほど、写真が雑誌に掲載されたこともありますよ。

ピネル――シュルレアリスムの運動とも近かったのでしょうか？

ブレッソン――それほどでもありません。何人かのシュルレアリストとは知り合いでした。アラゴンもそうです。マックス・エルンストとは友人でしたよ。

『公共問題』撮影現場でのロベール・ブレッソン（左側）。

ピネル――どういう経緯で映画を始められたのでしょうか？

ブレッソン――映画のなかで動くものすべてが、私を強く魅了しました。なかでもやはり木の葉ですね。毎晩のように映画を見に出かけるうち、自分でも映画を作りたいと思うようになりました。友人のローランド・ペンローズ卿〔一九〇〇―一九八四年、イギリスの画家、写真家、詩人〕が『公共問題』を作るための資金を気前よく提供してくれました。彼はシュルレアリスムの支持者で、後にピカソについての名高い著作をしるすことになる人物です。[1] どういう経緯だったかはもう覚えていません。ずいぶん昔のことですからね。けれども映画が当たらなかったのはよく覚えています。歌の部分をカットさせられたのも忘れられません。宰相〔ベビー扮する架空の国グルガンディー共和国の宰相〕が三つの式典〔彫像の除幕式、消防士の視察、大型客船の進水式〕を執り行うのですが、それらの式典を盛り上げるのに歌を用いていました。しかし、それらの歌があまりに常軌を逸しているというので、カットするように命じられたのです。言われたとおりにしました。しかし、そのせいで宰相の出番を減らし、相当な量の映像を削る羽目になってしまいました。映像の欠落は、とくに二つ目と三つ目の式典のシーンでは一目瞭然です。おかげで上映時間も短くなってしまいました。それでも、この映画が見るに堪えるものになっているのは、宰相が様々な災難に遭遇することよりも、お披露目されるオブジェたちが大人しく操られるのを拒否することによって成り立っているからです。

ピネル――タイトルは？

ブレッソン――タイトルも変更するように命じられたのですが、これは拒否しました。しかし知らぬ間にタイトルが変えられたせいで、映画が行方不明になってしまいました(2)。「ブレッソンは未熟な処女作を見直したくないのだろう」と考えた人もいました。とんでもない。私はこの映画に対して些かの愛着と多大なる関心を抱き続けていたのです。あなたから良き知らせ〔『公共問題』が一九八七年にシネマテーク・フランセーズで発見されたことを指す〕を聞いたときには歓喜しました。どういう映画だったかはおおよそわかっていたのですが、それが私にどんな印象を与えることになるかは見当も付きませんでした。

(1) ローランド・ペンローズ『ピカソ――その生涯と作品』高階秀爾、八重樫春樹訳、新潮社、一九七八年［Roland Penrose, *La vie et l'Œuvre de Picasso*, Grasset, 1961］。

(2)『お披露目するベビー［*Bébé inauguré*］』。

ピネル――どのような印象をもちましたか？

ブレッソン――驚きです。事物を捕まえ、それらを一まとめにするやり方、ショットを連鎖させるやり方が、私が今日用いているのとほとんど同じものだったのです。私のお気に入りのヴィエネル〔ジャン・ヴィエネル、一八九六―一九八二年、フランスの作曲家、ピアニスト。ブレッソン作品ほか数多くの映画音楽を手がけた〕の音楽も、何から何まで空想で作られた非現実的な世界で繰り広げられるこの映画にぴったりでした。

ピネル――ルネ・クレールの助監督をしたこともあるとか？

ブレッソン――ええ、誰かがそういう噂をしているのは知っていました。ばかげたことです。事実はこうです。ルネ・クレールが、ジョルジュ・ネヴー〔一九〇〇―一九八二年、フランスの脚本家、劇作家〕と私に『澄んだ空気』〔一九三九年のルネ・クレールの企画。林間学校を舞台に少年たちの共同生活を描く〕のシナリオを一緒にやろうと声をかけてくれました。われわれ二人は早速その日の午後に彼のところへ行きました。しかし戦争が始まってしまい映画が作られることはなかったのです。

ピネル――『公共問題』から二作目となる『罪の天使たち』までのあいだに、九年もの月日が流れていますね。この間、あなたの名前は、幾つかの作品の共同脚本家、共同台詞作家としてクレジットされています。

ブレッソン――『公共問題』の失敗のせいで、次の映画を作ることができなかったのです。友人のコルニグリオン＝モリニエ〔エドゥアール・コルニグリオン＝モリニエ、一八九八―一九六三年、フランスの政治家、映画製作者〕の後押しで、当時彼が製作していたサン＝テグジュペリの『南方飛行』などのシナリオに関わることができました。ついでに申しておきますと、『公共問題』で、残念ながら削除されてしまった歌を作詞してくれたのは、アンドレ・ジョセ〔一八九七―一九七六年、フランスの劇作家〕でした。彼は私と共同で映画の台詞も書いています。友人のピエール・シャルボニエ〔一八九七―一九七八年、フランスの画家、美術監督。『田舎司祭の日記』以降、多くのブレッソン作品の美術を手がけた〕が美術監督をやってくれました。編集の見習いをしていた、ある若い女性に編集を手伝ってもらいました。

「『公共問題』の発掘について」、『シネマテーク・フランセーズ』、一九八七年六月
« À propos de l'exhumation d'*Affaires publiques* », *Cinémathèque française*, juin 1987.

2　『罪の天使たち』——一九四三年

『罪の天使たち』のポーラ・デエリ、マリー＝エレーヌ・ダステ、シルヴィー。

作家が必要である

「良い職人は自分が鉋をかけた板を愛するものです。」

そう口にしながら、ロベール・ブレッソンはその深く澄んだ眼、画家の眼で私をじっと見つめた。まだ若いのに髪には軽く白いものが交じり、顔はほっそりとした逆三角形で、姿勢はやや猫背気味。物腰は繊細ながらも、その遠慮がちな見かけの下には不屈の意志が隠されている。「良く出来た仕事」への意思と愛情があればこそ、ブレッソンは『罪の天使たち』という傑作を実現することができたのである。

昨日まで知る人ぞ知る存在であったブレッソンは、今や時の人である。その異例の成功は、作家はありとあらゆる試行錯誤を経てはじめて一人前になるという通念を完全に覆してしまう。ブレッソンは処女作でいきなり完璧な技巧を手にしており、しかも幾多の罠に行く手を阻まれながらも、その技巧をぞんぶんに発揮してみせたのである。なんせ彼には、深い確信と信念があったのだから。

ロベール・ブレッソン――私の仕事《メチエ》、演出家の仕事は習得されるものです。とはいえ、演出は教育によって伝承されるものではありません。演出という仕事は、その都度、必要に応じて創出されねばならないのです。器用さだとか名人芸《ヴィルチュオジテ》だとかいう言葉を耳にすることがあります。しかし名人芸をばかにするような、より高次の不器用さ、不手際というものが存在するのです。何かしらの既成のルールからすると過ちであっても、それが己の深い信念に根ざすものであるのなら、われわれはその過ちを犯すのを恐れはしません。そうした過ちからこそ、じつにしばしば観客のエモーションが生まれることになるのですから。このエモーションは、われわれが己の腕前《アビルテ》に強いられて何かをなすとき、われわれを導くあのエモーションとよく似ています。

――どういう経緯でこのデビュー作を撮ることになったのでしょうか?

ブレッソン――この企画が生まれたのはパテ社のおかげでした。一九四二年の時点では、私はパテ社のためにこの映画を撮ることになっていました。そしてジャン・ジロドゥ〔一八八二―一九四四年、フランスの劇作家、小説家、外交官。代表作に『トロイ戦争は起こらない』(三五年)、『オンディーヌ』(三七年)など〕がこの企画に興味をもち、その栄えある技を提供してくれたのです。彼には感謝の意を、全面的な感謝の意を捧げます。このようにパテ社が『罪の天使たち』を援助してくれたという点を改めて強調しておきたいと思います。パテ社の経営陣の深い関心と理解がなければ、私はこの仕事を成し遂げることはできませんでした。この仕事は、紆余曲折を余儀なくされますが、その途上で立ちはだかった嫌がらせや不合理などもはやものともしませんでした。いざ映画を撮る段になったとき、パテ社はもはや必要な許可証をもっていなかったため、その同意を得たうえで別の製作会社、シノップスのために『罪の天使たち』を撮ることになりました。

こうして休戦協定〔一九四〇年六月二二日、ドイツとペタン政府のあいだで締結された休戦協定〕以降に製作されたなかで最も偉大なフランス映画の一本が生まれることとなった。

ブレッソンが、今後、自分が占めることになる立場をはっきりと意識しているかどうかはわからない。というのもフランス映画の未来についての意見を尋ねると、彼は答えに窮して、「私にはご託宣を告げる資格などありません」と質問をかわしたのである。

　ブレッソンは単純さと誠実さに溢れていて、偽りの謙虚さを気取ったりする余地などないのだ。

ブレッソン――われわれは文体《スタイル》への愛情を偏愛《マニー》に至るまで突き詰めます。映画とはまさにスタイルを必要とする類いの仕事です。作家《オートゥール》が必要です。エクリチュールが必要なのです。作家はスクリーンの上に書きます。つまり持続時間や撮影アングルを変化させることのできる、写真のショットを手段として己を表現するのです。その名に値する作家には、一つの選択が求められます。行き当たりばったりの選択でなく、己の計算ないし本能に従って下される選択が求められるのです。作家にとって、というか作家にとってのみ、いったんカット割り《デクパージュ》が定まると、個々のショットはもはや厳密に定められた一つの撮影アングル、ある一定の持続時間しかもちえなくなるものなのです。

ベッケル〔ジャック・ベッケル、一九〇六―一九六〇年、フランスの映画監督。『肉体の冠』（五二年）、『現金に手を出すな』（五四年）など〕、ドラノワ〔ジャン・ドラノワ、一九〇八―二〇〇八年、フランスの映画監督。『悲恋』（四三年）、『田園交響曲』（四六年）など〕、オータン＝ララ〔クロード・オータン＝ララ、一九〇一―二〇〇〇年、フランスの映画監督。『肉体の悪魔』（四七年）、『赤と黒』（五四年）など〕といった若い作家の最近の成功は、大いに期待を抱かせるものです。

――演出家が自ら脚本を書くのは有益だと思いますか？

ブレッソン――そう思います。演出家が目指すのは、一つの効果ないし一連の諸効果を作り出すことです。まっとうな演出家の場合、準備作業はまさに効果から原因へと遡ることにあります。目標とする観客のエモーションから出発して、そのエモーションを最も上手く作り出しうる手立てを探るのです。逆向きの道を、選択と廃棄、削除と加筆を繰り返しつつ一歩一歩と進んでゆけば、演出家は必ずや構成《コンポジシオン》の起源へと、つまりは構成そのものへと至ることになるのです。

　私はここで、ブレッソンがプロデューサーと演出家の協力関係をどのように考えているのかを説明して欲しくなった。

ブレッソン――演出家とプロデューサーのあいだに、エデンの園のような至福の関係を想像してみるのは難しいことではありません。じっさい両者のあいだには、しばしば心のこもった関係が結ばれ、相互理解から生まれる映画はじつに生き生きとしたものになります。演出家がプロデューサーの心がかりにも通じておくのは、つねに良いこと、有益なことです。映画を作るのはプロデューサーなのですから。しかしプロデューサーが演出家に対して、画家が赤い絵の具をのせたところに青い色調を要求した、あの有名になった画商のごとき態度をとるのは必ずしも望ましいことではありません。

――フランスでは俳優が欠乏しているとお考えでしょうか？

ブレッソン――俳優はたくさんいます。必要なのは、彼らを選び、導くこと、そして演技するのではなく行動するように求めることです。

――つまり、わが国の映画の未来に信頼を寄せていると？

ブレッソン――全面的な信頼を寄せています。とはいえ、テクニックにばかり緻密さと創意を求めるのは不公平というものでしょう。スタジオの設備や撮影、録音機材、また劇場の映写機もまたたえず改良される必要があります。そのためにはエンジニアの力を借りることになります。エンジニアたちは、われわれの止むことなき要求に応える、新たな道具をたえず贈り届けてくれるでしょう。

産業が職人仕事に奉仕すること、結局、それが映画の逆説ではないだろうか。ブレッソンやジロドゥ、作曲家のグリューネンヴァルト〔ジャン＝ジャック・グリューネンヴァルト、一九一一―一九八二年、フランスの作曲家。『罪の天使たち』、『ブローニュの森の貴婦人たち』、『田舎司祭の日記』などのブレッソン作品の他、ベッケル作品などで音楽を担当した〕、撮影のアゴスティーニ〔フィリップ・アゴスティーニ、一九一〇―二〇〇一年、フランスの撮影監督、映画監督。ブレッソンやマルセル・カルネ、マックス・オフュルス、ジャン・グレミヨンなど多彩な監督の作品で撮影を担当した〕といった人々が『罪の天使たち』の製作に取り組むとき、彼らは美しい家具を組み立てる家具職人さながらに愛情を込めて映画を作るのである。

ブレッソンが次に鉋をかける板が、待ち遠しいばかりである。

ロベール・ブレッソンと撮影助手のモーリス・ペクー。

「フランス映画についてのアンケート」、『ジュ・スィ・パルトゥー』、一九四三年九月一〇日

« Enquête sur le cinéma français », *Je suis partout*, 10 septembre 1943.

ジャン・ジロドゥ

ロジェ・レジャン〔一九〇四―一九八九年、フランスの映画批評家、ジャーナリスト〕――『罪の天使たち』でジャン・ジロドゥと共同作業をすることになったのは、どういう経緯だったのでしょうか？

ロベール・ブレッソン――簡単な話です。プロデューサーが、名のある作家に台詞を書かせるよう要求してきたのです。そこで私はジロドゥに会いに行って、自分で書いたシナリオを渡しました。『監獄のドミニコ会修道女たち』という本に基づいて、(1)ベタニーの修道会の内規について調べて書いたものでした。翌朝早速、ジロドゥは電話をくれて、引き受けると言ってくれました。

レジャン――演出家であるあなたと台詞作家のジロドゥとの関係はどのようなものだったのでしょう？

ブレッソン――私は自分のやりたいことが正確にわかっていました。ジロドゥにもそれを伝えました。厳密に定められた枠組みのなかで、ジロドゥは驚くべき速さと柔軟さでもって『罪の天使たち』の台詞を書いてくれました。彼の書いた台詞は、新フランス評論から出版されています。(2)私は彼の同意のもとに、ある箇所を短縮したり幾つかの箇所を削ったりしました。

レジャン――ジロドゥはスタジオでの仕事にも関心を持っていましたか？

ブレッソン――ほとんど持っていませんでした。私が仕事をしているあいだに彼が訪ねてきたのは一度だけでした。

レジャン――ジロドゥの書いた、手の込んだ台詞は、あなたが求めていた通りのものだったのでしょうか？

ブレッソン――ええ、当時の私が欲していたものです。今でもジロドゥの台詞を気に入っていますよ。とはいえ、今日の私が台詞について当時と異なる考えを持っているのも確かですね。これは台詞の量ではなく、台詞の種類の問題です。私が求めているのは、文学的な台詞でも、演劇の台詞でも、実人生の会話のような台詞でもありません。

レジャン――ジロドゥは本当に映画に興味を持っていたと思いますか？

ブレッソン――はい。ジロドゥは、映画が重要なものとなりつつあることをよくわかっていて、そこから取り残されたくないと考えていました。しかし私は、映画は何よりまず造形芸術であって、そこでは知識人は――たとえこの語を最良の意味でとらえた場合であっても――勝手気ままに振る舞うことはできないと考えています。

レジャン――当時のジロドゥについて何か個人的な思い出はありますか？

ブレッソン――ジロドゥと私はしばしば、証券取引所近くのフェイドー通りにあるレストランで昼食をとりました。この通りに入る度に悪態をつき始める彼を何度見たことか。

レジャン――どうしてですか？

ブレッソン――ジロドゥは、フェイドー〔ジョルジュ・フェイドー、一八六二―一九二一年、フランスの劇作家。多くの軽喜劇を残した〕と彼の戯曲が大嫌いで、彼が通りの名前になっていることが我慢ならなかったのです……。ある日、昼食からホテルに戻ったあと――彼はもうボージョレ通りのホテルでなくカスティーユ通りのホテルに住んでいました――彼はテーブルの上の原稿を手にとって、それを私に読ませました。これは失敗作で、一度も上演されぬまま、ずっと引き出しに仕舞われたままになるだろうと言っていました。それは『シャイヨの狂女』〔鈴木力衛、岩瀬孝訳、『ジロドゥ戯曲全集　第6巻』白水社、一九五八年。ジロドゥの遺作。作者の死後、一九四五年にルイ・ジュヴェによって初演された〕でした……。カンボン通りで

（1） Maurice-Hyacinthe Lelong, *Dominicaines des prisons*, Cerf, 1936.
（2） *Le Film de Béthanie*, texte des *Anges du péché*, Gallimard, 1944.

彼にばったり会ったことも覚えています。大好きだった母親の埋葬を終えて、キュッセから戻ったところで、「もう立ち直ることはできない」と言っていました。彼が亡くなる数ヶ月前のことでした。

「ジロドゥと映画」、抜粋、フランス・キュルチュール、一九六九年二月一七日
« Giraudoux et le cinéma », extraits, France Culture, 17 février 1969.

『罪の天使たち』当時のロベール・ブレッソンとジャン・ジロドゥ。

3 『ブローニュの森の貴婦人たち』——一九四五年

『ブローニュの森の貴婦人たち』撮影現場でのエリナ・ラブールデット、ポール・ベルナール（ブーツの男）、ロベール・ブレッソン（カメラの後ろ）。

動揺と衝撃

──準備はいいかい。
──はい。
──さあ行きなさい、マリア……。

ロベール・ブレッソンの柔らかな声によって、私は舞台装置へ、アパルトマンの玄関ホールへと迎え入れられた。アパルトマンの舞台装置は目も綾な絨毯、貴重な肘掛け椅子と書き物机、美しく曲線を描くテーブル、珍しい調度品によって昔風に、うっとりするほど見事に飾り立てられている。大きな白亜のアパルトマンのまっさらな壁の上には、オブジェや家具がめいめいの輪郭をくっきりと浮かび上がらせている。こんなサロンに暮らすことができたなら、こんな閨房で「おしゃべり」に興じることができたならどんなに良いだろう。一八世紀から受け継がれるこの襦子や鏡に囲まれて暮らせるなら、喜んで引き受けるだろう。一八世紀。しかし、われわれがいるのは二〇世紀である。いや、そうでもない。なぜなら『ブローニュの森の貴婦人たち』の粗筋は、ディドロから直に由来しているのだから。

ロベール・ブレッソンはこう説明する——「『運命論者ジャック』〔ドニ・ディドロ『運命論者ジャックとその主人』王寺賢太、田口卓臣訳、白水社、二〇〇六年〕には一つの物語、ド・ラ・ポムレー夫人の話があります。この物語が私の映画の主題をかたちづくることになります」。

そんなことはわかっている。私は以前に、この時代特有の無味乾燥な調子の下に震えるような感受性を垣間見せるこの物語を読んだことがあるのだから。そこでは胸の内の苦悩や情念の蠢きまでが感じられるのだった。

ロベール・ブレッソンに言った。「このディドロの話には、当時のもう一つの作品、もう一つの傑作『危険な関係』〔ラクロ『危険な関係』桑瀬章二郎、早川文敏訳、白水社、二〇一四年〕を特徴づける倒錯や仮借のない情念が少しばかり含まれていますね」。

「確かに」とブレッソンは同意した。「この映画には、一八世紀のシニシズム、懐疑主義ともいうべきものを反映した残酷な戯れもあります。しかしド・ラ・ポムレー夫人——私の映画ではシンプルにエレーヌとなっています——は、『危険な関係』の官能的なヒロイン、メルトゥイユ夫人のもつこの上ない残忍さ、性的倒錯といったものはもちあわせていません。エレーヌは融通の利かない性格ではないし、彼女が自分を捨てた恋人相手に計画する復讐だって、この男が不器用にも彼女を傷つけ、その心の傷口をさらに深く抉ってゆくのにつれて次第に生まれていったものなのです。しかしながら私は、そうした豊かな情念を残しつつも、『ブローニュの森の貴婦人たち』を、ディドロの作品のように無駄《デプイエ》がなく、無味乾燥なところのある単純な映画にしようと望みました。それぞれのシーンにおける運動は、激しいカメラの移動からでなく、内的な生から、四人の人物たち——捨てられた愛人エレーヌ、恋人のジャン、汚れなき少女アニエス、その母D夫人——がもがき苦しむ動揺と衝撃から生じるのです。私が思うに、アクション映画、徹底的な運動の映画と、内的な運動の映画とは別物です。そして私は後者を好みます。心理のニュアンスや変化に満ちた作品で、アクロバティックな撮影をするなんて考えられないでしょう。」

その通りである。しかし二時間のあいだ彼が演出するのを見るうちに、私はロベール・ブレッソンがとても個性的なスタイルの持ち主であることに気づくことになる。撮影のアングルはじつに多彩である。俳優たちの顔は手持ちのレフ板と手の込んだ美しい照明によって陰影を与えられ、クロース・アップでとらえられてゆく。『罪の天使たち』の監督の仕事ぶりを見ながら、ふと脳裏をよぎったのは、ファルコネッティとともに『裁かるゝジャンヌ』を撮影していたときのドライヤーの霊感を受けた意識であった。これは単なる印象に過ぎない。『ブローニュの森の貴婦人たち』は洗練された雰囲気の作品であって、聖女の悲劇からは遠く隔たっているからだ。にもかかわらずブレッソンの細心な心配りや高い集中力、無駄をそぎ落とそうという決意、クロース・アップのテクニックは、ドライヤーを想起させずにはいないのである。

『罪の天使たち』で、ロベール・ブレッソンはジャン・ジロドゥを台詞作家に選んだ。新作の台詞を書いたのは、ジャン・コクトー〔一八八九―一九六三年、フランスの詩人、作家、劇作家、映画監督。監督作に『美女と野獣』（四六年）、『オルフェ』（五〇年）など〕である。ブレッソンは詩《ポエジー》というフランスの思考の精髄との接触を保っているのだ。

私は演出家を仕事に戻した。厳かで美しいマリア・カザレスは素晴らしい。見事なブルネットの髪が、その情熱的な顔を縁取っている。私が見たのは、彼女が魅惑的なエリナ・ラブールデットを罠にとらえるところだった。ラブールデットの意思を操作し、彼女の欲望や夢想を支配しようとするのである。そして高慢で、繊細で、情熱的なポール・ベルナール。この日は、リュシエンヌ・ボゲールの姿は見えなかったものの、彼女はアニエスの母のD夫人を抑制された控えめな調子で演じている。これらの四人の人物たちから、灰の下にくすぶる火のような静かな力が立ち上ってくるのである。しかし……ロベール・ブレッソンの今後の企画に興味津々の読者諸氏のことも忘れてはなるまい。

「次回作の準備はいかがですか？」

ブレッソンは口を閉ざした。もし彼がこれほど礼儀正しい人でなければ、「恐れをなして縮こまってしまったのですか」と言っていたところである。彼は抜け目ない巧妙さで答えた。

「読者に伝えてください、われわれが仕事をしているのは、映画を作るすべての人々に対して果てしない感謝の意を表さねばならないような、そんな苛酷な状況のなかでだということを。電圧の違い、飛行機による撮影の中断、凍てつくような寒さ、輸送手段の不足、物資の欠乏、そうしたいっさいがフランス映画の行く手に立ちはだかっています。それでも前に進まねばなりません……」。

もう一度同じ質問を繰り返した。ブレッソンは微笑み、青い瞳が若白髪の下で輝いた。考え込んだ面持ちの、この青年は、望まぬかたちで情報を開示させられることに頭を悩ませているのだ。彼は自分の発言を修正したり翻したりすることになるのを何より恐れているのである。

「ええ、企画はありますよ。フランスについての知識を深めることを目指す映画です。不幸にして偉大なフランスについて。しかし細かいことはお話しできません。詳しいことがわかるまでたっぷり時間があるでしょう。私は準備に長い時間をかけますからね。撮影を始める前に、私は時間をかけて考えます。修正し、推敲し、枝葉を切り取ってゆくのです」。

「われらの演出家は仕事中」、『シネ＝ミロワール』、一九四五年
« Nos metteurs en scène travaillent... », *Ciné-Miroir*, 1945.

内面が命じる

ジャン・ケヴァル〔一九一三―一九九〇年、フランスの作家、映画批評家〕――映画は何でできているのでしょうか？

ロベール・ブレッソン――映画は多くの雑多な要素からなっています。映画には多くの手段があり、組み合わせや構成もじつに豊富で、しばしば地獄のようにこんがらがったものになってしまいます。しかし幸運にも、内的必要性と呼ぶべきものと出会うことがあります。それは有無を言わせぬものです。しかし、なぜそうすべきなのかは教えてくれません。それでも、われわれがその内的必要性に従うとしたら、それがわれわれ自身の必要性であり、そうするより他にどうしようもないからです。これは第三者には伝達不可能なものです。

ロベール・ブレッソンは、飽くなき執念の虜になっている。インタビューのあいだずっと、そこにある彼の身体よりも、彼の頭の奥の考えの方がより強烈な存在感を放っていた。彼はとても熱心に、しかも快く私の質問に答えてくれる。けれども彼が考えているのは、私が帰ったら取りかからねばならないシナリオのこと、頭のなかで思い描いている演技のこと、そして私のせいで気が散っているということなのだ。

ブレッソン――内面が命じるのです。まったく外面的な芸術である映画で、内面が命じると言うと逆説的に聞こえるかもしれません。しかし私は、人物がみな走り回っているのに遅く感じられる映画を見たことがあるし、人物は動かないのに速い映画を見たこともあります。そこから、映像のリズムは内面の遅さを修正することはできないのだということに気づきました。ただ人物たちの内面でもつれては解ける結び目だけが、映画に運動を、真の運動を与えることができるのです。私がやろうとしているのは、台詞だけに限らない何か、あるいはそれらの組み合わせによって、そうした運動を明らかにすることです。

ケヴァル――映画をそのように考えると、台詞は二義的なものとなるのではないでしょうか?

ブレッソン――トーキー映画は何よりまず沈黙を発明しました。説明的な台詞もまた素晴らしい、便利なものだと思います。しかし理想的なのは、鈴の音が馬に、羽音が蜂に同伴するように、台詞が人物に同伴するものとなることではないでしょうか。

ケヴァル――音楽としてとらえた場合でも、台詞はやはり無駄をそぎ落とした、厳格なものであるべきでしょうか?

ブレッソン――それは趣味嗜好の問題です。私は明確なものが好きです。くっきりとした線を愛します。

そしてブレッソンは、微笑みと重々しさが相半ばする調子で付け加えた――「「あなたの無駄なお喋りもすべて聞かれている」〔『マタイによる福音書』第一二章三六節参照〕と聖書にあります」。

ケヴァル――映画は、繊細さという点において、小説と肩を並べることはできるでしょうか?

ブレッソン――もちろん、映画は小説を越えることができます。映画は小説よりも多くの手段をもっていますから。いや、何をまどろっこしいことをしているのでしょう。さっさと核心に入りましょう。

一本の映画は全体が諸関係からなっています。そうした諸関係にこそ、あなたの言う繊細さを注ぎ込まねばなりま

ブローニュの森の大きな滝の近くでの撮影監督のフィリップ・アゴスティーニとロベール・ブレッソン。

せん。俳優と俳優の関係、俳優と彼らを取り囲むオブジェや舞台装置との関係、そしてアクションと映像のリズムとの関係などに。

ここで彼に、デヴィッド・リーンとノエル・カワードの『逢びき』[1]の話を振ってみた。彼も私もロンドンでこの映画を見ているからだ。

ブレッソン――素晴らしい映画です。少なくとも、映画の半分は素晴らしい。人物たちがわれわれに顔を近づけて、単純な仕方で秘密を打ち明けてくれる部分はね。映画には単純さに対する偏見が蔓延っています。そうした偏見を断ち切るたびに、結果は目覚しいものとなるのです。

ケヴァル――他に何か最近の映画で気に入ったものはありますか?

ブレッソン――『東京上空三十秒』[2]です。空襲のシーンで、一種の役柄の転倒が起こるところ

(1)『逢びき』(一九四五年)[*Brève Rencontre* (1945)]。

は創意に富んでいますね。突如として舞台装置が行動に移り、人物が石のように動かなくなるのには思わずはっとさせられました。

ケヴァル――カラー映画についてはどうお考えですか？

ブレッソン――カラー映画の問題は、色彩に関する問題ではありません。問題はまったく違うところにあります。色彩の良し悪しは大した問題ではありません。ひどい道具であっても、それがひどいものだとわかってさえいれば、いつだって上手く使うことはできます。それが良い職人と悪い職人を分かつ点です。良い職人は自分の道具を選ぶ術を心得ているのです。しかし問題はそこにはありません。問題は、色彩のもつ魔術的な力、注意散漫にする力にあります。そうした力のせいで、今のところ、色彩をドラマや悲劇で用いることは禁じられています。

『レクラン・フランセ』七二号、一九四六年一一月一二日
L'Écran français, n° 72, 12 novembre 1946.

（2）　マーヴィン・ルロイ『東京上空三十秒』（一九四四年）〔*Thirty Seconds Over Tokyo*, de Mervyn Leroy (1944)〕〔『シネマトグラフ覚書』一六一頁参照〕。

ジャン・コクトー

われわれの映画についての考えは同じものではありませんでした。しかし、われわれを分かつはずのものすべて（彼の悲劇的なギャグの追求、演劇の手段によって内面を外面化することに対する私の拒否、彼の「リアリズム的驚異」〔ジャン・コクトー『シネマトグラフをめぐる対話』高橋洋一訳、村松書館、一九八二年、一一九頁参照〕など）が、かえって、お互いをより深く理解する契機となったのです。

われわれの友情を確かなものとしていたのは、二人とも自分の魂のすべてを作品に込めているという点でした。彼の作品のなかにひしめく独創には限りない感嘆の念を抱きます。彼自身が出演している『オルフェの遺言』〔一九六〇年〕のなかで、これからミネルヴァが彼に槍を放とうというところで、キャビンアテンダントの女性の声が「シートベルトをお締めになり煙草の火を消してください…… You are requested to fasten your seatbelts…」とアナウンスするくだりがあります。内奥の表現のために、これほど遠く隔たったものどうしを組み合わせることは、今日の「映画《シネマ》」ではまず見かけることのないものだし、明日の映画においてもきっとこれに並ぶものはないでしょう。

彼の善良さは、他者に近づくための絶えざる努力でした。その善良さは、映画の仕事のなかに、無数の仕方で姿を現すこととなりました。

彼の死の一週間前に受け取った励ましの手紙のなかの、短いフレーズを忘れることはできません。「私からの知らせは良くないものです。良き知らせを届けて私を慰めてください。」

「証言」、『カイエ・ジャン・コクトー』三号、一九七二年
« Témoignage », *Cahiers Jean Cocteau*, n° 3, 1972.

『ブローニュの森の貴婦人たち』撮影中のジャン・コクトー、エリナ・ラブールデット、ロベール・ブレッソン。

呪われた映画祭

シモーヌ・デュブルイユ〔一九一二—一九六〇年、フランスの映画批評家〕——ブレッソン監督、どうしてまた五つ目の映画祭を？　すでにベルギー映画祭、ロカルノ映画祭、ヴェネチア・ビエンナーレ、そしてカンヌ国際映画祭があるのに、どうしてビアリッツで映画祭をやるのでしょう？

ロベール・ブレッソン——この映画祭を主催するシネクラブ「オブジェクティフ49」〔一九四八年にアンドレ・バザンらによって創立され、ジャン・コクトーが会長を務めたシネクラブ。評価の定まった古典でなく、同時代の「前衛」を紹介することを目指した〕が、いわゆる商業映画とは別に、それとは異なる映画、コクトーが「呪われた詩人」という表現に倣って、「呪われた映画」と名づけた映画の功績を讃えるのは有意義なことだと考えたからです。映画はそうした作品に多くを負っています。すべてを負っているとすら言ってもいいでしょう。

デュブルイユ——あなたご自身は「呪われた映画」をどのように考えているのでしょうか？

ブレッソン——これらの映画は、たとえほとんど注目されないとしても、注目すべき事柄をたくさん含んでいて、映画をたえず前へと押し進めてくれます。けれども、そうした映画に力と糧を与える作品は、最初のうちは少数の人々にしか評価されないものなのです。

デュブルイユ――審査員団には、ジャン・コクトー、オーソン・ウェルズ、ロジェ・レーナルト、ルネ・クレマン、ジャン・グレミヨン、レーモン・クノー、そしてあなたが名を連ねることになるそうですね。それら個性の明白な作品群を相手に、審査員団はどうやって自分を見失わずに、選択を下すことができるのでしょうか？

ブレッソン――上映作品のなかから、作品のもつ影響力がたえず増大し続けるのみでなく、作品それ自体もまたたえず価値を増し偉大になってゆくような、そんな作品を選ぶのに審査員は苦労することはないでしょう。

デュブルイユ――質問を変えます。「呪われた映画」はどれも旧作です。他方で、ビアリッツ映画祭は、一六ミリのアマチュア映画を称えるために、一〇〇万フランというとても大きな額の賞金を予定しています。どうしてこれほどの賞金を出すのでしょうか？

ブレッソン――映画はお金に囲い込まれていますが、お金の庇護下にない一六ミリ映画はとても自由な条件のもとで作られていて、きわめて大胆なことができるからです。一六ミリ映画は、映画全体を前へと押し進めてくれる。そういうわけで、最も優秀な一六ミリ映画に報いるのに一〇〇万フランの賞金を出すのは、映画の未来にとってじつに大きな意味のあることだと考えています〔最優秀賞はジャン・ルーシュの短編『憑依者たちの踊りへの通過儀礼』（四九年）に与えられた〕。

フランス・ラジオ・テレビ、一九四九年四月二六日
RTF, 26 avril 1949.

4 『田舎司祭の日記』——一九五一年

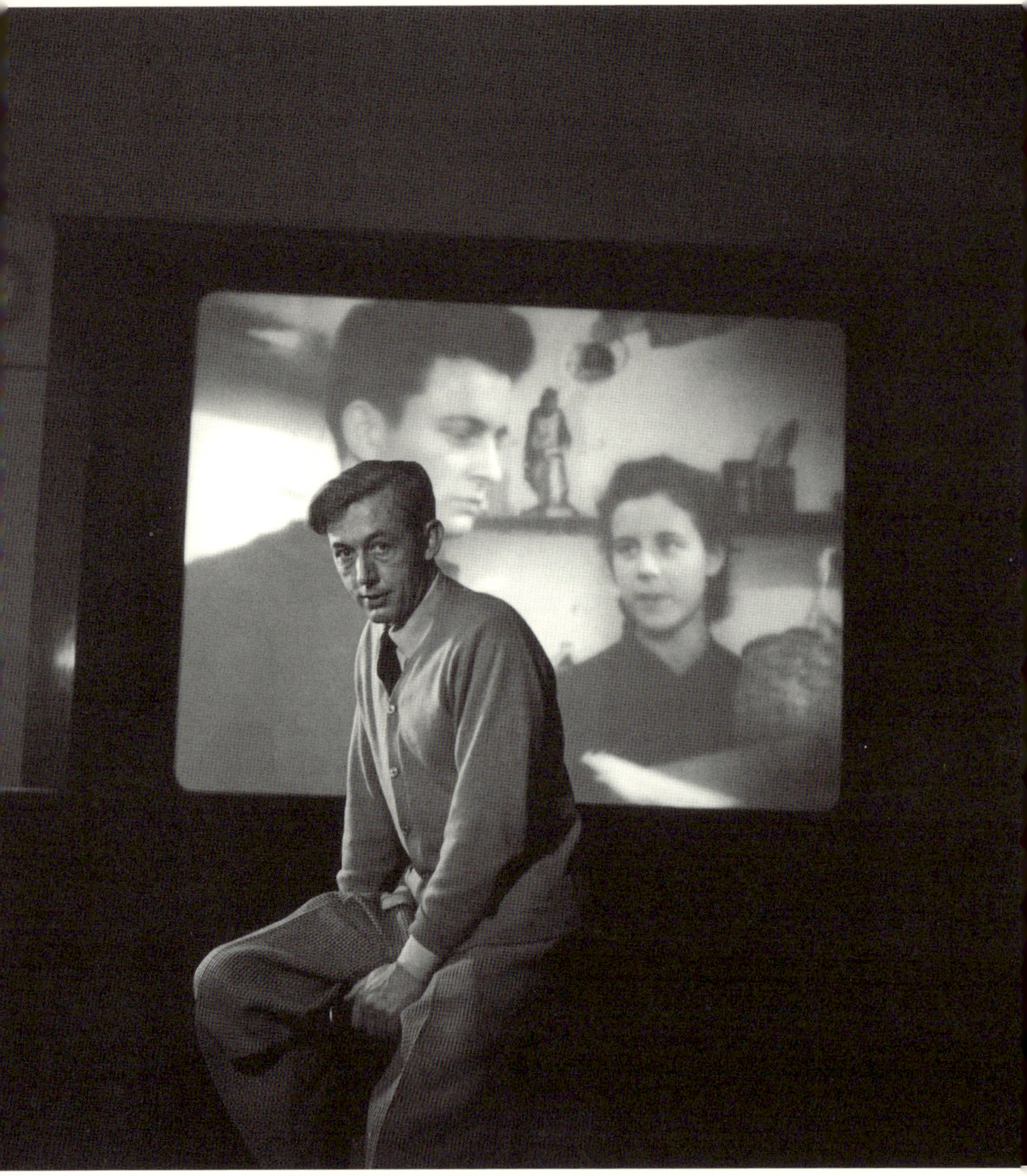

『田舎司祭の日記』上映中のロベール・ブレッソン。

それら二つの世界のあいだで

ロジェ・カンタグレル──来年の夏、アメリカの製作会社のために映画を撮ることになっているそうですね？

ロベール・ブレッソン──はい。同じ時期にイタリアでももう一本撮ることになっています。二本ともここ数年のあいだに書いたものです。(1) 撮影に入るのが待ち遠しいです。

カンタグレル──現在、『田舎司祭の日記』〔ジョルジュ・ベルナノス『田舎司祭の日記』渡辺一民訳、春秋社、一九九九年〕の脚色に取り組まれているというのは本当でしょうか？

ブレッソン──本当です。三ヶ月ほど前に、この小説の映画化の話があって、引き受けることにしました。かなり迷いましたし、幾つかの危惧を完全にぬぐい去ることができたわけでもないのですが。

(1)『湖のランスロ』と『聖イグナチオ・デ・ロヨラ』を指す。

カンタグレル――それは賭けではないですか？

ブレッソン――おそらく。しかし賭けこそが私を引きつけるのです。ベルナノス〔ジョルジュ・ベルナノス、一八八八―一九四八年、フランスの小説家。『悪魔の陽の下で』（二六年）、『田舎司祭の日記』（三六年）など〕の小説が面白いのは、一連の事実や観察のためだけではありません。ベルナノスがそこに彼特有の思想をふんだんに盛り込んでいるからです。そうした思想を事実から分離しようとすると、どうしても歪曲が生じてしまいます。それらは一つの全体をなしているのです。私は何とかしてこの全体を無傷のまま再現しようとしています。

カンタグレル――作品を「一塊のものとして」取り上げるとのことですが、この作品が投げかけるテーマのなかに、とりわけあなたの関心を引くものもあるのではないでしょうか？

ブレッソン――ありません。原作の均整を尊重したいと考えているからです。基本となるテーマはそもそも、村の司祭たちの悲劇的な状況によって与えられています。彼らには二つの勤めがあります。一方に瞑想があり、もう一方に布教と善行があるのです。そして彼らはそれら二つの世界のあいだをたえず行き来します。一六世紀の画家は、そうした二つの世界を二つの階によって描きました。アンブリクールの司祭が涙を流したのは、人類に対する過剰なまでの憐れみの念のためであると同時に、啓示された世界――それはつねに彼を逃れ去ります――に対するノスタルジーのせいでもあるのです。

カンタグレル――撮影はいつの予定ですか？

ブレッソン――一二月か一月頃です。

カンタグレル――屋外の場面もありますか？

ブレッソン――ベルナノスはあまり視覚的な作家ではないと思います。彼の小説にはほとんど風景描写がありません。ご存じのように、私も自作において風景をあまり写しません。だからこそ風景には細心の注意を払わねばならないでしょう。小説から思い描いた風景を探し求めて、アルトワ〔フランス北部のかつての州〕に行く予定です。

カンタグレル――キャスティングは？

ブレッソン——脚色を仕上げるまでは配役を考えないつもりです。登場人物を実人生のなかに探す前に、まずは彼らについて精確で、厳密なイメージを作りあげねばなりません。

カンタグレル——映画は小説を乗り越えることができると考えますか？

ブレッソン——映画は小説よりも多くの手段をもっていますが、それらは容易に余分なものになってしまいます。じっさいのところ、映画と小説はまったくの別物です。小説は物語を語り、描写します。映画は田舎も都市も、室内も描写しません。われわれはそこにいるのです。

「ロベール・ブレッソンが自作の企画を語る」、『ル・フィガロ』、一九四九年一〇月一一日
« Robert Bresson nous confie ses projets », *Le Figaro*, 11 octobre 1949.

この賭けこそが私を引きつける

名高い演出家ロベール・ブレッソンが、ジョルジュ・ベルナノスの『田舎司祭の日記』の映画化という非常に困難な題材に挑みました。この偉大なる幻視家のファンの一部から、最高傑作との呼び声も高い一冊です。偉大な著作の映画化はつねに危険が伴います。あらゆる作品は作者の言語と切り離せないからです。芸術において、中身と器、形式と内容は、人為的な知的遊戯によってしか区別されません。だから映画の演出家による小説の移し替えの作業は、真の創造行為となるのです。ピエール・デグロープ〔一九一八―一九九三年、フランスのジャーナリスト、テレビディレクター〕が、『田舎司祭の日記』撮影中のロケ現場に、ロベール・ブレッソンを訪ねました。そこは、まさにベルナノスが小説の舞台としたピカルディー地方の一角でした。

ピエール・デグロープ――まずは、ある論点、歴史ある論点に決着をつけておくべきでしょう。出来上がった映画を見た人はおそらく次のように感じるのではないかと思います。ベルナノスの世界とブレッソンの世界にはそもそも一種の親近性があったのだ、と。この印象は当たっているでしょうか？

ロベール・ブレッソン――当たっているとは思いません。しかし、いずれにせよその点は、この映画を作るのを引き受ける決意をしたとき私を引きつけた賭けの一部をなすものに違いありません。
デグローブ――あなたの言う賭けとは、つまり、ベルナノスの小説がきわめて内面的なものであり、あなた自身の映画についての考えもまた――かなり逆説的な仕方とはいえ――もともとまったく同じ方向を向くものであったということでしょうか？
ブレッソン――その通りです。この本で私を引きつけたのは、何よりもアクションが、劇《ドラマ》の筋が内的なものであるという点でした。それはまさに映画において私が目指しているものと軌を一にしていたのです。私は、映画におけるアクションは内的なものでなくてはならないし、今後ますますそうなってゆくだろうと考えています。これまで運動と見なされてきたもの、映画がこぞって探求してきた運動というのは、結局のところ、空騒ぎに過ぎなかったのです。
デグローブ――映画でも、小説と同じように、運動は内面の運動ともなりうるとお考えなのですね？
ブレッソン――絶対にそうだと確信しています。その場合、運動はもっぱら顔の内側、顔の肌の内側で起こっていること、ある種の視線や態度、身ぶりのなかで起こっていることに存するのです。
デグローブ――そうすると、一つ、もう少し具体的な問題が出てきます。映画作家が表現の素材として用いることができるのは、眼に見える事柄だけです。ところが、あなたによれば、多くの眼に見える事柄を用いて、眼に見えない事柄に観客を立ち会わせることが問題となるわけですね。どうすればそのようなことができるのでしょうか？
ブレッソン――外側から見る術を心得ている者にとって、顔の上や態度の中には、たくさんの眼に見える事柄があります。眼に見えない事柄を表現するには他にも手段があります。われわれには言葉がありますし、最近では、「ヴォイスオーヴァー〔による〕」内面の声も多くの映画で用いられるようになっています。
デグローブ――カメラが表現できることについて、あなたはチャップリンのとても面白い逸話を引き合いに出されたことがありますね。もう一度話して聞かせてもらえますか？

ブレッソン――わかりました。チャップリンは、カメラはすべてをとらえるのだと言って、次のような話をしてくれました。優れた女優、ガルボ〔グレタ・ガルボ、一九〇五―一九九〇年、スウェーデン生まれのハリウッド映画女優。『肉体と悪魔』（二六年）、『ニノチカ』（三九年）など〕のような映画女優が場面を見事に演じている。しかし、それは暑い日で、スタジオにはハエが飛んでいる。彼女は場面を見事に演じ続けながら、「もしこのハエが私の鼻に止まったらどうしよう」と思う。すると、カメラはそれも記録してしまうというわけです。

デグロープ――つまり、あなたによると、カメラは人々の思考も記録するということなのですね。

別の質問をしたいと思います。あなたは実在のロケーションで撮影をなさいますね。映画が、屋内シーンも含めて、スタジオではなく現実の場所で撮影されるというのはかなり異例のことです。このことは、あなたの目指すものがリアリズムであるという――おそらく間違った――印象を与えかねません。現在、映画では、リアリズムの作品がたくさん作られています。もちろん、それはある程度祝福すべきことです。しかし、あなたが追い求めるものはそれとはまったく異なっている。あなたが作っているのは、他に上手い言葉が見つからないのですが、非現実的な映画だと言えるでしょう。

ブレッソン――非現実的なものを作るには現実を拠り所とするしかないと信じている、いや、そう確信しています。たとえば、ニュートラルな背景の上で繰り広げられる夢幻劇など考えられません。むしろ非現実的なものこそ、強烈な現実を拠り所とせねばならないのです。ロケーションについてですが、重要なのは、実在する場所で撮るということだけではなく、それを使うこと、何らかの仕方でそれを解釈し、自分がこうあって欲しいと望むものへと引き寄せることだと思います。

デグロープ――ずばりベルナノスの小説においては、小説の完全な置き換えをしなければならないことはありましたか？　たとえば、小説のなかに現れるしかじかの細部が小説の言語と一体をなしているので、それを映画の言語に移すときは、まったく別の出来事で置き換えてしまわねばならないというようなことがしばしばありますよね。あなたの脚色でも、そのようなケースはたくさんあったのでしょうか？

ブレッソン――いいえ。原作から取ったものはすべて、ベルナノスからそのまま取ってきたものです。ベルナノスの小説は、鬱蒼とした森のようなものでした。私のしたことといえば、所々で枝葉を切り落とし、単純化するのではなく――それは恐ろしいことです――、この小説の実質を見いだそうとすることでした。

デグロープ――映画を引き立たせるために何らかの楽曲を用いるご予定ですか？

ブレッソン――その点についてはまだ何も決めていません。この映画の音楽はどうあるべきか必死に考えているのですが、正直に言うと、まだ何も答えが見つかっていません。まったく音楽なしで済ませるということもありえます。

デグロープ――つまり音楽は映画にとって不可欠のものではないと？

ブレッソン――映画の音楽は、ほとんどの場合、観客が映画を受け止められるよう、映画をより良く感じられるよう準備をするために存在しています。映画をより良く受け止められるような雰囲気のなかに観客を置くために存在しているのです。しかし、そうしたやり方は間違っていると思います。何か別の手を見つけねばなりません。

「思想と人」、フランス・ラジオ・テレビ、一九五〇年六月九日
« Des idées et des hommes », RTF, 9 juin 1950.

見ることと聞くこと

ロベール・ブレッソンが自身について堅く沈黙を貫いていることや、宣伝や不躾なものすべてに生理的な嫌悪を抱いているということを知っていると、この覚醒した夢想家に対して密かに抱いている友愛の念や、彼の作品によってかき立てられる率直な感嘆の念をただ伝えようとすることにさえ、幾ばくかの不安を感じずにはいられない。

それでもなお、われわれが彼について語る欲望に抗うことができないとすれば、それは、観客がたえず空疎な宣伝に騙され踊らされるこの時代において、価値のある作品へと彼らの目を向けさせるのは有益なことであると思うからだ。数年間の沈黙を破るロベール・ブレッソンの最新作『田舎司祭の日記』と同じくらい作品《ウーヴル》の称号にふさわしい映画は滅多にない。ブレッソンは映画において、観客が普段見ることのない謎めいた魂の世界を垣間見せる、そう主張するのも無益なことではないのだ。

そのような作家の側の意図は、彼について有益な仕方で語ろうとする者が立つべき見地を端的に教えてくれる。

われわれにとって、日々選び出されては忘れ去られてゆくスターたちの月並みなインタビューを彩るあれやこれやの真偽不明な細部などどうでもよい。ブレッソンがグレーのスーツを着ているということは彼の仕立屋の管轄だし、彼がサン＝ルイ島に住んでいることも郵便配達人や友人に関わることでしかない。けれども彼が画家であるということ、絵画を一時的に断念して映画に向かったということは、それだけでわれわれの関心を引く。ブレッソンはつねに、人間の顔——俗な表現で言うところの魂の反映——に熱中してきた。ブレッソンの映画で、われわれはいつも人物たちの並外れた肖像を目撃してきたのだった。それらの肖像は、決して無償のものではなく、つねに劇的な瞬間を構成していて、そこにおいてカメラは一つの表情、一つの視線を写し、取り囲み、ついにはくっきりととらえるに至る。ブレッソンは、生まれようとする言葉を摘み取っている、あるいは人物たちの沈黙と孤立をしっかりと抱きとめようとしているかのようだ。ブレッソンはしばしば繰り返している。「沈黙はトーキー映画の偉大なる発見である」と。

ブレッソンと接する者の誰もが、その控え目な慎重さを前に怖じ気づいてしまう。彼は慎重な態度を貫き、その背後に身を隠すことで、おそらくは相手の反応をじっくり観察しようとしているのだ。

だから彼が『罪の天使たち』や『ブローニュの森の貴婦人たち』といった題材に夢中になったことは驚くには当たらない。イグナチオ・デ・ロヨラ〔一四九一—一五五六年、スペインの宗教家。イエズス会の創立者の一人〕という人物の何が彼を魅惑したのか尋ねてみた。

「聖イグナチオについて書いたシナリオは注文仕事でした。『田舎司祭の日記』もそうです。いずれの場合もプロデューサーからのオファーを受けたのは、それが私の目指す方向と一致していたからです。私はイグナチオ・デ・ロヨラを内面からとらえました。彼から（出来る限り）「精神的なもの」だけを残しました。」

これは明らかに、一般に考えられているような（より正確に言えば、そもそも考えられてなどいないのだが）映画から遠く隔たっている。他のどんな演出家よりも、ブレッソンは映画の新時代を切り拓く存在である。『黄金狂時代』〔チャールズ・チャップリン、一九二五年〕や『自転車泥棒』〔ヴィットーリオ・デ・シーカ、一九四八年〕を見たときに夢見たような新時代を切り拓くのである。ブレッソンは映画に古典劇の大原則を適用し、人物の性格を理解させ、情念の戯れを見せることに打ちこんでいる。そうした点において、彼は偉大なる分析家たちの伝統に連なるといえるだろう。文学において、ラファイエット夫人やラシーヌ、バンジャマン・コンスタン、マルセル・プルースト、ヴァレリー・ラルボーといった、きわめて多彩な気質をもった人々によって代表される分析家たちの伝統に。ブレッソンはついに、そうした作家を愛する人々が夢見るような映画を実現してみせたのである。

「ベルナノスの小説を映画化するかどうか、心を決めるのに何週間もかかりました。この本を前にして、際限のないありとあらゆる種類の疑念に苛まれたのです。小説を裏切ってしまうのではないかという疑念もありました。しかし、ふと己自身に忠実であることが、ベルナノスに忠実であることの保証となるように思われたのです。私はまず一つの鋳型を、私自身の鋳型を拵えました。そして、この本の実質のうち、この鋳型の中に入ってくれるものをすべてそこに詰め込みました。この本の実質というとき、そこには、作者であるベルナノス固有の思想や経験——意識的なものも無意識的なものも——も含んでいます。それらは、事実よりも重要なものです。また随所で、小説の構成それ自体が観念としての価値をもつように思われる場合、構成そのものを尊重したくなるという難題にも直面しました。」

ここから様々なことが理解される。なぜブレッソンが登場人物と俳優のあいだに内的近親性を探すことにこだわるのか、なぜクロード・レデュ〔一九二七―二〇一一年、スイスの俳優、テレビプロデューサー〕に特別なトレーニングを施したのか、なぜ俳優たちを内側から役柄に入り込ませるために彼らに完全な非個性化を要求するのか、そして、なぜ完成した作品がどのようになるかを芸術的な見地から正確に把握しているのがブレッソン一人であるのかが理解されるのだ。

一部の観客が付いてこられなくても気にしないのかと問う人々に対して、ブレッソンは答えた。

「私は観客をとても高く評価しています。観客はいつでも理解するよりも前に感じるという姿勢で臨んでいます。

観客はそのようにあるべきなのです。映画は不可思議なものです。だから誰も大衆の審判をあらかじめ知ることはできません。私の映画について観客に何かを説明してやろうなどとはしないでください。ただ彼らにこう呼びかけてください――子どもの魂を取り戻し、見て聞いてください、と。」

『オペラ』、一九五一年二月一四日
Opéra, 14 février 1951.

『田舎司祭の日記』撮影現場でのクロード・レデュ。

詩を書くように

ロベール・バラ〔一九一九—一九七六年、フランスのジャーナリスト。フランス知識人カトリックセンターの書記長を務めた〕——今回の討論会の打ち合わせのさい、あなたは、どのように映画を作ろうとしているかを語ってくださいましたね。「私は詩を書くように映画を作っている。私は調子《トーン》を探している」と。あなたはこうも説明してくれました。映画のシーンを撮影するときあなたの頭のなかにある、そうした調子のせいで、撮影に参加しているカメラマンや技師たちが「こいつは退屈な映画になるぞ」とこぼすことになるのだ、と。彼らが映画の詩的かつ内的な統一性を発見することになるのは、編集の終わった映画を見るときでしかないとのことでした。

ロベール・ブレッソン——早速ですが、この発言の場をお借りして、私に対してなされたある非難について公式に弁明を行いたいと思います。私は、職業俳優を侮っている、軽蔑していると非難されました。ところが私は、彼らが取り組んでいる、驚くべき素晴らしい仕事《メチエ》に限りない敬意を抱いているのです。俳優の仕事には、精神の力と精神の従順さ、誠実さと不実、奔放さと自制心といった、多くの相容れない才能を兼ね備えていることが求められます。ですから、じつにしばしば俳優の仕事はほとんど想像を絶するもののように思われるのです。

にもかかわらず、私がアマチュアや新人といった無名の俳優を要求、起用したり、それ自体で面白味のある劇的な主題やエピソードから逃げたり、舞台装置や風景をただの背景——人間の顔が場を占めるや、おのずと退き消え去ってしまう背景——に還元したりするのは、私が表現したいと望むのが行動《アクション》や出来事でなく、感情だからなのです。

感情の領分に引き込まれるや、職業俳優は、カメラのレンズを向けられたとき奇妙な困惑を覚えることになります。事実や事件を中心とする舞台や映画で身につけた因習、自分なりの秘訣や癖、端的に言えばその才能のせいで、私の要求に応えるのを阻害、制止されていると感じるのです。私の方でも、おかしなことに、そうしたいっさいが折り重なって、ちょうど仮面のように私から俳優を隠しているように感じるのです。

皆さんに何とかして説明したいのは、撮影の装置、途方もないカメラという装置は、われわれの第一の仕事道具であると同時に、われわれの第一の、最も手強い敵でもあるということです。というのもカメラは、機械仕掛けの、機械の無関心さと愚かさですべてを記録し、すべてをとらえるからです。

もうずっと昔、戦前のことですが、チャーリー・チャップリンがパリに立ち寄ったさい、私に次のような話をしてくれました。「最も偉大な映画女優を想像しなさい。グレタ・ガルボを想像してみなさい（これは私でなくチャップリンの発言ですよ）。彼女は自分の場面を見事に演じる。しかし、それは暑い日で、スタジオにはハエがいて、彼女の周りを飛び回っている。彼女は場面を見事に演じ続けながら、「もしこのハエが私の鼻に止まったらどうしよう」と思う。すると、カメラはそれも記録してしまうんだ。」

「撮ること《プリーズ》〔とらえること〕」、「撮影《プリーズ・ド・ヴュ》〔眺めをとらえること〕」という語は、捕獲《キャプチュール》という語の同義語です。重要なのは、俳優を捕まえることです。俳優としての俳優ではなく、生きた被造物としての俳優自身を捕まえること。彼らを不意打ち《シュルプランドル》すること、彼らから、その外見のあれやこれやの特徴から、その人が自身に固有のものとして与えうる最も希少で、貴重で、そして秘密のものを、つまり私に問題を解く鍵を与えてくれる閃きを捕獲することです。アマチュアや新人俳優は、職業俳優よりも自意識が希薄で、素直で真っ直ぐなうえ忍耐強いので、職業俳優よりもずっと好意的にそうした試練に身を委ねてくれます。映画俳優についてのこうした考えは、舞台俳優についての一般的な考え方とは大きく隔たっていて、むしろ人々が彫刻家や画家のモデルについて抱いている観念と似たところがあります。

さてここで、ロベール・バラのおっしゃったことに戻りたいと思います。確かに、仕事をしているとしょっちゅう、機材スタッフや照明技師、さらにはスタッフ全員が、仕事しながら私を横目で見つつ、「こいつは退屈な映画だ」とか「こいつは退屈な映画になりそうだ」などと言っているのを耳にすることになります。

これについてまず考えられる説明は、映画が本当に退屈である、あるいは退屈なものになりそうだというものです。もう一つ考えられる説明はこうです。照明技師や機材スタッフたちは年がら年中数えきれないほどの映画に参加し、見世物《スペクタクル》に立ち会っているような状態にあります。彼らは、身ぶりや台詞、物真似《ミミック》が極端な表現と化している場面の撮影ばかり見ているのです。そうすると彼らの目には、私が手を加えることで、身ぶりや台詞、物真似から表現がすっかり抜き取られて、無味乾燥で平板なものとなったように映るわけです。確かに、私のやり方はまったく異なっています。私が探し求めているのは、身ぶりや台詞、物真似による表現ではなく、むしろ諸映像の組み合わせとリズムによる表現、諸映像の位置、関係、数による表現です。映像の価値とは、何よりまず交換価値でなくてはなりません。ただし、そうした交換が可能であるためには、諸映像がみな何らかの共通点をもっていて、一種の結合《ユニオン》に参与していることが必要です。だから私は人物たちに近親性を与えようとしたり、俳優たちにある種の同じような仕方で話すように要求したりするのです。

映像は文章のなかの語に相当するものです。詩人は自分なりの語彙を作り上げます。しばしば詩人はあえてあまり華々しくない語の選択をします。日常的に使い回され、使い古された言葉こそ、しかるべき場所に置かれると、ふと途方もない輝きを放つものなのです。

『ベルナノス賛』(抜粋)、フランス知識人カトリックセンター、パリ、ソルボンヌ大学、一九五一年三月一二日
Hommage à Bernanos (extrait), Centre catholique des intellectuels français, Paris, université de la Sorbonne, 12 mars 1951.

5 『抵抗』——一九五六年

リヨンのモンリュック監獄でロケハン中のロベール・ブレッソン。

風は己の望むところに吹く

一九五七年五月一四日火曜日、カンヌでロベール・ブレッソンの『抵抗』〔原題は『死刑囚は逃げた、あるいは風は己の望むところに吹く』〕が上映された。『宿命』(1)〔一九五六年〕とともに映画祭に選出された唯一のフランス映画である。運営側の敵意のため夜の部ではなく昼の部で上映されたにもかかわらず、本作は最優秀演出賞を受賞することとなった。

翌日の一一時、ロベール・ブレッソンは記者との会見を承諾した。ロドルフ＝モーリス・アルロー〔一九一一—二〇〇二年、スイスの脚本家〕やアンドレ・バザン〔一九一八—一九五八年、フランスの映画批評家。『カイエ・デュ・シネマ』の創刊者の一人で、ヌーヴェル・ヴァーグの精神的父親としても知られる〕、ルイ・マルコレル〔一九二二—一九九〇年、フランスの映画批評家〕、ドゥニ・マリオン〔一九〇六—二〇〇〇年、ベルギーの作家、批評家〕、ジョルジュ・サドゥール、ジャン＝ルイ・タルネ〔『ラジオ＝シネマ＝テレヴィジョン』の、ジャン＝ピエール・シャルティエの筆名〕、フランソワ・トリュフォー、そして海外の記者たちからの質疑に対する応答は、まさに信仰告白ともいうべきものであった。『ブローニュの森の貴婦人たち』の作者がふだん自分の仕事についての見解を——その仕事を完全に理解するためにはそれが不可欠であるにもかかわらず——じつにつつましやかにしか打ち明けないことをご存じの読者諸氏にとって、その信仰告白はなおいっそう貴重なものとなるであろう。

(1) ジュールズ・ダッシン監督。

カイエ・デュ・シネマ〔記者会見の速記録のため質問者は『カイエ・デュ・シネマ』以外の記者も含むと思われる〕――『抵抗』は興行的に成功を収めたようですね？

ロベール・ブレッソン――ええ、そうです。大切なのは、観客とは何たるかを知ることです。私が観客という言葉で指しているのは、本当の意味での観客、大勢の観客、要するにすべての人のことです。私はこの観客の質の高さを大いに信頼しています。彼らは一般に考えられているよりもずっと繊細です。しばしばなされるように、観客を下からとらえることもできます。しかし観客を上からとらえるときにこそ、彼らの心に強く触れることができるのです。

カイエ・デュ・シネマ――あなたの関心を引いたのは、（語られた通りの）物語の内容なのでしょうか？ それとも、この物語を口実として提示することのできるものの方なのでしょうか？

ブレッソン――あなたがお尋ねになったことを、自分自身に問うてみたことはありません……。この話を読んだときのことはよく覚えています。[2] 脱獄についてのじつに精確で、そのうえじつにテクニカルな話でした。よく覚えています。頁を繰りながら何かとても美しいものだという印象をもちました。きわめて精確で、冷ややかな筆致で書かれていて、話の構成も見事でした。格調すらありましたね。冷ややかさと単純さの両方があり、それでいて一人の人間が心をこめて書いたものだと実感させる、これはじつに稀なことです。私が――つねに最優先で――探しているのは、仕事相手であるプロデューサーと私自身の両方を満足させるような題材で、なおかつ真実のすぐ側にあるようなものです。というのも偽物から出発すると、偽りを矯正して真実に至るのに大変苦労することになりますから。この題材はそうした美点のすべてを備えているように思えました。

カイエ・デュ・シネマ――『抵抗』にはどこかドキュメンタリー的な側面がありませんか？

ブレッソン――まさに、この映画をほとんどドキュメンタリー映画のようなものにしようと思っていました。真実であるという面を残そうと、全編に渡ってドキュメンタリーすれすれの調子を保つようにしました。

カイエ・デュ・シネマ――職業俳優に一種の敵意を示したのも、そうした理由からなのでしょうか？

ブレッソン――いいえ、断じて敵意などではありません。そのように考えないでください。演劇の世界にも、私が敬愛する素晴らしい俳優はいます。いいですか。俳優を起用しないのは私にとってじつにつらいことであって、好き好んでそうしているわけではないのです。私は映画のもつきわめて独特な言語を信じています。映画は己に固有の言語と手段をもっており、演劇の手段（物真似《ミミック》、声の効果、身ぶりなど）によって表現をしようとしてはならないと考えているのです。

映画は映像それ自体によってではなく、映像間の諸関係によって己を表現せねばなりません。両者は全然違うことです。画家が色彩によってではなく、色彩間の諸関係によって己を表現するのと同じことです。青はそれ自体では青でしかありませんが、緑や赤、黄の横に置かれると、それはもう同じ青ではありません。変化するのです。映画は映像間の諸関係によって作られるようにならねばなりません。一つの映像があり、そこにもう一つの映像がやって来て、それらのあいだに関係という価値が生まれる。最初の映像はもともとニュートラルであったのに、もう一つの映像と一緒になることで、ふと震え始め、そこに生が闖入してくることになるのです。ここでの生とは、物語や人物の生である以上に、映画そのものの生です。映像が震え出すその瞬間から、映画が作られ始めるのです。

そういうわけで、私は俳優にいっさい敵意などもっていないのです。その反対です。もしできることなら、自分が敬愛する俳優たちの何人かをキャスティングしてみたいものです。けれども彼らにとって演技をしないでいるのは大変なことで、一般の人に余計なことをしないでもらう方がずっと簡単なのです（もっとも、実人生のなかからつかまえてきた人々、とりわけ子供たちも芝居を演じてはいるのですが）。私のシステムは、大きな苦労を伴いますが、出演者のなかに人物との――身体的な類似ではなく――精神的な類似を見出すことを可能にしてくれます。それゆえ出演者は、映画の仕事に加わったらもう、ただ自分自身でありさえすればよいのです。

（2） アンドレ・ドゥヴィニ『死刑囚は逃げた』田邊貞之助訳、紀伊国屋書店、一九五七年［*Le Figaro Littéraire*, novembre 1954］。

カイエ・デュ・シネマ――ブレッソン監督のおっしゃる通りだと思います。われわれは今まさに、映画が舞台の劇のようなものになってしまう場所、つまり俳優の名演や話の山場、映像の見せ場でいちいち拍手喝采が起こるような場所にいるわけです。『抵抗』が上映終了後に最大の喝采を受けたのは、それが上映中に拍手が起こらなかった唯一の作品だったからです。

ブレッソン――ええ、人は映画を撮影された演劇にしようとしています。しかし、そこには演劇の輝きはありません。もはや肉体的な存在《プレザンス》、血肉を備えた生身の存在がないのですから。それはただの影、演劇の影に過ぎません。

カイエ・デュ・シネマ――俳優になるためには幾つかの特徴を備えている必要があるのではないでしょうか？　そのせいで、どの俳優も似通ったものになってしまう。だから実人生のなかから「顔」を、人物を探してくるしかなくなってしまうのではないでしょうか？

ブレッソン――確かにそうです。俳優には、自分自身のままでいることは許されず、他者になることが求められます。それゆえ奇妙なことが起こります。カメラという装置はすべてをとらえます。つまりカメラは自分自身でありながら同時に他者でもある俳優をとらえるのです。近づいてじっくり見れば、そこに嘘偽りがあるのが見てとれます。その成果は真実ではないのです。映画では、真実であれば、それはたちまち人の心に触れます。その力はあまりに強烈なので、取るに足りないもの、微妙でとらえがたいものですら人の心に触れることができるのです。

カイエ・デュ・シネマ――ある種の監督たちがプロではない出演者を起用するに至るのは、俳優の世界で見かけるような人物ではなく、実人生のなかで見かけるような人物を探し求めているからなのでしょうか？

ブレッソン――その通りです。けれども、そうしたことはほとんど実現不可能になっています。というのも映画がもはや存在しなくなってしまったからです。映画は一つの機構、一種の機関のようなものになり果てています。そこには俳優のチームがあって、しかもそれらが国際的なチームになっている。その結果、七人ほどの同じ俳優を使い回しながら世界中に向けて映画を作るということしかできなくなっているわけです。

フランソワ・ルテリエ（バケツを持った先頭の男）とリヨンのモンリュック監獄の中庭に並ぶ囚人たち。

カイエ・デュ・シネマ——あなたの人物は皆、ご自身に似ていると思いますか？

ブレッソン——どうして人物たちが私に似ていることをお望みなのでしょうか？　それぞれの人間はきわめてユニークな存在です。人物たちが私に似ているとしたら、彼らが物の見方や感じ方を私と共にしているという限りにおいてです。そうすることで映画の作家は自分の個性を示すことができるのです。そうする他に、どうやって自分の個性を示すことができるというのでしょうか？

あなた方は皆、映画は見世物《スペクタクル》であるとお考えだと思います。ところが映画は見世物ではありません。それはエクリチュールなのです。このエクリチュールを用いて己を表現するには恐るべき困難が伴います。あなた自身とスクリーンとのあいだにはあまりに多くの障害が横たわっているからです。己を表現するに至るには、多くの山々を、それどころか多くの山脈をも動かすほどの努力が必要となります。だから自分にできることをやるしかないのです。しかし出演者の心の内奥を変えることはできません。嘘偽りのない本物の視線は、でっち上げることのできないものの一つです。もしそれを捕まえることができたら、何と素晴らしいことか。予期していなかった表情というのもまた素晴らしい。出演者から不意打ちを受けねばなりません。そうすれば途方もない何かを手にすることができる。しかし、あなたが俳優を使ったら、どんな不意打ちもありません。だから配給業者やプロデューサーは俳優を使うのです。

じっさい映画の美しいところ——それこそが私が求めているものなのですが——は、映画が未知なるものへの歩みであるということです。私が未知なるものへ向かっているということ、あらかじめ何が起こるかわかっていないということが観客に伝わらないといけません。何が起こるかわからないのは、たとえ細心の注意を払って選んだ場合でも、私は出演者のことを知り尽くしているわけではないからです。その人がどういう風になるかを前もって知るのでなく——前もってわかることなど所詮、俳優のもつ偽の個性に過ぎないでしょう——、映画を作りながら少しずつ一人の人間を発見してゆくというのは驚嘆すべきことです。映画には、人間を発見したという感情、深遠な発見の感情がないといけません。いずれにしても映画の素材は自然、人間であって、俳優ではありません。自然に立ち返らないといけない。大いに探求しないといけない。よりいっそうの探求を行うための手段をもたないといけません。

カイエ・デュ・シネマ——あなたはおそらく、そうした非職業俳優たちに、役者になりたいという意欲を起こさせるのではないでしょうか？

ブレッソン——いいえ、断じてそんなことはありません。私は、役者になりたくないという意欲を起こさせるのです。

カイエ・デュ・シネマ——ルテリエさん〔フランソワ・ルテリエ、一九二九—二〇二〇年。『抵抗』に主演した後、映画監督となった〕に質問です。『抵抗』の撮影のあいだ、自分を思う存分表現していると感じていましたか？ それとも、自分をまったくの別人に作りかえようとする監督の手の内にあると感じていましたか？

フランソワ・ルテリエ——強い制限を受けている、端的に言えば強く指導されていると感じていました。

ブレッソン——彼の言うことを理解するのは難しくありません……。真実を通じて真実に至ることができると思ってはなりません。私は、言ってみれば機械仕掛《メカニック》けのようなものを通じて真実へと至ろうとしているわけです。ルテリエの感じた、私に操られているという感覚は、よりいっそう真実なものへと至るのに不可欠な機械仕掛けのせいだったのです。

カイエ・デュ・シネマ──あなたは自分の映画を通じて、フランソワ・ルテリエに彼自身が何者であるかを明らかにしようとしたのでしょうか？　それとも、ご自身の構想にもとづいて彼を映画のなかに取り込もうとしたのですか？

ブレッソン──その両方だと思います……。つまり、私は在るがままの姿に彼を新しく創造するのです。撮影に入る前に、私たちは毎日会って話をしました。そして自分は間違っていない、彼とともに自分の探し求める人物を見つけることができると確信しました。とても長い時間がかかりました。見ず知らずの人に一本電話をかけて、事務所で決めたりしたわけではなく、何度も顔を合わせた後で決めたのです。

カイエ・デュ・シネマ──ここで、もう一つ別の質問をさせてください。『抵抗』の準備と撮影にはどれくらいの時間がかかりましたか？

ブレッソン──かなり駆け足でしたね。ほぼ半年のあいだ、仕事に取りかからずじっくり考え、確か二ヶ月半か三ヶ月で台詞を書き上げました。とても幸運でした。二ヶ月半だか三ヶ月だか──もうよく覚えていません──のうちに映画を準備し、出演者やスタッフ全員を揃えることができたのですから。その後、準備にかかったのと同じくらいの期間、つまり二ヶ月半で撮影をし、おおよそ三ヶ月で編集を終えました。これは私にしては速いほうです。

カイエ・デュ・シネマ──観客の多くがあなたの作品に神秘主義を見てとりました。あなたが自らそうしたものを作品に入れたのか？　あなたの手の届かぬところで紛れ込んでしまったのか？　あるいは、そもそもそんなものはないとお思いなのか？　どうなのでしょうか？

ブレッソン──あなた方が神秘主義という語によって何を言わんとしているのか私にはわかりません……。あなた方が神秘主義と呼ぶものはおそらく、私が刑務所のなかで感じとった何か、つまり「風は己の望むところに吹く」という副題に示されるような、途方もない流れのようなものから来ているのかもしれません。すべてを導く手が存在しているかのように思わせる、何かあるいは〈何者か〉――それを何と呼ぶかはお任せします――の存在です。囚人はそうした奇妙な空気にとても敏感です。それは決して劇的なものではなく、それよりもずっと高い次元にあるものです。刑務所では、あからさまな劇《ドラマ》は存在しません。人が銃殺されるのが聞こえても、誰もそれで顔をしかめたりしない。それは普通のこと、刑務所暮らしの一部でしかありません。すべてのドラマは内面で繰り広げられるのです。

　そうした奇妙な何かを、まったく具体的かつ即物的な観点から、囚人どうしの交流のなかに組み込もうとしました。たった三つの語を交わすだけで、突如として人生が一変してしまう。刑務所のなかというのはそういうものなのです。

カイエ・デュ・シネマ――他の人物たちについては来歴や外界との関わりを知ることができるのに、主人公は例外的に何にも関連付けられていないのは、なぜでしょうか？

ブレッソン――彼が何にも関連付けられていないとしたら、われわれが彼とともに在るからです。そもそも彼とともに在るという印象がもたらされるのは、おそらく、われわれが彼について彼自身が知っている以上のことを知らないからなのです。

カイエ・デュ・シネマ――原作にある脱獄以降の部分をすべて削除なさったのは、それが理由ですか？

ブレッソン――いいえ、違います！　それは単なる構成上の理由です。構成は区切りのよいものでないといけません。ここで始まってここで終わるといったようにね。でないと延々と続いていって、ドヴィニのアルジェリアでの冒険まで語る羽目になってしまうでしょう。しかし従うべきリズムや終わるべき場面といった、構成上の要請が存在します。木工職人が机を作るとき、彼は鉋をかけ、しかるべき場所に脚を付けます。すべては変えることのできないやり方で組み立てられるのです。

　ものを書くように、つまり感情を込めながら映画を作らねばなりません。映画でとても難しいのは、己を表現すること、己が感じていることを感じさせることです。出来の良いものであれ悪いものであれ、物語や見世物《スペクタクル》をこしらえることではなくね。

カイエ・デュ・シネマ——これまでの四作は既存の作品の脚色ですが、出発点となる粗筋は大して重要でないとお考えですか？

ブレッソン——ええ。ただしそれは、われわれ映画作家にとって、自分が展開することになるものをあらかじめ知るのに役立つという意義はあります。時間のかかる——私にとってはひどく時間のかかる——うえに何の保証もない仕事に取りかかる代わりにね。

カイエ・デュ・シネマ——いつかは完全に自分自身で書いた作品を作る必要があると感じていますか？

ブレッソン——この次に作る映画は全編自分で書きました。その次の映画もそうですよ。

カイエ・デュ・シネマ——人々に強い印象を与えたことがあります。歩哨の死の省略です。これは何らかの効果を狙ったものであると考えられたわけですね。歩哨の死を見せなかったのは、死を撮影することを拒むからでしょうか？　田舎司祭の死も見せていませんでしたね。それとも、歩哨の死は脱獄における一つの細部に過ぎないからなのでしょうか？

ブレッソン——その質問に直接お答えすることはできません。ただ、これだけは言っておきます。もし歩哨が死ぬところを見せていたら、映画はそこで急に、それまでの調子から外れたものとなっていたでしょう。何を見せて何を見せないか、とくに何を見せないかを誤ってはいけません。それは私の物の見方や感じ方から来るものです。

カイエ・デュ・シネマ——では、死を撮ることへの抵抗はないのですか？

ブレッソン——行為の主体は絞め殺す手のなかにはありません。それは別のところ、漂っているあの流れのなかにあるのです。

カイエ・デュ・シネマ——他の監督たちから手本とされたいと思いますか？　ブレッソン派が誕生するのをお望みですか？

ブレッソン——いいえ。流派のようなものはお断りです。しかし古い因習から抜け出すための仲間が欲しいとは思い

『抵抗』撮影中のパリのスタジオでの美術監督のピエール・シャルボニエ（ハンチング帽の男）。

ます。そうなればいろいろと都合が良いでしょう。一人きりでい続けるのはとても困難なことですから。自分の身を守ることすらかないません……あまり諍いは起こさないというのに。

カイエ・デュ・シネマ——とはいえ、あなたの映画に——猿真似するのでなく——近づこうと必死になりながらも、そこまで到達できない——なんせそれはひどく困難なことですから——映画に対しては、どこにでもある駄作に対してよりもずっと苛立ちを募らせているということはないでしょうか？

ブレッソン——ええ、そうかもしれません。

カイエ・デュ・シネマ——他の映画作家とのお付き合いはありますか？

ブレッソン——残念ながら……。ただ、これは私のせいだと言わねばなりません。彼らの映画を見に行っていないのですから。でも私にはどうしても見に行くことができないのです。悪い点ばかり目について、見ていると自分も共犯者になったような気分になってしまうのです。彼らの映画がつまらないというわけではありません。その反対です。どの映画にも創意工夫があります。でも私個人は、それらの映画に耐えられないのです。私が心から望んでいるのは、人々が私と同じようなやり方で映画を撮ることではなくて、人々がフィールドを変えること、映画が撮影された演劇であるのをやめること、それだけなのです。

カイエ・デュ・シネマ──では、どの映画も失敗作だとお考えなのですか？

ブレッソン──撮影された演劇として見れば大変優れています。しかしシネマトグラフとしては完全な失敗作です。

カイエ・デュ・シネマ──アルフレッド・ヒッチコックについてはどのようにお考えですか？

ブレッソン──ヒッチコックの映画は見たことがありません。

カイエ・デュ・シネマ──ドライヤーの映画をご覧になると居心地の悪さを覚えますか？

ブレッソン──二年前に、『裁かるゝジャンヌ』を見ました。たいへん居心地が悪い思いをしましたね。撮られた当時としてはこの作品がちょっとした革命であったことは理解できます。しかし今見ると、どの俳優にも、おぞましい狂態やぞっとする形相ばかりが目について、思わず逃げ出したくなりました。

「ロベール・ブレッソンの発言」、『カイエ・デュ・シネマ』、一九五七年一〇月
« Propos de Robert Bresson », *Cahiers du cinéma*, octobre 1957.

新たなる表現手段

ロベール・ブレッソンの次回作は『湖のランスロ』の予定である。とはいえブレッソンにとって、ランスロについて語ることは、とりもなおさずシネマトグラフが提起する諸問題について語ることでもあった。

ロベール・ブレッソン——シネマトグラフという新たな表現手段はじつに素晴らしいものですが、まだその詩人を見出していません。形式《フォルム》への感受性を欠き、混沌と無秩序が支配する時代にあって、これは驚くべきことではありません。しかし、いずれは絵筆やペンを用いるのと同じように、シネマトグラフによって己を表現できるようにならねばならないでしょう。一本の映画は一人の人間の作品であるべきです。その人の世界のなかへと、つまりその人に固有の世界のなかへと観客を入り込ませるものでなくてはならないのです。私はシネマトグラフを高く評価しています。シネマトグラフが、表現でなく複製の手段（撮影された演劇）に未来永劫甘んじ続けるなどとは想像できません。

ユニフランス・フィルム——あなたのお考えでは、現在、ある曖昧さが映画を苦しめているということなのですね？

ブレッソン——ある映画が、その表現を俳優の物真似《ミミック》や身ぶり、「効果」によって組み立てているとしたら、その映画は、シネマトグラフの手段でなく、演劇の手段を用いていることになります。カメラは、そうした物真似や身ぶり、

「効果」を惨めったらしく記録するだけのものになり下がってしまいます。絵画や彫刻を複製する写真機のように。しかし絵画や彫刻の写真は、絵画や彫刻ではありません。それは何も創造しないのです。

ユニフランス・フィルム――では、あなたにとってシネマトグラフ固有の手段とは何でしょうか？

ブレッソン――リズム、それと関係です。映像と映像の間の、映像と映像全体の間の、そして映像と音響の間の関係、関係どうしの交錯、反復、衝突、交流です。ただし、このシステムが実りをもたらすためには、ここで用いられる要素のすべてが一つの一貫した世界に属していなければなりません。何度も言っていることですが、演じている一人の俳優と一本の樹との間には可能な関係はないのです。混沌と混乱が蔓延っています。台詞がないというだけの理由で、ある作品が「純粋映画」だと言われているのを聞いたり読んだりしたことがありませんか？ しかし私に言わせれば、ある映画が純粋であるために必要なのは何よりもまず、真実と虚偽を混ぜ合わせないことです。そうした条件のもとではじめて映画は強力な機械となる。それは圧砕することさえできます。他方で私は、映画は魂や心のニュアンスを描くのにも適していると考えているのですが、これはまた別の問題で、話が大きく逸れかねません。

ユニフランス・フィルム――『抵抗』で職業俳優の起用を放棄なさったのは、今お話しになったような、真実と虚偽の混交を避けるためでしょうか？『湖のランスロ』でも、そうなさるのでしょうか？

ブレッソン――ええ、すでに幾人かの素晴らしい男女を見つけてあります。そのなかから、ぎりぎりになって、私の人物を選ぶつもりです。私にとって重要なのは、肉体的な類型ではなく精神的な類似です。精神的な類似はすぐには見えてこないものなのです。

ユニフランス・フィルム――なぜ『湖のランスロ』を題材に選ばれたのですか？

ブレッソン――題材を選ぶ理由は本人にもわかりません。

ユニフランス・フィルム――映画の物語はクレティアン・ド・トロワ〔一二世紀後半のフランスの物語作家。『ランスロまたは荷車の騎士』、『ペルスヴァルまたは聖杯の物語』などでアーサー王物語や聖杯伝説の形成に大きな役割を果たした〕からの借用でしょうか？

ブレッソン――クレティアンや円卓の騎士の物語からは設定や何人かの人物を借用しただけです。

ユニフランス・フィルム――こうした題材に伴う歴史の再現や、中世らしい絵になる景色《ピトレスク》といったものに煩わされることへの不安はなかったのでしょうか？

ブレッソン――そうしたものから可能な限り逃れようとしました。確かに、私の映画の騎士たちは甲冑を身につけています。しかし私は、できる限り直接的な言葉で台詞を書き、舞台装置や衣装も目立たぬものとなるように心がけました……。私にとって、リアリズムは目的ではなく手段でしかありません。

ユニフランス・フィルム――『湖のランスロ』はカラー作品でしょうか？

ブレッソン――カラーでの撮影は断念しました。色彩には外面化《エクステリオリゼ》する働きがあります。それは、映画の本質的なものから観客の気を逸らせてしまうのです。

ユニフランス・フィルム――どこで撮影するかは決まっているのでしょうか？

ブレッソン――はい、ノーワルムーティエ城とヴァンデ県の森で撮影します。

ユニフランス・フィルム――音楽はどうでしょうか？

ブレッソン――おそらく、またモーツァルトを使うことになるでしょうね。

こうしてモーツァルトの名とともに、かつてジャン・コクトーが「この恐るべき職業のなかにおいて独自」であると評した監督との対話は終わりを迎えた。確かにロベール・ブレッソンは「独自」である。なぜなら彼は詩人であり、詩人というのはいつだって孤独なものであるのだから。

「ロベール・ブレッソン・インタビュー」、『ユニフランス・フィルム』四五号、一九五七年一二月
« Entretien avec Robert Bresson », *Unifrance Film*, n° 45, décembre 1957.

6 『スリ』——一九五九年

手とオブジェと視線の映画

ジャン・ドゥーシェ――正直にお話ししますと、『スリ』の主題が発表されたとき、われわれはびっくりしました。間もなく撮影に取りかかられるそうですね。

ロベール・ブレッソン――主題は口実でしかありません。それに、われわれは自分のもとへやって来るアイデアに対してほとんど責任はありません。そのアイデアを用いて何をするかについては、もう少しばかり責任はありますが。前作の『抵抗』によって、私は手の方へと導かれました。その途方もない器用さ、その知性の方へと！　パスカルの『パンセ』に「魂は手を愛する」という一文があったと記憶しています。[1]スリの魂、スリの手……。スリの盗みには驚嘆すべきところがあります。泥棒の存在がかき立てる不穏な空気を感じたことはないでしょうか？　それは説明できないものです。しかし映画とはまさに、説明しえぬものの領分なのです。『スリ』は小さな主題の映画です。私は小さな主題というのもけっこう好きなのです。

ドゥーシェ――あなたのスリはどのような人物なのでしょうか？

ブレッソン――盗みに誘惑される一人の若者です。彼は盗みの誘惑に抗うものの、やがてそれに屈してしまう。そして、社会についての理論をでっち上げて、盗みの弁解をしようとします。彼はまた魔術的な手さばきに魅惑されていきます……。すべてはパリを舞台に起こります。

この作品で具体的に示したいと思っているのは、われわれが人生のなかで選ぶ道というのは必ずしも目的地に、予定通りの目的地に連れて行ってくれるわけではないということです。

演劇的なものをことごとく拒否して、手と視線とオブジェからなる映画を作りたいと思っています。演劇は映画を殺し、映画は演劇を殺します。映画に必要なのは人間です。俳優は、たとえ才能に溢れていても、むしろ才能に溢れている場合にこそ、人間存在について、極度に単純で、それゆえ偽りのイメージを与えます。大切なのは、出演者たちが私に見せるものではなく、彼らが私に隠しているものです。出し抜けにとらえられた視線は崇高なものとなりうるのです。

俳優は己を前方へと投げ出します。内部から外部へと向かう運動です。しかし映画はその反対です。何も外に抜け出さないように、すべてを内部にとどめ置かねばなりません。私は時おり俳優に言って聞かせます。「話すときは、自分自身に向かって話すように話しなさい」と。

「いかなる動きも、われわれを露わにする」とモンテーニュは言いました。(2) 私にとって、身ぶりや台詞自体は映画にとって本質的なものではありません。本質的なのは、身ぶりや台詞が喚起する、この事物、これらの事物たちの方なのです。

ドゥーシェ――あなたは理論に従っているのでしょうか、それとも……。

(1)「……手は、もしも自分に意思があれば、魂が手を愛するのと同じように自分を愛すべきだろう」(パスカル『パンセ(上)』塩川徹也訳、岩波文庫、二〇一五年、四二七頁 [Blaise Pascal, *Pensées*, 710 [149], dans *Œuvres complètes*, Gallimard, « Bibliothèque de la Pléiade », 1954, p.1306])。

(2) モンテーニュ『エセー2』宮下志朗訳、白水社、二〇〇七年、二九七頁 [Montaigne, *Essais*, I, 50]。

マリカ・グリーンとマルタン・ラサール。

ブレッソン――自分の直感に従っています。まず仕事をして、その後で考えるのです。あるとき私が気づいたのは、映像が平板であるほど、それが表現するものが少ないほど、その映像は他の映像との接触によって変化しやすいということでした。ある瞬間に変化が生じねばなりません。でなければ、そこに芸術は存在しなくなってしまいます。映像が一つの特異な言語を語り出すようにならないといけないのです。

ある芸術が用いることができるのは、自然から取ってきた、生《き》のままの素材のみであって、他の諸芸術の刻印が押された材料ではありません。現在、映画《シネマ》という名で呼ばれているものは、一つの独自な芸術であるというよりも、他の諸芸術の複製であるように思われます。

私の映画の照明技師や機材スタッフは、現場でかなり退屈な思いをすることになります。私以外の映画では、彼らは見世物《スペクタクル》に立ち会っています。それらの映画の上映を見ても、彼らが驚くことはありません。それは、現場で直に見た見世物の複製でしかないのですから。しかし彼らは、私と一緒に仕事をした映画を見ても、それが自分が仕事をした映画だとは気づかないのです。

一本の映画は、絶えざる誕生の状態にあるものでなくてはなりません。ある種の均衡が少しずつ作られてゆくのです。一本の映画の全体は、選択と構成とにかかっています。

成功というのは、もしそれが訪れるとして、それぞれの事物がしかるべき場所に収まることによって訪れるのです。

ドゥーシェ――あなたの映画ではつねに台詞がとても重要な意義をもっていますね……。

ブレッソン――『スリ』では、ごくわずかな台詞しか書きませんでした。これ以上は無理というぎりぎりのところまで台詞を切り詰めました。それと、ナレーションも用いることになるでしょう。『抵抗』の場合、ドラマは、ナレーションの調子、台詞の調子、映像の調子の関係から生まれていました。三色で描かれた絵画のようなものです。ドラマはまさにドラマがないことだったのです。刑務所では、あからさまなドラマは存在せず、物事はあるがままに存在するだけです。刑務所というのはやはり冷たいものなのです。

『スリ』では、ナレーションが価値の変化をもたらすようにしたいと思っています。

ドゥーシェ――この映画は、あなた自身とは無関係なものなのでしょうか？

ブレッソン――そんなことはありません。どの映画にも、自分の経験から取り入れることのできるものは何でも取り入れてきました。私自身も捕虜となったことがあります〔ブレッソンは第二次世界大戦でドイツの捕虜となり、一年以上のあいだ収容所で過ごした〕。『抵抗』には、私の経験がたくさん詰まっているのです。同様に、『田舎司祭の日記』でも、私がよく知っているのとそっくりの田舎の家で撮影をしました。

私は次第に、自分の映画から筋立て《アントリーグ》と呼ばれるものを削除するようになりつつあります。筋立ては小説家のものです。

多くのプロデューサーや配給業者たちは、どんな主題であっても、そこに同じような処理を施すことで、世界の見方はたった一つしかないと思い込ませようと躍起になっています。現在の映画の危機の原因はおそらくそこにあります。映画作家が自分の感情を表現できるようになれば、映画館の客席はいっぱいになることでしょう。その意味で、トリュフォーの映画にはたいへん興味をもっています。(3)早く見たいですね。

ドゥーシェ——若者の一派が映画に新たな血をもたらすと思いますか?

ブレッソン——本当に若者の一派が存在するのでしょうか? 映画が、ちょうど良い状態になっているというだけのことです。かつて偉大な精神は主題を遠くから眺め、そこから距離を取っていました。しかし現在では人々は近づくようになっています。映画は、そうした接近にぴったりの道具なのです。

ドゥーシェ——『スリ』では、技術面で何か難しい問題がありそうですか?

ブレッソン——大いに即興をするつもりです。群衆のなかで撮影をしたり、偶然と格闘したりすることになるでしょう。

「『スリ』は手とオブジェと視線の映画となるだろう」、『アール』、一九五九年六月一七日
« *Pickpocket* sera un film de mains, d'objets et de regards », *Arts*, 17 juin 1959.

(3) 『大人は判ってくれない』(一九五九年)のこと。

映画のリズムは心臓の鼓動でなければならない

レクスプレス——あなたがスリについての映画を撮ると知ったときは、本当にびっくりしました。これまでの作品を熱心に追ってきた者の多くが私と同じ思いだったと思います。どうしてこの主題を選ばれたのでしょうか？

ロベール・ブレッソン——手の知性ゆえです。

レクスプレス——長いこと、この企画を温めていらっしゃったのですか？

ブレッソン——いいえ。話は急に、駆け足で進みました。三ヶ月ほど紙の上で構想を練り、一月半かけて撮影準備とキャスティングを行いました。撮影に一一週、編集には一二週かかりました。

レクスプレス——何かご苦労はありましたか？

ブレッソン——ありません。アニエス・ドラエ〔一九二〇—二〇〇三年、フランスの映画プロデューサー〕、配給会社リュクスとの相性は完璧でした。しかし、それとは別の苦労がありました。まず資料収集の苦労です。スリについての文献がないんですね。『ヴィドック回想録』〔フランソワ・ウジェーヌ・ヴィドック『ヴィドック回想録』三宅一郎訳、作品社、一九八八年〕は時代が異なります。そこに登場するスリ師あるいは「抜き取り師《ティルール》」のテクニックはもはや時代遅れになっています。ロンドンで『プリンス・オブ・ピックポケット』という稀少な本を見つけました。(1) 一八世紀の名高いスリ、ジョージ・バリントン〔一七五五—一八〇四年、アイルランド出身のスリ。赦免を受けて司法長官となった〕についての伝記です。しかし彼がみずから鉤を拵えポケットにしのばせていたということの他には（これも時代遅れのテクニックです）、バリントンの伝記には詳しいことは書かれていませんでした。『オリヴァー・ツイスト』は素晴らしい作品ですが、これも時代が異なりますし、詳細で、使えるものは見当たりませんでした。(2)

レクスプレス——では結局、どのようにして資料を集められたのですか？

ブレッソン——手探りでしたね。幾人かの人の話を聞いて情報を集めていきました。司法警察からは多くを学びましたし、アンリ・カッサジ〔一九三二—一九九七年、チュニジア生まれの元スリで、奇術師として活躍した〕にはスリの所作を教えてもらいました。彼は「スリの所作の技術指導」を担当しています。最初の共犯者として出演もしていて、見事な腕前で幾つかの業を実演してくれました。私の撮影した盗みの所作はすべてプロのスリのものなんですよ。

レクスプレス——現実に多くのスリが存在しているのでしょうか？

ブレッソン——数え切れないほどいますね。ただし私が取り入れたのは、最も巧妙なやり口だけです。それらは、当然のことながら、最も単純なやり口でもあります。スリの序列における最高位だけを相手にしたわけです。こそこそと身を隠して、買い物中の女性のバッグから小銭入れを盗むのと、獲物が見ている前で財布や腕時計をかすめ取ってゆくスリの鮮やかな所作とはまったく比べものになりません。

レクスプレス——『スリ』には、道徳的な意味があるのでしょうか？

ブレッソン——この映画に道徳的意味があるとしても、私が意図して与えたものではありません。私がとりわけ力を入れたのは（他の作品の場合と同じように）、主人公を内面化する《アンテリオリゼ》ことでした。このシニカルな青年の所作と、己自身との戦いを同時にフィルムに収めようとしました。

レクスプレス——『抵抗』は、不屈さや信念への壮大な賛歌となっていました。『スリ』にも、それと同じようなものがあるのでしょうか？

ブレッソン——そうした賛歌そのものは映画の主題ではなく、主題から派生したものでしかありません。『抵抗』で私がしたのはただ、一人の男をある危機的状況のなかに置いて、彼をすぐ側からカメラで追いかけるということだけです。そこで重要だったのは、事実や出来事よりも、それらの事実や出来事を通じて描くことが可能となる、一人の人間でした。

レクスプレス——つまり、あなたの作品は肖像画なのですね？

ブレッソン——おそらく。

レクスプレス——『抵抗』と『スリ』の間にはどのようなつながりがあると感じていらっしゃいますか？

ブレッソン——手です……。しかし二本の作品の間に何かつながりがないといけないのでしょうか？ 私は訓練をするように映画を撮っています。シネマトグラフという強力な機械、演劇や小説よりもずっと強力な機械を用いて訓練をするように。

レクスプレス——小説以上に強力だとおっしゃるのですか？

ブレッソン——もちろんです。映像が付け加わっていますからね。

レクスプレス——映画は一人の人間の作品であるべきだとお考えですか？

ブレッソン——そうでなくてはなりません。しかし将来的には、映画は二つのジャンルにはっきりと区別されるようになるでしょう。（1）シネマトグラフが、創造の手段として用いられる映画、（2）シネマトグラフが複製の手段として用いられる映画（撮影された演劇）。前者は、テレビのことで何も心配することはないでしょう。しかし後者は心配だらけになるでしょうね。

レクスプレス——あまり映画を見に行かれないのですか？

（1） Richard Santon Lambert, *The Prince of Pickpockets. A Study of George Barrington, Who Left His Country's Good*, Londres, Faber & Faber, 1930.

（2） チャールズ・ディケンズ『オリヴァー・ツイスト』加賀山卓朗訳、新潮文庫、二〇一七年［Charles Dickens, *The Adventures of Oliver Twist* (1837)］。

ブレッソン——めったに行きませんね。

レクスプレス——本はよく読まれますか？

ブレッソン——ほとんど……。同じ本を読み返すことはあります。

レクスプレス——どういう本を読み返されるんですか？　古典でしょうか？

ブレッソン——モンテーニュをよく読みますね。

レクスプレス——先ほど、お話しになった訓練というのは、何らかの結果に至るためのものなのでしょうか？　それとも、それ自体で満足をもたらすものなのでしょうか？

ブレッソン——私は一つの道の途上に身を置いています。発見の瞬間はうれしいものですね。

レクスプレス——もし演出家《メトゥール・アン・セヌ》〔「舞台の中に置く者」の意〕になっていなければ何をなさっていたと思いますか？

ブレッソン——演出家という肩書きは拒否いたします。それは撮影された演劇にふさわしいものです。「ディレクター」という英語の肩書きも同じことです。

レクスプレス——では、何という肩書きを用いればよいのでしょうか？

ブレッソン——何日か前のことですが、ある友人は私を「配置家《メトゥール・アン・ノルドル》」〔「秩序の中に置く者」の意〕と呼びました。

レクスプレス——「監督《レアリザトゥール》」〔「実現する者」の意〕という語はどうでしょうか？

ブレッソン——映画を撮るなかで私は何一つ実現《レアリゼ》したりしません。私は、現実の一部、現実のかけらを摑みとり、それらをある秩序《オルドル》のなかに置くのです。

レクスプレス——シネマスコープやシネラマについてはいかがお考えですか？

ブレッソン——それらは物事を孤立させる妨げとなります。演劇や他の見世物に固有の手段に頼ることを余儀なくさせるのです。人物を入場させたり、退場させたり、集合させたりといった風に。それに果てしなく続く台詞です。そうしたものはシネマトグラフの妨げになるのです。これはすでに指摘したことですが、もしシネマトグラフがシネマスコープやシネラマのサイズで誕生していたとしたら、スタンダードのスクリーンは大いなる発見であったことでしょう。映画のリズムはエクリチュールのリズム、心臓の鼓動のリズムでなければなりません。

レクスプレス――あなたは音響をとても大事になさっていますね？

ブレッソン――ええ。音響についても、たいていの場合、映像と同じことが言えます。「捕まえ」たり「秩序の中に置い」たりする前に、まず「孤立させる」ことが不可欠です。『スリ』の背景となるパリの物音を、磁気テープにそのまま録音しても、聞くに耐えないごた混ぜにしかなりませんでした。われわれが聞いていると思っているものは、じっさいにわれわれが聞いているものとは異なるのです。音響のそれぞれの要素を別々に録音してから、それらを混ぜ合わせるという風にしなければなりませんでした。

レクスプレス――リアリズムという概念に関してはどのような立場をとられますか？

ブレッソン――私はできる限りリアリストでありたいと思いますし、そのように心がけています。現実の生からとらえてきた生《き》のままの部分しか用いません。にもかかわらず、私は最終的に、いわゆる「リアリズム」とは異なるリアリズムに行き着くことになります。シネマトグラフは、事物を変化させるという力を手放して、出来合いの事物や芸術、人間を記録するのに甘んじるとき、複製の手段になり下がってしまいます。プロの俳優は自分たちの芸術を引っさげてわれわれのもとにやって来ます。それが彼らの助けを拒む最大の理由なのです。

レクスプレス――映画を撮るさい、役者をオブジェのように扱うということですか？

ブレッソン――撮影中に出演者たちがオブジェのように扱われていると感じるとしたら（じっさいはそんなことはないのですが）、おそらく私が彼らに外面化《エクステリオリゼ》するのを禁じているためではないかと思います。私が出演者から手に入れようとしているのは、彼らが私に見せるものでなく、彼らが私に隠しているもの、彼らのもつユニークで驚嘆すべき部分、つまり彼らの個性です。シャトーブリアンは一八世紀の詩人についてとても見事なことを言っています。「自然らしさ《ナチュレル》は欠いてはいないが、自然《ナチュール》そのものを欠いている。[3]」演劇では、内部から外部へと向かう（強制的な）運動によって自然らしさが獲得されます（俳優は己を前に投げ出すわけです）。映画では、それとは反対向きの、外部から内部へと向かう運動が可能であるのみならず、「自然」という語が意味するところに到達しようと思うのであれば不可欠でさえあるのです。

レクスプレス――あなたは、出演者たちに並外れた仕事を課しているに違いありません。撮影を終えると、出演者たちはへとへとになっていますからね。

ブレッソン――私の方がずっとへとへとですよ！　出演者から私の望むものを手に入れるための方法は、ほとんど説明不可能なものです。実生活では、われわれの身ぶり、さらには言葉の四分の三までが自動的なものになっています。私はこうした自動現象《オートマティスム》を介して「真実」に近づこうとしているのです。出演者に真実をでっちあげるように求めることはしません。ある身ぶりをしたり、ある台詞を言ったりするように求めます。それらの身ぶりや台詞は、それ自体が真実というわけではありませんが、真実を目指してなされるのです。演劇では、作家は戯曲を書くことを通して己を表現し、俳優は人物を演じることを通して己を表現します。しかし映画の作家はそうした媒介なしに直接、己を表現することができます。精確さをコントロールすることができるからです。身ぶりや言葉は、喚びかけ《プロヴォカシオン》のようなものとして出演者たちに働きかけます。重要なのは、身ぶりや言葉それ自体でなく、それらが喚起《プロヴォケ》するものです。それこそが捕まえるべきものであり、映画の実質をかたちづくるものなのです。私は理論をもってはいません。後から考えるのです。まずは仕事をする。そして不意打ちを食らうのです。

レクスプレス――役者を選ぶさいの基準は何でしょうか？

ブレッソン――人物との精神的な類似です。肉体的な類型に従って選ぶことはありません。

レクスプレス――しかし、あなたはいつも同じようなタイプの人間を選ばれるではないですか？

ブレッソン――マルタン・ラサール〔一九三五年、モンテビデオ生まれ。『スリ』に出演した後、メキシコで俳優として活躍〕は、クロード・レデュよりもフランソワ・ルテリエに似ているというわけではありません。しかし、あなたが似ているとして勘違いしてしまうとしたら、彼らがやはり何か共通するものをもっているからです。それは内的な生、神秘《ミステール》です。

レクスプレス――どういう経緯で映画に関わるようになったのでしょうか？

ブレッソン――私はもともと絵を描いていました。今でもそうです。映画を始めたのは、絵を描くのを休まなくてはならなくなったからです。同時に、休止期間を埋めなくてはなりませんでした。しかし程なくして、私は映画という表現手段に夢中になりました。それは新たな表現手段だったのです。

レクスプレス――どのように仕事を進めるのでしょうか？

ブレッソン――接近するのです。言葉、映像、物音のすべてが一緒にはっきりとした形をとる場合もあれば、それぞれ別々にはっきりとした形を帯びてゆく場合もあります。絵を描くときのように、一つ一つタッチを重ねながら進めてゆきます。

レクスプレス――自作のうち、お気に入りはどれですか？

ブレッソン――出来上がったら、もうその映画のことは考えません。その映画を作ることに喜びは感じました。しかし自分が昔作った映画を見直すのは好きではないのです。自分の映画がずたぼろになったのを目の当たりにするだけですから。

レクスプレス――あなたが探し求めているのは、ある種のリズム、運動ではないでしょうか？

ブレッソン――リズムは精確さに由来します。精確なものもあれば、そうでないものもありますし、しかるべき場所にあるものもあれば、そうでないものもあります。ちょうどよい大きさのものもあれば、そうでないものもあるのです。

（3）「一八世紀の文学は、そこに君臨した幾人かの優れた天才を別とすれば、一七世紀の古典文学と一九世紀のロマン主義文学のあいだに位置づけられ、自然らしさを欠いてはいないが、自然そのものを欠いている」（François-René de Chateaubriand, *Mémoires d'outre-tombe*, Gallimard, « Bibliothèque de la Pléiade », 1947, t. I, p.386-387）〔『シネマトグラフ覚書』一〇頁参照〕。

レクスプレス——あなたが目指しているのは、映画が完成したときにはじめて満足をもたらすような、映像と音響の総体なのではないでしょうか？

ブレッソン——そうです。良く出来たオブジェのようなものです。私が最も気にかけているのは、均整、バランスです。細部が問題となるときも、つねに全体との関わりで、それを見るようにしています。

レクスプレス——映画を作り終えると、本当にもうその映画については考えないのですか？

ブレッソン——手紙をもらったりすると考えることはあります。『抵抗』のおかげで、日本やメキシコから、えも言われぬほど美しい手紙を受け取りました。この映画は日本で大きな成功を収めたんですよ。遠く離れたところにいるわが隣人との交流は大きな喜びをもたらしました。『スリ』もまた、その精確さゆえ、日本人に気に入ってもらえるのではないかと思っています。日本人は精確で几帳面な人々です。彼らは海の民ですから、縄の結び方も知っています。

レクスプレス——精確さこそが『スリ』を特徴付けるものだということなのですね？

ブレッソン——この映画の幾つかの部分は、精確さがもたらす喜びを観客に与えることでしょう。それはまた、単純さと明晰さのもたらす喜びでもあります。

『レクスプレス』、一九五九年一二月二三日
L'Expresse, 23 décembre 1959.

ロンシャンの競馬場で撮影中のマルタン・ラサールとロベール・ブレッソン。

ただ現実だけを捕獲するために

一二月三一日の朝、冬の乾いた陽光のもと、ジャン＝リュック・ゴダールと私はブルボン河岸通り〔セーヌ川の中州のサン・ルイ島にある通り。ブレッソンのアパルトマンがあった〕の端で落ち合った。一〇回も延期を重ねた古くからの企画である、ロベール・ブレッソンのインタビューを行うためである。

最後にブレッソンの家を訪れたのは、『抵抗』の公開時で、アンドレ・バザンと連れだってのことだった。それ以来、このサン＝ルイ島の周囲では、悲しいこともうれしいことも、様々なことが流れて去っていった。しかし、この家は変わっていない。相変わらず改修工事が続いている。工事の騒音は、ブレッソンに似つかわしい純化されたサウンド・トラックとして、われわれのインタビューの進行に遠巻きに「音響効果」を加えることになるだろう。ブレッソンがわれわれを迎え入れてくれた部屋もまた以前と変わっていない。どこもかしこも真っ白で、壁に装飾はなく、チェストのうえに素晴らしいマックス・エルンストの絵が二枚置かれている。そして何より、この家の主人もまた以前と変わっていない。愛想が良いと同時に控え目で、オープンであると同時に謎めいていて、時にほとんど痛ましいほどの情熱を込めて己の芸術を語ってみせる。彼はこの芸術を己の要求に容赦なく屈服させ、そこから現代においてもっとも独創的で貴重な「映画的素材《マチエール・シネマトグラフィック》」をほとばしらせるのである。私たちに与えられた時間は限られていて、ほとんど『スリ』について語ることしかできなかった。話は尽きなかった。純粋なダイアモンドのようなこの達成についてなら果てしなく語り続けることができるのだから。（ジャック・ドニオル＝ヴァルクローズ〔一九二〇―一九八九年、フランスの映画批評家、監督。『カイエ・デュ・シネマ』の創刊者の一人〕）

カイエ・デュ・シネマ――『スリ』は、初めてのオリジナルな主題による映画ですね？

ロベール・ブレッソン――主題について言えるのは、それが空から降って来たものであれ、自分自身の望んだものであれ、重要なのは、それを用いて何をするかということです。私にとって、作品の主題は「映画的素材」を創造するための口実に過ぎません。

カイエ・デュ・シネマ――それでも、ある主題がとりわけあなたの関心を引くということはありませんか？

ブレッソン――その主題の映画的素材が、私の生命を汲み取り、己に固有の生命を獲得するような場合には。私が主題を選ぶのではなく、主題の方が私を選ぶのです。そうした主題はいつも必ず、私に内面化《アンテリオリザシオン》の可能性をもたらしてくれます。

カイエ・デュ・シネマ――しかし『スリ』は、大きく見ると、純粋に外面的な冒険という印象を与えます。

ブレッソン――外面的な冒険、それはスリの手が繰り広げる冒険です。その手が、持ち主を内面的な冒険へと駆り立てることになります。

カイエ・デュ・シネマ――この主題を思いついたのは、『抵抗』よりも前ですか？

ブレッソン――いいえ、『抵抗』の後ですね。私が見たい、見せたいと思っていたのは、スリの手とは別の、器用な手でした。『スリ』の話は急に、駆け足で進んだんです。撮影の望みを失いつつあった『湖のランスロ』の準備を途中で切り上げました。『スリ』は、せっかちな映画です。ブレッソンは五、六年置きに一本映画を撮れれば満足なのだという作り話を打ち砕くことができてうれしく思います。

カイエ・デュ・シネマ――ダニエル・デフォーの『ジャック大佐』の冒険はご存じですか？

ブレッソン――その本は読んでいませんが、『モル・フランダーズ』なら読みました。[1] とても美しい本でした。『ジャック大佐』と『スリ』のあいだに何か類似点があるのですか？

カイエ・デュ・シネマ――いいえ、ありません。ところで、どうして手に対する関心から盗みというテーマに行きついたのでしょうか？

ブレッソン――盗みというテーマによって、私は裏口から道徳の世界へと足を踏み入れました……。スリは気がつけばもうそこにいました。どのように彼がやって来たのかを説明することはできません。

カイエ・デュ・シネマ――『スリ』は一つの到達点というより、さらに謎めいた何かへと向かう新たな出発点という印象をもちました。

ブレッソン――私は『スリ』を到達点とも出発点とも思ってはいません。私は一つの道の途上にいるのです。

カイエ・デュ・シネマ――他の作品でも、そのような感覚を抱いたことはありますか？

ブレッソン――道の途上にあるという感覚ですか？　ありますよ。ごく平凡な道ですが、そこでなら他の道ではおそらくできないような発見ができます。上手くいくこともあれば、それ程でもないこともあります。ことをなしてから「事後的に」考えれば良い。「何をしたのか？　なぜ、どのようにしてそのような結果になったのか？」と考えることで、己の仕事《メチエ》の手段について意識を研ぎ澄ましてゆけば良いのです。それが道の進み方です。

カイエ・デュ・シネマ――「上手くいく」とはどのような事態を指すのでしょうか？

ブレッソン――観客の心を打ちのめすことです。ポール・ヴァレリーは言っています。「成功した事柄は、失敗した事柄がかたちを変えたものである」[2] と。落胆や挫折を吹き飛ばしてくれる、素晴らしい言葉ではありませんか。撮影に関して言うと、「大失敗だ」と口にした次の瞬間に、「大成功だ」と叫ぶことができるか否かはあなた次第だということです。撮影とは戦いです。

カイエ・デュ・シネマ――そうした失敗の成功への変形は、撮影、編集、ミキシングなど、あらゆる局面において生じるものなのでしょうか?

ブレッソン――もちろんです。とはいえ、撮影の段階で重大な過ちが見過ごされてしまったら、失敗の取り返しはつきません。

カイエ・デュ・シネマ――映画は諸芸術のなかでどのような位置を占めていると思いますか?

ブレッソン――どのような位置を占めるかはわかりません。ただ映画は、言葉では言い表すことができないもの、形態や色彩によって表現できないものを捕まえることができます。様々な手段を組み合わせることによって。

カイエ・デュ・シネマ――最近の作品ではナレーションを使ってらっしゃいますが、ナレーションにどのような意義を与えていますか?

ブレッソン――ナレーションは一つのリズムです。とりわけ、それは映画に追加された新たな一要素であり、他の諸要素に作用して、それらを修正するものです。『抵抗』では、ドラマはナレーションの調子と台詞の調子との出会いから生まれていると言えます。

カイエ・デュ・シネマ――あなたはゲリラ撮影で『スリ』を撮り始めたそうですね。しかし途中でやり方を変更なさったとか。

ブレッソン――人から「隠れて撮ればいい。そんなの簡単さ」と言われたんです。姿を隠して撮影してみたら、すぐにバレてしまいましたね。もっと巧妙にやる必要がありました。隠し撮りは精確なものではありません。群衆は無秩

(1) ダニエル・デフォー『モル・フランダーズ』伊澤龍雄訳、岩波文庫、一九六八年〔Daniel Defoe, *The Fortunes and Misfortunes of the Famous Moll Flanders* (1722)〕。

(2) Paul Valéry, « Tel Quel », dans *Œuvres*, Gallimard, « Bibliothèque de la Pléiade », t. II, 1960, p.553.

序です。幾つかのショットでは、そうした無秩序を用いています。

カイエ・デュ・シネマ——リヨン駅のシークエンスはどうですか？

ブレッソン——あのシークエンスは全編、七月の、人々がヴァカンスに出かける時期に群衆のなかで撮りました。カメラを大きく動かすことも必要で、（トラヴェリング用の）レールや車両、カチンコ、目印のチョークに人目に付くあれこれといった機材を広げねばなりませんでした。要するに、私はありとあらゆる困難を相手にする羽目になったのです。なかでも雑踏と喧噪のなかで仕事をするというのは容易いことではありませんでしたね。

カイエ・デュ・シネマ——どうして自分にそのような困難を課されるのでしょうか？

ブレッソン——ただ現実だけを捕獲するためです。

カイエ・デュ・シネマ——『スリ』ではカメラの動きが見られませんね？

ブレッソン——カメラがひっきりなしに動く私の別の作品ほど多くはありませんね。

カイエ・デュ・シネマ——カメラが動くのを見せたくないのでしょうか？

ブレッソン——それが、動き回る眼でなく、一つのヴィジョンに関わることだからです。

カイエ・デュ・シネマ——トラヴェリングは、対象からつねに同じ距離を保ち続けるためのものなのでしょうか？

ブレッソン——同じ距離というわけではありません。というか距離が一定であることは決してありません。それは必要とされる距離です。ある瞬間において、事物が見られることを要求する空間上の点というのは、たった一つしか存在しないのです。

カイエ・デュ・シネマ——映画が封切られたら、観客は『スリ』をどのように受け入れると思いますか？

ブレッソン——歓迎してくれると思います。観客は理解するよりも前に感じ取ろうという姿勢で臨んでいます。まずは感覚によって映画を受け止め、その後ではじめて知性を働かせるようにして欲しいですね。

カイエ・デュ・シネマ——あなたの映画の台詞やナレーションは、ある独特な調子で話されます……。

ブレッソン——それは、演劇的な調子とは異なるものです。演劇的な調子というのは、声を張り上げざるをえないという俳優の置かれた制約に由来するものです。しかも俳優は、身ぶりだけでなく台詞によっても己を表現せねばなりません。実人生へと立ち返る必要があります。そこでは、自動現象《オートマティスム》がきわめて重要な位置を占めているのです。

カイエ・デュ・シネマ——あなたは人間に対する強い関心をもっています。つねに新たな顔を待ち構えています。しかし、あなたの作品にも繰り返し現れる一つの特権的なテーマがありはしませんか?

ブレッソン——どのテーマのことでしょうか?

カイエ・デュ・シネマ——孤独です。

ブレッソン——その通りです。孤独は危険なテーマです。それは、スクリーンでは無味乾燥で、冷たいものに見えてしまいますから。観客に孤独を受け入れてもらうには、多くの優しさと愛情でそれを包み込まないといけません。

「ロベール・ブレッソン・インタビュー」、ジャック・ドニオル゠ヴァルクローズ、ジャン゠リュック・ゴダール、『カイエ・デュ・シネマ』一〇四号、一九六〇年二月

« Entretien avec Robert Bresson », par Jacques Doniol-Valcroze et Jean-Luc Godard, *Cahiers du cinéma*, n° 104, février 1960.

神秘に至ること

フランソワ＝レジス・バスティード——ロベール・ブレッソン監督、『ル・マスク・エ・ラ・プリュム』〔一九五五年に始まり現在まで続くラジオ番組。文学、演劇、映画の評論が行われる〕の年報で、いつも意見が分かれる四人の評論家、フランス・ロシュ〔一九二一—二〇一三年、フランスの映画批評家、女優〕、ジョルジュ・シャランソル〔一八九九—一九九五年、フランスの美術・映画批評家〕、ジャック・ドニオル＝ヴァルクローズ、クロード・モーリアック〔一九一四—一九九六年、フランスの作家、批評家〕がそろって『スリ』を賞賛していますが、これは今までにないことなんです。おかげで司会の私の役回りもずっと難しいものになってしまいました。

あなたは昔、画家をしていましたね。一つ質問させていただいてよろしいでしょうか？ 先ほど、この話をしたら何人かの同僚には否定されてしまったのですが、幾つかの場面で、私は、この映画には緻密に構成された絵画のようなところがあるという思いを禁じえませんでした。一つの具体的なショットが念頭にあります。カフェのシーンで、「守護天使の友人」が去って若い娘と二人きりになったところで、カメラが後ろにトラヴェリングしたかと思います。ちょっと自信がないのですが……。

ロベール・ブレッソン──トラヴェリングならひっきりなしにありますよ！　いかにして絵画を映画に取り入れるかという問題は、際限なく議論することもできる問題です。ところが私の身に、画家である私の身に起こったのは、まったく予測していなかった事態でした。どういうことかと言うと、私は絵画から一般的な法則以外の何物も引き出さなかったのです。まったく直感的に、私は絵画や美しい映像を思わせるものには背を向けました。美しい映像から逃げたのです。私が求めているのは、美しい写真ではなく、必要欠くべからざる写真です。これはまったく別物です。

バスティード──そうした必要欠くべからざる写真が美しいものでもありえるのではないでしょうか？

ブレッソン──これは自明のことですが、観客の心に触れようと思うのであれば、その映像は秩序付けられていなければなりません。映画のすべての要素が秩序付けられていなければならないのと同じように。それゆえ構成に対する心配りはあったかもしれません。そもそも私は常日頃から構成に心を配っています。ただし、それは美しい映像を構成するという意味においてではありません。

バスティード──先ほど、私たちが話し合った問題のなかに、抽象の問題がありましたね。「抽象」という語についてあれこれと語りました。私自身は少し反論もあるのですが……。

ブレッソン──そもそも「抽象」という語は何を意味するのでしょうか？　私が思うに、抽象とは、ある物事の部分を全体から切り離して、それを別個に検討することです。この定式に私は完全に賛同します。ただし映画がシネマスコープでもシネラマでもないという条件のもとでなら。それらは退行的な過ちでしかありません。すでに何度も繰り返し言ってきたことですが、もし映画がシネマスコープで誕生していたとしたら、スタンダードのスクリーンは偉大な発見となったでしょう。もし私のことを抽象化しているとか抽象的だとか言って非難する人がいるとしたら、私からすれば、それは非難でも何でもありません。それこそまさに映画がすべきことなのですから。つまり物事を日常的な結びつきや関係のなかで提示するのではなく、ある一つの全体のなかからある部分をとらえ、それらを孤立させ、そして、それらをまとめて、ある秩序のなかに置き直すこと。だから私が抽象的であるとしたら、また私を抽象的だとみなす人がいるとしたら、それを誇らしく思います。それだけが私の心配りなのですから。一人の人間の全体をとらえるのではなくて、その人の手が顔とどのような関係をもつのか、また手がテーブルの上のオブジェとどのような関係をもつのかを見てとり、私に固有な関係、私の個人的な生、内的な生をかたちづくる関係へと創造し直すこと。要するに、観客に私の見ているものを見せるのではなくて、私が感じていることを感じさせること。これはまったく違うことなのです（拍手）。

バスティード――「内的な生」とおっしゃいましたね。次の質問に移るのにこれ以上ないつなぎです。かなり話題になったとある記事のなかで、私たちの友人のルイ・マルが、あなたの作品に与えた解釈についてどのようにお考えでしょうか？(1) 彼の解釈は、一部の人々には疑う余地のないと思われるようなものでした。記事のなかで、彼ははっきりと述べています。あなたは盗みやスリについての映画、地下鉄で財布を盗む手口についての映画を考えていたのではなく、罪人のことを考えていたのだと。そして警視は警視ではなく良き〈神〉であり、友人は守護天使であり、そして若い娘は天使であると述べています。つまり、これは罪についての映画であり、贖罪についての映画であると言うのです。これについてどのようにお考えでしょうか？

ブレッソン――私は、主題は一つもないと思っています（そもそも、映画にまったく主題がないということはありえるし、おそらくそれが理想でしょう）。しかし私は、一つの主題は無数の主題を含んでいるとも思っています。つまり一つの主題は無数の側面から眺めることができるのです。確かに、この作品での私の関心は、他の作品の場合と同様に、具体的な事物、具体的でしかありえない事物を通じて、魂の生へと至ることでした。普通の映画では、すべては外側からとらえられていて、ひどく演劇的になっています。ただしそこには演劇にはあるもの、つまり生身の存在《プレザンス》がありません。演劇の本質をなすのは現実の存在です。現実の存在がなければ演劇は存在しません。現在の映画とは何でしょうか？　写真に撮影された演劇です。では、写真とは何か？　複製です。複製は何の役に立つのか？　何の役にも立ちません（笑）。

バスティード――ええ。でも盗むというのは道徳的な問題です。

ブレッソン――もちろんです。しかし、あなたはどうして私が道徳的な映画を作っていることにしたいのですか？　道徳的な映画を作ろうとしたことなど一度もありません。その逆ですよ。私はただ事物や事件を前にしたときに私自身が感じる感情を観客に与えようとしてきただけです。ただし私にとって事件そのものは重要ではありません。事件は、肉体の生とは異なる生、つまり内的な生、魂の生に至るためのきっかけでしかないのです。とはいえ、そこに至るためには、どうしても具体的な事柄を用いざるをえません。

バスティード――つまり、あなたはヴァレリーが退けたことをしないといけないというわけですね。例の侯爵夫人はしかじかの時間に家を出ねばならない〔ヴァレリーが「侯爵夫人は五時に家を出た」のような説明的な文章を書くことを拒否したという逸話を指している〕。あなたがしているのはそういうことでしょう？

ブレッソン――おっしゃる通りです。

バスティード――しかし、たとえば守護天使、つまりとても親切な友人――じつはそれほど善良でもないのですが――について、私たちはわかったつもりに……。

ブレッソン――そこまでにしてください！　私は守護天使のことなど考えたこともありません。とはいえ、見ることを欲する人々にとって、人生には何らかの一致や符合があるのは確かです。残念ながら、私たちの時代は不注意の学校のようなものです。ラジオや雑誌、テレビは私たちに見る《ヴォワール》ことなく目にする《ルガルデ》ことを、聞く《アンタンドル》ことなく耳にする《エクテ》ことを教えます（拍手）。しかし私が望むのは、反対に、見ることを教えることなのです。私が子供の頃は、たった一つのことしか教わりませんでした。「注意しなさい」と言われたものです。ところが今や「注意するな」と言ってくる。

(1) ルイ・マル「『スリ』と共に、ブレッソンは発見した」『ヌーヴェル・ヴァーグの時代』細川晋監修、遠山純生編集、エスクァイア マガジン ジャパン、一九九九年、八九―九一頁［Louis Malle, « Avec *Pickpocket*, Bresson a trouvé », *Arts*, n° 755, 30 décembre 1959］。

これはとても深刻な、この上なく深刻な事態です。私は確信しています（間違っている可能性もあります）。私は、感じるより先に知性を働かせようとするつまらない観客よりも、感じようとする人々、本物の観客に大いに信頼を寄せているのです。

バスティード――そう言われた先から、私は知性を働かせる哀れな卑しい観客の列に加わりたいと思います。そんなことは気にしません。それでも私は、そこに写っているのは単なるオブジェではない、ただ階段を行き来しているだけではないと考えずにはいられないのです……。

ブレッソン――私がたどり着きたいと欲しているのは――私がそこに至ったとは言いません――、私がたどり着きたいと望んでいるのは、「どんなものも神秘《ミステール》を隠している」というパスカルの言葉にあるように、神秘に至ることなのです。[2] ただし演劇の手段によってではありません。それは不可能です。先ほど言ったことの繰り返しになりますが、映画は見世物《スペクタクル》であってはなりません。映画はいつも見世物の方へと追いやられてきました。見世物は現実の存在《プレザンス》を、生身の存在を必要とするものです。そうした存在を欠くともう見世物ではなくなってしまいます。では、それは一体何なのか？　複製です。絵画の複製とは何か？　死んだものです。私がやろうとしているのは（私がそこに至ったと言っているわけではありません）、出演者たちをある意味において殺し、スクリーンの上で生き返らせることです。私は観客を誕生に立ち会わせたいのです。上映以前になされた事や起こった事、つまり上映以前に起こり撮影された誕生に立ち会わせるのではなく、誕生そのものに立ち会わせたいのです。

バスティード――それこそまさに最後の映像で起こっていることではないでしょうか？　主人公の最後の視線を見たとき、彼の人生が始まるのだと心から感じました。

ブレッソン――映画は映像からなっているのではなく、映像間の諸関係からなっていて、それらの諸関係こそが生をもたらすのです。色彩、絵画の場合と同じです。青は青でしかありませんが、黄色の横に置かれるとそれはもう同じ青ではありません。赤や黄色の横に置かれると、それはもはや同じ黄色、青、赤ではなくなってしまいます。私が言いたいのは、一本の映画は、映像という要素からだけでなく音という要素からもできているし、諸関係からだけでなくリズムからもできているということです。つまり、何よりまず形式《フォルム》によって観客の心に触れねばならないのです。ヴァレリーはこんなことを言っています。「形式は観念としての価値をもたねばならない。」そもそも詩では、韻律はすでに一種の観念です。いずれにせよ、私が求めているのは――私がそこに至ったというわけではありません――、私が試みているのは、映画に固有の言語で映画を話すことなのです。撮影された演劇に従うことは拒否いたします（拍手）。

バスティード――つまり、あの名高い競馬場の場面や見事なリヨン駅のシークエンス、列車が出発するときの途方もないバレエのようなシークエンスにおいて、あなたは幾つかのオブジェに重要性を与えていて、観客は、見るのを待ち望んでいた肝心なものを目にすることはないのです。

ブレッソン――警察は私に説明してくれました……。ある日、私は彼らと一緒に、前の年のロンシャンのグランプリに出かけました。しかし、残念なことに、ちょうどブリュッセル万博(3)が開催中で、スリは皆ブリュッセルに出払っていたんです（笑）。グランプリにはスリがいなかったため、私は何も目撃することはできませんでした。しかし警察が言うには、ロンシャンのような人集りに、国際的に活躍する三人から五人ほどの腕の立つスリの一味が紛れ込んでいたら、ありえないようなことが起こるというんです！　財布のなかだけでなく、その場の空気のなかでです。私の言わんとすることがわかるでしょうか？　一瞬現れる手、抜き取り、消失そのもの、素早く聡明な稲妻のような視線、オブジェや人の消失といったものです。

（2）「世にあるものはすべて、幾分の神秘を宿しています」（『パスカル著作集Ⅱ』田辺保訳、教文館、一九八一年、二七八頁［Blaise Pascal, *Œuvres complètes*, op.cit., p.510］）。

（3）ブリュッセル万国博覧会、一九五八年。

バスティード——この映画を見た日は、あまりお金を持ちあわせていませんでした。それでも私は本当に、時々——観客の皆さんも同じように感じたかどうかかわかりませんが——神経症のチックのように財布に手をやってしまいした……。ひどく不安になったんです。「やられた！」と思う瞬間が何度かあって、右側の席の客を見て「こいつが犯人か」と思ったりしましたね（笑）。

客席のなかに、質問のある方はいらっしゃいますか？　技術的な質問でも、哲学的な質問でも、形而上学的な質問でも、芸術的な質問でも構いませんよ。

観客——ブレッソン監督の映画を拝見しました。とても興味深く、優れた作品だと思いました。とても美しく、見事な映画です。私は一介の観客です。よく映画を見に出かけます。当然ながら、映画のなかの演劇的なものや商業主義に毒されてしまっています。映画の商業主義に痛烈な一撃をお見舞いしてくれたブレッソン監督に多大な感謝の意を表したいと思います。おそらく、とても苛酷な試練だったのではないかと思います。私がお聞きしたいのは、映画館にはよく行かれるのかどうかということです。いつ頃から映画を見始めたのか、どのような映画をご覧になるのでしょうか？

ブレッソン——その質問にお答えするのは簡単です。私はほとんど映画を見に行きません。これはポーズではありません。観客席に座って、撮影された演劇を見続けるということができないのです。

観客——どうしても気になって集中できないことがありました。なぜ役者が不自然な口調をしなくてはならないのか私には理解できませんでした。とくに主人公のマルタン・ラサールの口調です。

バスティード——これは重大な質問ですね！

ブレッソン——私の出演者たちが実生活と同じように話しているとは言いません。しかし彼らは正確に話していると言うことはできます。

バスティード——いずれにせよ私に言えるのは、マルタン・ラサールとは一、二度会ったことがあって、ごくありきたりな質問をしたり他愛のない会話をしたりしたのですが（「ウィスキーにもう少し水を足しますか」のような）、彼がこんな風に喋っていたということです。まあ、こういう風に喋る人はたくさんいますが。

ブレッソン――「正確」と言いましたが、これは私の耳にとって正確と感じられるような仕方で彼に話させたということではありません。

ひどく難しいと感じているのは――しかし、それはとても繊細な仕方で観客に受け止めてもらっているのですが――、孤独についての映画を作ることです。孤独という主題は、無駄のそぎ落とし《デプイユマン》や冷たさを伴うものであって、ひどく不快で、おそらく耐えがたいものです。しかし、だからといって孤独を温め直してやらねばならないのでしょうか？　孤独というのは、スクリーンで描くのがじつに難しく、じつに危険な主題なのです。

観客――ブレッソン監督、『罪と罰』のことはお考えになりましたか？

ブレッソン――『罪と罰』のことはもちろん考えました。ドストエフスキーのことを考えずに済ますことはできません。私にとって、われわれすべての現代人にとって、ドストエフスキーは偉大な模範ですから。あらゆる観点において、探偵小説という観点においてさえも。結末の状況は、もちろん、過ちによる贖いという状況と同じものです。

観客――警官の場面や、主人公が大切なものを幅木の裏に隠すところもそうですね。

ブレッソン――ええ、そこにはきっと何かがあるはずです。無意識的なものであれ、きわめて意識的なものであれ。

観客――職業俳優は、実生活でと同じように話すことはできないのではないかと思います。

ブレッソン――大きな声を出さねばならないというだけで、もう俳優の声の調子は歪んでしまっています。そうした演劇の調子が映画の調子にも影を落としています。とはいえ、映画のなかで独特な話し方をさせるのは、ピアノが正確に調律されているかどうかといった意味での正確な調子にたどり着くためばかりではありません。私は人物たちに一つの近親性を与えようとしているのです。これは第一に統一性のためです。私がやろうとしているのは、映画作りにおいて最も難しいこと、つまり映画が散漫なものとならないようにするということです。映画はあらゆる方向に散らばってゆきます。だから統一性を作り出すには、すべてを取りまとめる必要があるのです。観客の心を打ち、それに触れることを欲するのであれば、統一性は不可欠です。ただし、こうしたいっさいは完全に直感的なものです。もう一つ大事なことがあります。二つのものは似ていれば似ているほど異なったものになる、つまり両者の差異がよく見えるようになるということです。二つのものがほとんどそっくりであるとき、差異が炸裂するのです。私が言いたいのは、人物たちに一種の近親性を与えようとすることによって、私は彼らをもっと個性的で、他とは違った存在にしようとしているということです。

バスティード――『スリ』を理解する鍵とは何かをお聞きしようと思っていました。しかし、あなたはそれを与えたくないようですし、与えることもできません。私たちにそれを探させるのです。私は自分なりの鍵をもっています。といっても、それはルイ・マルのものとかなり似たものではあるのですが。あなたは、ある友人に――その人から聞いたのですが――こう言いましたね。もしこの映画に自分の好きな題名を自由につけることができたら、『不確かさ《アンセルティチュード》』と名付けただろう、と。

ブレッソン――そんなことは言っていないはずです。私の言った通りの言葉ではありません。私が言ったのは、この映画のドラマをなすのが不確かさであるということです。この物語のドラマは不確かさであり、そして不確かさはすべての泥棒につきまとうものです。泥棒にとって恐ろしいのは、自分が目撃されたかどうかがわからないということです。警察が言うには、泥棒は一般的に心臓病で死ぬそうです（笑）。泥棒は麻薬に依存して生きているようなもので、あまりに中毒になっているので刑務所の暮らしに耐えられないようです。数ヶ月の刑期であっても、多くの泥棒が自殺や自殺未遂をするといいます。だから彼らの周りには、一つのドラマがあります。それは、彼らが自分のために作り上げたドラマであり、彼らにとっての麻薬です。そのドラマとは、おそらく、不確かさのドラマなのです。

観客――心揺さぶる場面がありました。日曜の夕方、ジャックがミシェルの部屋にやって来るところです。その日、二人はジャンヌと一緒に出かけ、ミシェルは怪我をしました。彼はジャックに言います。（ジャンヌのことを話題にしつつ）「彼女のことを愛しているのか？　告白しろよ」。ジャックは何も答えずにその場を去ります。そしてミシェルは扉の前に立ったまま盗んだ腕時計をポケットから取り出して、「腕時計はとても美しかった」と一言つぶやきます。その言葉とともに音楽が流れ始めます。ここでは、結局、何も語られてはいません。ミシェルの言葉はひどく凡庸なものでしかありませんから。しかし、そこではすべてが暗示されているんです。

ブレッソン——おっしゃる通りです。あなたが感じてくれたものがわかり、たいへん感動しました。この映画は圧縮され過ぎているかもしれません。しかし私がやろうとしたのはまさに、台詞をぎりぎりまで切り詰めながら、他の通常の映画では台詞で語られるすべてを表現すること、沈黙や、顔の上や眼の中で生起するほとんど知覚不能な何かによって、そうしたものを表現することでした。奇妙なことがあります。数年前は、台詞がなければ、この作品《フィルム》は本当に映画《シネマ》だという風に言ったものです。先日、私は不幸にも、ある作品——どの作品かは言わないでおきましょう——を見に映画館に入ってしまいました。台詞が聞こえてきました。しかし、これが終わりなく延々と続くんですよ！　観客はそうしたものに慣らされている。つまり形式もなければ意味もない、ちゃんと書かれていない台詞にです。そこで話される内容はすべて映像だけでも語ることができるでしょう。私は、完全に冗長でしかないような映画、つまり映像は台詞が語る以上のことを何一つ教えず、台詞も映像が語る以上のことを教えないような映画に立ち会っているのです。反対に、件の場面で私がやろうとしたのは、台詞をぎりぎりまで切り詰め、すべてを神秘《ミステール》に委ねること、リズムによって事物に重みを与えることでした。

観客——内務省の検閲官がこの映画に異を唱えたとしても仕方がないと思いました。ドキュメンタリー的な面はやはり盗みの実演でもあるわけですから。

ブレッソン——これもまた人々に財布に気をつけるよう警告する一つのやり方ですね（笑）。

バスティード——ブレッソン監督。本日は、私たちの番組に来ていただきありがとうございました。次の質問で最後になります。ここにいる誰もがあなたを帰したくないとお思いでしょう。しかし、これでお開きにせねばなりません。

客席を空にしろというサインが出ています。では最後の質問を。手短にお願いします。

観客——リュリ〔ジャン゠バティスト・リュリ、一六三二—一六八七年、バロック期の作曲家。イタリアに生まれフランスに帰化した〕のどの曲がかかっていたのか教えていただけますか？

ブレッソン——ト短調の組曲です。この曲はまだレコードになっていませんが、これから録音されるはずです。この映画で使われた音楽のレコードが発売されることになっていると思います。

バスティード——リュリがレコードになるのに『スリ』を待たねばならなかったとは、何とも奇妙ですね！　ありがとう、ロベール・ブレッソン監督。

『ル・マスク・エ・ラ・プリュム』、フランス・アンテル、一九六〇年一月九日
Le Masque et la Plume, France Inter, 9 janvier 1960.

詩と真実は姉妹である

ミシェル・ドープ――『スリ』に見られる無味乾燥さは、意図されたものなのでしょうか？

ロベール・ブレッソン――人々は、創造とはまず枝葉を払い、削ることであるということを理解していません。それはまた選択することでもあります。映画にとって最も危険な落とし穴は、不純さ、過剰さ、無秩序です。あまりに多くの両立不可能な事柄が一堂に会してしまう。劇芸術（これは映画と何の関係もないものです）が映画と混じり合い、すべてがこんがらかってしまうのです。私がやろうとしているのは、できる限り純粋な現実のかけらを捕獲し、それらをある秩序のなかに配置することです。おそらくそのせいで、不慣れな観客に、普段見ている映画では感じることのないような、無駄のなさ、さらには無味乾燥という印象を与えることになるのでしょう。普段の映画とは対照的なので、彼らはびっくりしてしまうのです。

ドープ――『スリ』では、あなたの以前の作品よりも、人物たちの極度に抑制された話し方が印象的でした。あなたは、ますます無駄をそぎ落とした話しぶりを求めるようになっていますね。

ブレッソン――ご存じのように、人々はシネマトグラフを演劇に縛りつけてきました。便利さ、怠惰、あるいは想力の欠如ゆえに。ところが、シネマトグラフの問題とは、演劇から逃れることなのです。視覚言語《ラング》こそがシネマトグラフの言語でなくてはなりません。これは、映画において優位に立っている言葉《パロール》と対立するものです。言葉の優位は、職業俳優たちの狙う効果や誇張によっていっそう強固なものとなっています。残念ながら、習慣はすでに根付いてしまっているのです。観客は学校に入れられているようなもので、彼らをそこから抜け出させるのは容易ではありません。私の人物たちは、演劇の調子とも通常の映画の調子とも異なる調子で、また、よく似ているとはいえ、やはり実人生での調子とも異なる調子で話します。ある日、私は自分が、人物の一人に向かって「自分に話しかけるように話しなさい」と言っているのに気づきました。そんなことを言ったのは、私がシネマトグラフに固有のものだと考える、外面から内面へと向かう運動をはっきりと示す、ただそれだけのためでした。この運動は（内面から外面へと向かう）演劇の運動とは真逆のものです。

ドープ――『スリ』では、愛し合う運命にある二人のあいだでほとんど対話がありませんね。

ブレッソン――愛は、つねに言葉の洪水によって表現されるとは限りません。愛はしばしば言葉を欠いたものでもあります。それにまた、『スリ』において愛は、映画の奥深くに秘められた流れの一部をなしています。二人の愛を観客にほとんど悟られぬようにしたかったんです。

ドープ――あなたの話を聞いていると、撮影の前にすべてが完璧に準備されているかのようです。にもかかわらず、あなたはしばしば即興についても語っていますね。

ブレッソン――その通りです。私は、一作ごとに、即興に向けてより大きく扉を開くようになっています。とはいえ、作品の基本的な構造は同じままです。それに、非職業俳優を起用することも、過剰なまでに計算されたショットになってしまうという悪い癖に陥るのを防いでくれます。私は彼らをある方向へ導きながら、彼らに不意打ちを与えてもらうのです。

ドープ――それによって、彼らがあなたの意図を裏切ってしまうのではないかという不安はありませんか？

ブレッソン――非職業俳優を肉体的な類型によってではなく、私の人物との精神的な類似によって選んでいれば、そして私が選択を間違えさえしなければ、そうした危険を冒すことにはなりません。撮影中、私は自分を彼らに馴《アプリヴォワゼ》らし、彼らにも私に馴れてもらうのです。

ドープ──あなたの映画における日常的な身ぶりの解体は驚くべきものです。それは詩《ポエジー》です。あなたは主人公のミシェルを私たちにとても近い、親近感のある存在にすることに成功しています。というのも、彼のすべてが私たちには自然で、じつに真実なものに感じられるからです。

ブレッソン──つまり、詩と真実とは姉妹なのです。通常、考えられているのとは反対に、スクリーン上での詩は、詩的な映像と詩的な台詞の総体からではなく、真実の細部の総体から、あるいはむしろ真実の細部の組み合わせから生まれるものなのです。

ドープ──「撮影」についてお聞きしたので、今度は「編集」についてもお話しいただけますか？

ブレッソン──モンタージュとは、映画の視覚的、音響的諸要素を配置すること、それらをこの上もなく精確な位置に置くことです。諸要素は別々に捕まえられ、私のシステムのなかで互いに接触させられて、生命と奥行きを得るのを待っています。それらの諸要素がもう二度と離れ離れになりたくないと思っている風にならなくてはなりません。

ドープ──音響的要素も非常に重視していらっしゃるのですね？

ブレッソン──音響的要素は大きな暗示の力をもっていますからね。しかし音は一度解体され（『スリ』での通りやリヨン駅での物音のことを念頭に置いています）、再構築されねばなりません。さもないと、恐るべき混沌に陥ってしまいます。私たちが聞いていると思っているものと、じっさいに私たちが聞いているものは異なるのです。群衆（本物の群衆）のなかで撮影するさいにも、同様の慎重さが求められます。群衆のなかで精確さを保つのは、私にはとても難しいことでした。ほとんど克服不可能な困難が生じましたね。

ドープ──どうしてわざわざ困難を求められるのでしょうか？

ブレッソン──現実を捕獲したいという欲求ゆえです。エキストラを使っていたら、いかに上手く演出されていても、まったく別の結果になっていたでしょうね。

ドープ――技術的側面についての話を終えるにあたって、「パン」と「トラヴェリング」の素晴らしさに触れねばなりません。

ブレッソン――それらは目立たないものになっています。

ドープ――なぜカメラの動きを目立たぬようにするのでしょうか？

ブレッソン――第一に、それは動き回る眼ではなく、一つのヴィジョンに関わることだからです。第二に、どんなテクニックも不可視であるべきだからです。

ドープ――あなたはドラマの観点から主題を構想なさいますか？

ブレッソン――劇《ドラマ》というのは劇作家によって発明されたものです。前作の『抵抗』と同様に、『スリ』でも、ドラマはドラマがないということです。刑務所にドラマは存在しません、少なくともあからさまなかたちでは。表面では何も起こらないのです。ドラマは内的なものです。映画の主題は、戯曲や小説の主題と同じようなやり方で構想されるべきではありません。それどころか私は、まったく主題がない映画や、同時に無数の主題をもつ映画をありありと思い描くこともできます。演劇や小説の筋立て《アントリーグ》を映画に押しつけることは、広大であるはずの映画の行動範囲（探求の範囲）を、滑稽なまでに狭い枠のなかに限定してしまうことなのです。

ドープ――しかし『スリ』には、傲慢のドラマがあります。

ブレッソン――それは、あからさまなドラマとはなっていません。それは、あくまで人物とその行動から生じるものであって、映画の主題ではないのです。

ドープ――では、『スリ』に見られる、そうした宗教的、精神的な側面は何に由来するのでしょうか？

ブレッソン――おそらく、存在や事物が、私の投げかける一種独特な光のもとで見られているからだと思います。

ドープ――『スリ』において、あなたは『抵抗』のときと同じような手への愛着を見せていますね。

ブレッソン——手には人間のようなところがあります。手は、それに固有の知性と意志をもっているのです。手は（しばしば）私たちが動かしたのではないところへと勝手に動いてゆきます。手の方がスリたちを、彼ら自身の望まぬ方向へと引きずり込んでゆくということもありうるでしょう。

ドープ——あなたは特定の場所、たとえば監獄や階段に魅了されているように見受けられます。

ブレッソン——階段は、部屋と同じように一つの場所です。街の喧騒を抜けて静かな部屋に入るとき、人は階段を通ります。階段は、日常生活における重要な場所の一つなのです。

ドープ——あなたの映画が省略的なのは、なぜでしょうか？

ブレッソン——省略された部分を通じて、観客は映画のなかへ導き入れられます。理想的なのは、観客がそれぞれ自分なりの仕方で映画を見て、感じて、理解できることだと思います。

ドープ——とはいえ、あなたは幾つかの特定のテーマを展開しているのではないでしょうか？　たとえば、一人で幸福へ到達することの不可能性というテーマです。

ブレッソン——私は何も展開しないし、何も証明もしません。私は、一人の人物を思い描き、ある状況のなかに置き、彼が行動するのを（内側から）見つめるのです。

『アミ・デュ・フィルム』、一九六〇年四月
Amis du film, avril 1960.

7 『ジャンヌ・ダルク裁判』——一九六二年

『ジャンヌ・ダルク裁判』のフロランス・ドゥレ。

手で触れうる超自然との親しき交わり

一九六二年三月二日、ユルスト協会の招待を受けて、ロベール・ブレッソンと、近頃ジャンヌ・ダルクについての試論を上梓したジャン・ギトン〔一九〇一―一九九九年、フランスの哲学者〕が[1]、フランス知識人カトリックセンターで縦横無尽に対話を繰り広げた。ユルスト協会会長のエドウィジュ・シュヴリヨンは、快くわれわれに対話のテクストを委ねてくれた。

エドウィジュ・シュヴリヨン――ロベール・ブレッソン監督、『ジャンヌ・ダルク裁判』についてお話しいただけますか?

ロベール・ブレッソン――この映画の準備でジャンヌ・ダルクの処刑裁判記録の「原本」〔高山一彦編訳『ジャンヌ・ダルク処刑裁判(新装復刊版)』白水社、二〇一五年〕を読み直したさい、最も強い感銘を受けた幾つかの事柄についてお話ししたいと思います。

(1) Jean Guitton, *Problème et Mystère de Jeanne d'Arc*, Fayard, 1961.

まず彼女の若さです。彼女を火刑台送りにしようと待ち構えている教会のお偉方や学者連中を相手にしたときの見事なまでの不遜さ（「次の質問を」、「あなたの裁判ではありません」など）。際限なく続く尋問のあいだ――尋問が終わると、彼女より尋問者たちの方が疲弊しています――、彼女はまるで、一五世紀の画家がしばしば描いたあの二階部分、つまり物質的な現実の階の上にある精神的な事柄の階の高みから、粘り強く返答を繰り出しているかのようです。ジャンヌは、自分が判事たちに引き起こす苛立ちなど気にもかけません。そんなことはどうでもいい。賽は投げられたのですから。

そして彼女の慎重さの欠如。「私にはそれを信じる意志がありました」という台詞です。これは他のどんな有名な台詞よりもずっと驚くべきものだと思います。というのも、これは最も軽率な台詞、大なり小なり善意ある判事や容易に誹謗中傷に加担してしまう後世の人々から最も理解される見込みのない台詞だからです。

彼女の純潔。彼女は己に対して、また部下の隊長や兵士たちに対して清潔な、無菌の状態を要求します。そうした状態になければ、輝かしい偉業は何一つなしえないということを知っているからです。

彼女の挫折（拘留、火刑）。「負けるが勝ち」という一般法則があります。勝つためには負けねばなりません。しかし彼女の場合はもっとひどい。司教とその従者たちは彼女の魂の中に、己の天命、使命に対する疑念を植えつけようとするのですが――これは火刑にするよりもずっと恐ろしい罪です――、彼女はそうした疑念のうちに死んでいったのではないでしょうか？

そして、彼女の受難とキリストの〈受難〉のあいだにある類比《アナロジー》です。

お察しのように、他にも私の心を打ったものはたくさんはあります。なかでも言っておかねばならないのは、彼女が用いる言葉遣いの優美さです。判事たちの問いに答えながら、ペンを執ることなしに、ジャンヌは作家《エクリヴァン》の作品を生み出しました。一冊の本を、フランス文学の純然たる傑作を書き上げてしまったのです。この本はまた一つの肖像画、彼女がわれわれに残した唯一の肖像画だとも言えます。彼女に関しては絵もデッサンも残されていません。よく知られたペン画では、彼女がスカートをまとい、髪を垂らし、大きな剣を握っている姿が描かれています。目のあいだの間隔が異様に広く、あごは小さい。しかし、この肖像画は偽物です。オルレアンの解放の日に、占領下にあったパリにおいて、ジャンヌを見たこともなかった議会の書記、日々の事件を書き留める職務にあった書記が、台帳の片隅に想像で描いた落書きなのです。

昨年の夏、映画を準備し、そして撮影しているときに私の頭にあったのは、ジャンヌを彼女自身の言葉を通して描くということだけでなく、彼女を現代的《アクチュエル》なものにするということでした。過去を現在に置き直すこと、これはシネマトグラフの特権です。ただし、シネマトグラフが歴史映画のスタイルを蛇蝎のごとく避ける限りにおいて。今こうして距離を置いてみると、私の映画がフロランス・ドゥレ〔一九四一年―、フランスの女優、作家。『ジャンヌ・ダルク裁判』にジャンヌ役で出演。その後、作家として活躍〕やジャン＝クロード・フルノー〔一九〇七―一九八一年、フランスの画家。同じくコーション役で出演〕、その他のプロでない出演者たちにいかに多くを負っているかがわかります。

ジャン・ギトンは先ほど話しているときに、直感によって――彼はまだ映画を見ていませんから――、私が極度に無駄のない表現に到達していると言ってくれました。彼は、私が無駄をそぎ落とす《デプイユマン》ことに重きを置いているのを知っていて、私を喜ばせようとしたのでしょう。映画という分野は、ついつい過剰、複雑さ、無秩序に流れがちです。

裁判のメカニズムに関しては、私の側であれこれ手直しをする必要はありませんでした。そこではすべてが、この上なく崇高で残忍なドラマを目指して組み立てられているからです。幾人かの従者やウォリック伯〔リチャード・ネヴィル、一四二八―一四八一年。イングランドの貴族。薔薇戦争で「キングメーカー」として活躍〕による干渉のくだりを除けば、何も付け加えていません。ただ、かなりの部分を削除しました。書記の〔ギョーム・ド・〕マンションによる「原本」をすべて映画にすると、終わりのないものになってしまいます（そこには多くの繰り返しもあります）。それに映画の台詞というのは、舞台の台詞とも小説の台詞とも異なるものです。映画では、映像と台詞が互いに冗長にならないように、台詞はぎりぎりまで圧縮されねばなりません。古風な言い回しも削除しました。とはいえ、すべてではありません。ジャンヌの返答がもつきわめて独特な色彩を損なわないように、少しばかり古風な言い回しも残しておいたのです。私は何も説明しませんでした。構想を練る準備作業には、相当な時間を費やしています。何かを裏切ってしまうことがないように、少しずつ作業を進めていったのです。私はいつものように、演劇的ないし小説的な心理描写をことごとく排除しました（心理描写は映像が引き受けるのです）。とりわけウォリックとコーション〔ピエール・コーション、一三七一―一四四二年。ボーヴェの司教で、ジャンヌ・ダルクの裁判の裁判長を務めた〕に関してですね。心理描写は調子をねじ曲げ、映画を埋め尽くしてしまいます。

繰り返しになりますが、信憑性に欠ける歴史映画のスタイルは避けました。映画は演劇ではありません。映画は信じられるものでないといけない。要するに、私はジャンヌを、当時、彼女がそうであったのと同じくらい実在しそうな本当らしい人物――あるいは実在しそうにない本当らしくない人物――となるようにしたのです。

ジャン・ギトン――映画はどのように始まって、どう終わるのですか？

ブレッソン――最初の尋問に始まり、火刑に終わります。

ギトン――炎は写すのでしょうか？

ブレッソン――はい。当初は、炎を見せない方がいい、暗示する方が良いと考えていました。しかし炎を削除した後、戻すことにし、やはり削除して、また戻し、結局、残すことにしました。とはいえ明日また変えてしまうかもしれませんが。

ギトン――人物から時代色を排したということでしたが、あなたのジャンヌは時間を超えた存在なのでしょうか？　彼女はどのようになっているのでしょう？　髪型や衣装は現代風なのですか？

ブレッソン――デッサンをぼかすように、髪型や衣装をぼかすやり方があります。ジャンヌの髪のカットや男性のような衣装を、できる限りシンプルで人目を引かない現代風のものにしました。彼女が女性用のドレスを着ているところを見せないように工夫しました。聖職者について言うと、コーションは現代の司教と同じように短いケープを着ていますし、ドミニコ会の修道士はドミニコ会の服を着ています。

観客――では兵士たちは？　軍服ですか？

ブレッソン――ある時は、兵士たちを隅に追いやり、またある時は、背中や手だけしか見えないようにしたり、足音だけが聞こえるようにしたりしました。そうした削除、ぼかしはとても重要です。

観客――当時の衣装を着た火刑の見物人も写らないのですか？

ブレッソン――この映画では、異端放棄宣誓から結末にかけて、相当な数の群衆が火刑台を取り囲むことになります。群衆はそこにいる、存在しているわけです。しかし、その存在は漠然と感じられるだけです。群衆の姿を見ることはありません。中世風の群衆をはっきりと見せてしまうと、映画に罅を生じさせ、演劇や演劇での仮装を想起させてしまいかねません。中世風のものはほとんど残しませんでした。ジャン・ギトンは「再=生《ル=ネサンス》」について語ってくれましたが、私が望んだのはまさに、この映画からジャンヌが生まれるということだったのです。

ギトン――裁判記録を読むと、端々で単調な印象を受けます。どのようにして単調さを回避したのでしょうか？

ブレッソン――この映画の問題は、全編が質疑応答からなっているということでした。しかし私は単調さをまっさらな背景として活用し、その上に様々なニュアンスをくっきりと描き出すことにしました。もはや裁判ののろさや重々しさを気にかける必要はなくなりました。だから私は映画を勢いよく始め、とても早いリズムでぐいぐいと進めていったのです。映画とは音楽であって、八分音符や一六分音符で映画を書くこともできます。シネマトグラフは、映画《フィルム》は生をコピーするためにあるのではなく、われわれをあるリズムのなかへ、作者が支配するリズムのなかへと連れ去ってゆくためにあるのです。真実は、事実や存在、物事のなかにではなく（「リアリズム」というのは、少なくとも、一般に思われているかたちでは存在しません）、それらの事実、存在、物事が喚起するエモーションのなかにこそ探し求められるべきものです。エモーションの真実こそがわれわれを教え、そして導くのです。

この裁判（そしてこの映画）において、エモーションは、もはやジャンヌの苦悶や死からではなく、彼女が、まるでわれわれの一人や今ここにあるグラス、水差しについて語るかのように、〈声〉や冠、天使について語るとき、われわれが味わうあの不思議な空気からやって来なければなりません。

「〔天使が王にもたらした〕冠はどのようであったか？」

「宝石で飾られた黄金の冠でした。」

「冠をもたらした天使は空から降りてきたのか、地上を歩いてきたのか？」

「空からです。主の命によりやって来たのです。」

「扉口からは歩いて？」

「歩いて来ました。」


一世紀の後、聖イグナチオは、手で触れうる超自然と親しく付き合うことを求めることになりますが、ジャンヌの天才はいとも容易くそれを成し遂げてしまう。聖イグナチオは己が聖人であることを知りませんでした。彼はそのことを知らずに死にました。ジャンヌがきわめて感動的なのは、弱冠一七歳にして崇拝の対象であり、そうした崇拝と戦っていたということです。判事らに対する彼女の返答は見事です。「多くの者が私のもとにやって来ました。彼らは私の服に接吻をしましたが、私にはどうすることもできませんでした。それでも哀れな人々はやって来ました。それは、私が彼らに嫌な思いをさせなかったからでした。」

観客——聖性という観点からジャンヌを提示しようとなさったのでしょうか？

ブレッソン——私は、ジャンヌが彼女自身を描き出したその角度から、彼女を見せようとしました。この映画で私は、不確実なものを排除し、確実なものだけを残そうとしました。この点を強調しておきたいと思います。彼女の最期の瞬間についてお話ししたいと思います。そこでは処刑裁判の「原本」はもはや役に立たず、復権裁判〔ジャンヌの死後に行われた裁判。一四五六年、復権が認められた〕での証言に頼らねばならなくなります。それらの証言は必ずしも一致しているわけではありません。たとえば、ある証人は、ジャンヌは一度男性服を脱いだ後で、イングランドの兵士らから身を守るために再び男性服を着たと言っています。しかし別の証人——彼女の聴罪司祭——は、イングランド人たちが彼女の女性服を隠し、袋のなかに詰め込んだので、彼女は男性服を着ざるをえなくなったと言っています。いずれも、ジャンヌのかなり近くにいた信頼に値する人物です。男性服の問題は大きな意味をもっています。

ジャンヌの生の偉大さを、不確実な事柄のなかに探し求めるのはやめにしましょう。一つ確実なことは、彼女は伝説にあるような垢抜けない百姓娘ではなかったということです。シノンに着くとすぐさま彼女は大貴族たちと対等な友人となります。そして彼らを軍事的に指揮し、砲術の手ほどきまでしたのです。ジャンヌは立派な馬に乗って飛び回りました。彼女はとても優雅だった。王族のごとき優雅さをもっていました。これは彼女がシャルル七世の妹だったということではありません。彼女は裁判のさい、黄金のドレスや毛皮のマントを着ていたことを非難されることになります。

他にも確実な、そして痛ましいことがあります。死の前に彼女の眼から涙があふれたということです。レオナルド・ダ・ヴィンチの『手稿』のなかの一節に思い至りました。ダ・ヴィンチは言っています。死ぬ前に魂は涙を流す。なぜなら魂は、われわれのこの素晴らしき肉体と別れることになるのだから、と。ジャンヌはとても美しい肉体をもっていました。彼女は言っています。「死刑になるのは構いません。でも火あぶりにされるのは嫌です。灰になりたくはありません。」

最後に、もう一つ確実なことがあります。ジャンヌは、監獄のなかで強姦されなかったということです。彼女は、火刑の直前に、「清らかで、一度も穢れを知らない私の肉体」と言っています。

観客――裁判のなかで、彼女は、行わなくてもよい指令には十字で署名したと語っています。

ブレッソン――それについては散々議論されてきました。彼女は読み書きができなかったと言う者もあります。

観客――しかし彼女の書簡が残されていますね？

ブレッソン――ええ、カリグラフィーによるものが。ただし彼女の手紙には、ちゃんと手書きの署名もありますよ。ジャンヌが読み書きできなかったという証拠はありません。彼女は、われわれよりも感受性の優れた、より完璧な存在であったようです。彼女は五感を新たな仕方で結び合わせ、〈声〉を見た。人間の能力の限界にある世界の存在をわれわれに証明してみせたのです。彼女は超自然の世界へと足を踏み入れた。しかし、その扉を閉ざしてしまいました。

観客——ジャンヌは言っています。「私はとても恐かった。まだ子供でしたから。けれども彼はしっかりと教えてくれたので、聖ミカエルであると信じることができたのです。」

ギトン——彼女はもっと哲学的なことも言っていますね。「私にはそれを信じる意志がありました」と。これはじつに深遠な言葉です。彼女の意志を越えたところで、何かを押しつけられたことはなかったことを証明しています。

ブレッソン——この信じる意志は、もっぱら聖ミカエルに関わるものです。「どうしてそれが聖ミカエルだとわかったのか」と問われたとき、ジャンヌは「彼が天使の声をしていたからです」と答えます。そして「どうしてそれが天使の声だとわかったのか」と問われ、「私にはそれを信じる意志がありました」と答えたのです。天使の出現に、意志が付け加わる。彼女は、王国にたどり着くために意志を必要としたのです。

ギトン——承諾の、努力の要求ですね。聖母マリアは、受胎告知のときにさえ、己の意志に基づく承諾を与えています。

ブレッソン——裁判でのジャンヌの最も素晴らしいところは、己の生の意味のために己の生そのものを躊躇なく犠牲にしてみせる、その英雄的な勇気です。異端放棄の宣誓をした後、彼女は己を取り戻し、救いを得るために己を滅ぼすことになります。「天使の出現を否定するつもりはありませんでした。私がしたことはすべて火刑を恐れてのことです。」

「ロベール・ブレッソンとジャン・ギトンとの対話」、『エチュード・シネマトグラフィック』一八–一九号、一九六二年七月–九月
« Entretien avec Robert Bresson et Jean Guitton », *Études cinématographiques*, n° 18-19, 3ᵉ trimestre 1962.

私はこれ以上に残酷で痛ましいことを知らない

「私の映画はもっぱらジャンヌの裁判と死――火刑まで含めて――からなっています。」ブレッソンはそう表明した。「五ヶ月にも及ぶ裁判は、途方もない美しさを湛えています。ジャンヌの話す言語は驚くほど完璧なものです。彼女が経験した光景ほど残酷で痛ましいことを、私は知りません」と、彼は続ける。

そして作品の形式《フォルム》に関して、次のように説明する。「もっぱらジャンヌに焦点を当てることで、いわゆる「歴史映画」のスタイルを逃れて、内的な強度を作り出そうとしました。尋問は、過去のものであれ現在のものであれ、何らかの出来事に関する情報を与えるためではなく、むしろジャンヌという人物について深遠な印象を喚起し、彼女の魂の動きをフィルムに記録するためにこそあります。この作品の真の主題は、火刑を定められたジャンヌと彼女の緩慢な苦悶です。そしてまた、彼女の内的な冒険であり、この不思議な少女の解き明かしえぬ神秘と謎――われわれがそれらを理解する鍵を手にすることは永遠にないでしょう――です。そして最後に、〈正義〉の仮面を被った〈不正〉、〈霊感《アンスピラシオン》〉や〈天啓《イルュミナシオン》〉に抗う、乾いた〈理性〉です。

『ジャンヌ・ダルク裁判』のフロランス・ドゥレ。

裁判の奇妙な雰囲気や、ジャンヌの放つ輝きについては、彼女の行動や発言と深く結びついた超自然的なものを残すようにしました。彼女が絶望や疑念に苛まれてひどく人間的なところを見せるときや、弱気になって異端放棄の宣言をするとき、また火刑に処されるのを知ったうえで異端放棄の宣言を否定するときにおいてさえもです。どんなときでもジャンヌの言葉は、魔法のような力を失いません。五ヶ月の拘留期間のあいだ、昼夜を問わず責め立てられ、仕舞いには兵士から殴られ、罵られ、痛めつけられてもなお、彼女は当時の最も学識ある博士や神学者に反抗し続けました。今日なおジャンヌの慎ましさ、繊細さ、知性は、われわれを賛嘆の念で満たすのです。」

『ル・フィルム・フランセ』九三六－九三七号、カンヌ特集号、一九六二年

Le Film français, n° 936-937, spécial Cannes, 1962.

映画がそれを望んだ

フランソワ゠レジス・バスティード——ロベール・ブレッソン監督、『ジャンヌ・ダルク裁判』は、カンヌ映画祭でフランス代表として選ばれた三本の一本となりましたね。このセレクションについては、語るべきことがたくさんあるでしょう。あなたはきっと何も語ってはくれないでしょうが、私たちの番組の批評家たちはいろいろと語っています。『ジャンヌ・ダルク裁判』は、まだパリでは公開されていません。私はいつ公開か知りませんので、あなたの方から言ってくださるでしょう。この番組で、私たちはまだこの映画の話をしていません。批評家たちもまだこの作品の話をしていないのです。もちろん、カンヌでは話題にしていました。彼らがあまりにも熱心に、愛情と感嘆の念をもってこの作品について語るのには驚きました。しかし、これは難解な作品です。『スリ』以上に、また『田舎司祭の日記』以上に、いっさいの譲歩なしに難解たらんとする作品です。

ロベール・ブレッソン——あなたが「譲歩」という語で何を言わんとしているのか私にはよくわかりません。何かをやるときは、やるべきようにやるだけです。たとえば、私は一度も観客のことを考えたことがありません。しかし、よくよく考えてみると、何かを書くとき、私は自分自身を自分の仕事の証人にしているように思います。何かをやりながら、自分自身のエモーションと同時に、私の仕事を見て観客が抱くであろうエモーションも感じる、抱くのです。そこに「譲歩」の余地などありません。この仕事において、「譲歩」という語が何を意味するかよくわかりません。

バスティード――いつ頃からジャンヌ・ダルクの映画を作ろうとお考えだったのですか？

ブレッソン――彼女の裁判の記録を読んだのは、ずいぶん昔のことになります。それはもう見事なものでした。私が読んだのは［ピエール・］シャンピオンの版で、(1) これは［ジュール・］キシュラが刊行したものよりずっと優れています。(2) シャンピオン版の方が明晰で、正確です。ただ、ご存じだと思いますが、裁判での質疑応答は三人称で書かれています。「彼女は、昨日、声を聴いたかと尋ねられ、昨日の朝八時に声を聴いたと答えた」といった具合に。つまり、まず三人称にされたものを一人称に戻すという大仕事があるわけです。加えて、テクストを大幅に圧縮しないといけませんでした。全文を取り上げようと思ったら一〇時間もの大作になってしまいますからね。それに、繰り返しもたくさんあります。冗長さをもたらすものは映画のなかにあってはいけません。ある種の映画に見られる重大な欠陥は、小説や演劇の台詞を用いているということです。それらは、映像の横に置かれると、冗長さをもたらしてしまうのです。ぎゅっと圧縮しないといけません。映像の面においても言葉の面においても、ぎりぎりのところまで切り詰めねばならないのです。

バスティード――つまり、あなたは裁判の原本を、一〇時間の長さになったであろう素材を手にしながら、それを切り詰めて、決して長くはない一本の映画に仕立てたわけですね。これは残念なことです。映画が終わったとき、ジャンヌ・ダルクのドラマをもっと知るため、もっと感じるためなら、まだまだ客席に残っていられるのにと残念に思いました。上映時間は何分だったでしょうか？

ブレッソン――一時間一〇分か、一時間一五分くらいだったと思います。

バスティード――あなた自身がそうしようと望んだのですか？

ブレッソン――映画がそれを望んだのです。私は即興を大いに信頼しています。ただし、じっくり練られた厳密な枠組みのなかでなされる限りにおいて。映画を作りながら多くのことを変更してゆきました。映画が自ずとその顔をなすに任せ、その顔をあらゆる角度から眺め、それが成長するなかで変化してゆくのをじっくりと追いかけねばなりません。これに対して、準備された計画を遂行しただけの映画は、所詮、職人仕事でしかなく、どうあがいてもそれ以外のものにはなりえません。それゆえ作り手が前もってすべてを正確にわかっていたら、つまり準備された計画をもち、たとえばスターのような、どんなことをするか、映画でどういう風に見えるかが正確に予測できるような俳優を起用していたら、それでは映画は芸術であると言えなくなってしまうのです。

バスティード――他方で、あなたがなさるように、実人生のなかから誰かを見つけてくる場合もあります。

ブレッソン――彼らは未知なる存在であり、一瞬ごとに不意打ちをもたらしてくれます。ヴァレリーの素晴らしい言葉があります。「仕事をするとき、私は自分自身に不意打ちを与える。」

バスティード――そういう理由だったのですね。ここで俳優の問題に話を移しましょう。二年ほど前、『ル・マスク・エ・ラ・プリュム』にご出演いただいたとき、『スリ』をめぐって、この問題についてお話しいただきました。あなたが大切になさっている教理の一つです。俳優と映画を作ることはできないという話でしたね。

ブレッソン――ええ、もう俳優と映画を作ることはできません。しかし私は、経験に基づかない《アプリオリ》理論をでっち上げているわけではありません。まずは仕事をして、その後で思索するべきなのです。その反対であってはなりません。

バスティード――ジャンヌ・ダルクを演じたフロランス・ドゥレとはたまたま知り合いなんです。しかし一体どうすればこの少女――おそらく彼女の内面的な生はとても深いものなのでしょうが――に、あなたが望む通りのことをやらせることができたのか、望んだ瞬間に彼女を感動的な存在たらしめることができたのか？　どのようになさったのでしょうか？

（1）*Procès de condamnation et de réhabilitation de Jeanne d'Arc*, éd. et trad. Pierre Champion, Honoré Champion, 1920-1921.

（2）*Procès de condamnation et de réhabilitation de Jeanne d'Arc*, accompagné de notes et d'éclaircissements par Jules Quicherat, Paris, J. Renouard, 1841-1849.

ブレッソン——もし彼女がここにいたら、直接聞いてみると面白いでしょうね。物事はごく単純に起こるのです。選択を間違えなければ、もう私が賭けに負けることはありません。選ばれた出演者はただ、私が自分をその人に馴らすように、自分を私に馴らしさえすれば良いのです。おそらくそこには、小説の人物と小説家のあいだにあるような結びつきが、ただしそれよりもずっと具体的で、ずっと重大な結果をもたらす結びつきが存在することになります。それぞれが自分自身を注ぎ込むのですから。

バスティード——すべての出演者にあなたの映画におなじみの口調で話すよう教えねばならなかったわけですよね。ほとんどレクト・トーノ〔同じ音でのっぺりと読み上げる朗読法〕のような、じつに正確な口調です。

ブレッソン——ええ。いずれにしても私は、たとえば演劇なんかよりもずっと、台詞の正確さに近づいていると思っています。

バスティード——この映画で私がとても好きなのは、人物たちの視線です。あなたには同意いただけないかもしれませんが。ジャンヌは、答えるべきか答えぬべきか、あるいはどう答えるべきかを諭してくれる若きドミニコ会修道士をじっと見つめます。私はふと『スリ』を思い出しました。あのリヨン駅のシーンでの視線のバレエを、力のこもったまんじりとした視線を。

ブレッソン——われわれは視線を介して意思疎通を行っています。プルーストのなかに視線についての素晴らしい一節があります。プルーストは、視線とはわれわれを互いに結びつけるゴム紐や糸のようなものだと言っているのです。[3]視線こそがすべてを決するわけです。通りで通行人を見ても、こんな風にぱっと見ただけでは、動く影像のようにしか見えないかもしれません。しかし視線を交わすやいなや、一瞬のうちに何かが生じ、もはや影像ではなく、生きた存在、魂をもった肉体になる。だから私にとって視線は、映画において唯一重要なものなのです。スクリーンの上のあれらの影たちを生きた人物——彼らは現実の生というよりは、ある種の生を営んでいる人物なのですが——だと信じてもらうには、やはり彼らがお互いの関係のなかで存在していること、またオブジェとの関係のなかで存在していることが欠かせません。視線は、思うに、そうした依存関係を存在させるための絆なのです。依存関係は不可欠です。依存していないというのは生きていないのと同じです。私にとって、視線とは実人生における日常的な依存関係そのものなのです。つまり、われわれは視線を介して、われわれが他人や事物と互いに依存しあっているということを納得しているのです。

バスティード――この映画のなかで一つ驚いたことがあって、それが良いのかどうか確信をもてないでいます。といっても、わずか二、三秒のことで、耐えがたいというほどのものでもないのですが。それは鳩なんです。映画の最後、ジャンヌが息絶え、火がぱちぱちとはぜるところで、三羽もしかしたら五羽ほどの鳩が空に飛び立ちます……。

ブレッソン――どうしてそれがいけないのですか?

バスティード――これほど厳格な映画でですよ……。

ブレッソン――犬だっていますよ……。

バスティード――確かに犬が通り過ぎましたね。でも、この犬はそれほど気になりませんでした。

ブレッソン――なぜでしょう?

バスティード――犬は必ずしも魂の昇天を想起させるわけではないからです。

ブレッソン――なるほど! しかし私は象徴を意図したわけでは断じてありません。象徴はまっぴらごめんです。拒否します。

(3)「それにしてもなんてすばらしい自立性を備えているのだろう、人間のまなざし〔視線〕は――顔にロープでつながれているが、ロープがじつにゆるくて長くて伸縮自在なので、顔から遠く離れ、まなざし〔視線〕だけがひとり散歩できるのだ」(マルセル・プルースト『失われた時を求めて(1)スワン家のほうへI』吉川一義訳、岩波文庫、二〇一〇年、三七七頁[Marcel Proust, *À la recherche du temps perdu, Du côté de chez Swan*, Éditions de la Nouvelle Revue Française, 1919, p.163])。

バスティード——そうなんですよ。あなたは象徴を嫌っているはずなのに、鳩が少しばかりうるさいように思われて、「どうして鳩が飛んでゆくのだろう」と自問してしまったわけです。

ブレッソン——単に現実とはそういうものだからです。たとえば犬です。公の催しがあって、どこぞの誰かが通過できるようシャンゼリゼ通りから人払いをするようなとき、たいていいつも犬がいるものでしょう。犬がいるのはそういうことです。

バスティード——犬に関しては納得できます。

ブレッソン——鳩だっていますよ。見てご覧なさい。鳩もちゃんといますから。あなたが鳩に気づかないのは、大統領がやって来るのに気を取られているからです。たとえ見向きもされないとしても、鳩はそこにいるんです。注意を向けさえすれば鳩が鳴くのが聞こえますよ。

バスティード——そうは言っても、聖女が火刑台のうえで息絶え、鳩が飛ぶんですよ……。

ブレッソン——これという意図はありません。ただ動物がいるだけです。それに動物というのは——私はそう堅く信じているのですが——人間の奇態にとても敏感に反応します。何か奇異なことがあると、いつも犬がどこか滑稽な様子で通りを横切ってゆきます。大統領の通過の奇異な雰囲気を感じとっているんでしょうね。

バスティード——私には、鳩はもっと重大な意味のあるものに見えました。

ブレッソン——いや、犬と同じですよ。とくに、あの場面には沈黙が、注意の沈黙がありますから。そこに集った人々の誰もが、煙と炎の向こう側で起こっていることに静かに注意を向けている。それに対して、動物たちは、そうした奇異な儀式に多かれ少なかれ関わりつつも、いつも通りの生活を続けているのです。これは珍しいものでないどころか、むしろよくある光景だと言えるでしょう。われわれはとても単純なことをしているのに、人々がその上にいろんなことを付け加えるのです。もっとも、われわれ自身もそこに後からいろんなものを見つけて喜んだりするのですが（笑）。

バスティード――『ジャンヌ・ダルク裁判』の公開はいつですか？

ブレッソン――九月の頭か半ばには公開されるはずです。ちょうど良いタイミングで希望の劇場を押さえるのはとても難しいんです。

バスティード――今すぐの公開ではないのですね？

ブレッソン――ええ、今すぐではありません。人々はもうヴァカンスのことで頭がいっぱいだし（いまや人々は一年も前からヴァカンスのことを考えています）、学生には試験がありますからね。田舎や海からさっぱりリフレッシュして戻って来てから、きれいに洗われた心で、この映画を見てもらうのが良いのではないかと思います（笑）。

バスティード――今は会場の観客とラジオの聴衆がヴァカンスに発つのを見送って、九月に『ジャンヌ・ダルク裁判』で彼らと再会しようというわけですね。本日はお越しいただき、どうもありがとうございました。

『ル・マスク・エ・ラ・プリュム』、フランス・アンテル、一九六二年六月二日
Le Masque et la Plume, France Inter, 2 juin 1962.

エモーションがわれわれの唯一の導き手でなければならない

ロベール・ブレッソン——私はジャンヌ・ダルクへの大きな愛情と敬意、そして細心の注意をもって『ジャンヌ・ダルク裁判』を作りました。いつもの通り職業俳優は使っていません。物真似《ミミック》も演出もありません。とても単純な映画です。何はさておき、私の映画がこの驚くべき少女そっくりの肖像画となっていればうれしいですね。

イヴ・コヴァックス〔一九三四―一九九八年、フランスの映画批評家、映画監督〕——どのようにして新たなジャンヌ・ダルクを撮るというアイデアを思いつかれたのでしょうか?

ブレッソン——たまたま彼女の処刑裁判記録の原本を読み直すことがありました。ご存じのように、裁判記録の原本の写しが残っていて、今は国民議会の図書館に保管されています。この写しはキシュラとシャンピオンによって公にされています。読み直してすぐに、この原本にある本物の質疑応答のみで構成された——この点を強調しておきます——映画を作りたいと思い、その決意を固めました。

コヴァックス——ジャンヌの視線は、その並外れた純粋さと輝きのおかげで、見る者を魅了する強烈さと感動的なまでの偉大さの両方をもっています。ジャンヌとコーション司教のあいだでの執拗な視線の決闘を通じて、〈善〉と〈悪〉との熾烈な決闘を描こうとなさったのでしょうか? コーション司教の顔は、じつに思いがけない〈悪〉の具現となっていますね。

ブレッソン――そうしたことに関心はありませんでした。私の関心はまず、映画の足場となるのにふさわしいジャンヌと判事の言葉を紙の上に書くことにありました。新たな映画は、毎回、以前の作品が投げかけたのとはまったく異なる新たな問題を投げかけてきます。私の最初の問題は、全編が質疑応答からなる映画という問題でした……。映画の元となった言葉は、かなり多くの繰り返しを含んでいました。私はそれを圧縮して、本質的なものだけを残すようにしました。ところどころで順序を入れ替えたり、リズムを与えたりしました。この映画が独特なのは、言葉のリズムの方が映像のリズムをリードしてゆくところです。筆を執ることなしに、ジャンヌ・ダルクは一冊の本を書いた、しかもその本はフランス文学の傑作であった。そう言っても決して間違いではありません。原本を読んで、彼女は伝説にあるような垢抜けない百姓娘などではなかった(シノンに着いたときにはもはやそうではなかった)という印象が強まりました。このことは、ペギー〔シャルル・ペギー、一八七三―一九一四年、フランスの詩人、思想家。『ジャンヌ・ダルクの愛の秘儀』などジャンヌ・ダルクについての戯曲や詩も残した〕が彼女の聖性について語ったように、ジャンヌの高貴さが「大地のただ中から生まれた」ものであるということと矛盾しません。彼女はわれわれよりも優れた存在だったのだと思います。ジャンヌは、奇跡よりもずっと説得的に、超自然的な世界――彼女はそこに驚くほど易々と足を踏み入れていきました――の存在をわれわれに証明してみせたのです。

コヴァックス――あなたのジャンヌは、判事や法廷を圧倒しているように見えます。しかも裁判の最初の方では、判事たちを軽蔑しているようですらある。しかし同時に、彼女は自分の弱さ、恐れを隠すことができません。ジャンヌは本当にこれほど人間的な存在だったのでしょうか?

ブレッソン――彼女はずっと自分は解放されるはずだと信じていたようです(彼女の声はそのように約束していました)。しかし、この解放は異なる意味合いをもつものとなります。それは最終的に、奇跡によるものであれ、支援者たちの勝利によるものであれ、ともかく別種の解放となったわけです。最後の日の朝、死刑の知らせを聞いたとき、彼女は驚いてとり乱してしまいます。自分が灰になると考えると怖くてたまらなくなったようです。

コヴァックス――キリストの〈受難〉とジャンヌの運命のあいだにある並行関係は、意図的なものだったのでしょうか？

ブレッソン――ご存じのように、彼女の受難とキリストの〈受難〉とのあいだの類比はずっと以前から指摘されてきました。ジャンヌの言葉のなかにはキリストの福音を思わせるものがあります。「私がこのことを言うのは、いずれ時が来たときに、私がそれを言ったということを人々が思い出すためです。」あるいは「〈声〉の名の下に明晰さが来たる」といった具合です。

コヴァックス――ジャンヌに降服するよう言いに独房にやって来るドミニコ会の修道士の態度は、コーション司教のそれの同類ではないとしても、少なくとも、最も迂遠な姿をした悪の補完形態の一つに他ならないわけですよね？

ブレッソン――彼はただ、教皇と公会議に従うよう彼女を説得しに来ただけです。彼はジャンヌを救いたいのですが、彼には無理なのです。

コヴァックス――ジャンヌが死ぬところで鳩が飛んでゆくのは、あなたにとって象徴ではないのですか？

ブレッソン――鳩はジャンヌが火あぶりにされるとき観覧席の天幕に止まっていて、やがて空に飛び上がってゆきます。これらの鳩はただ単に、身動きしない観衆のなかにあって、生を表現《フィギュレ》するものです。同様に、いつもと同じように近くの教会の鐘が鳴り、犬がうろついています。街で何か公の祭典があると、よく犬が辺りを行ったり来たりしています。動物たちは、何か奇妙なことが起きているのに気づいているのです。私は象徴を作り出すのは好きではありません。できる限り避けるようにしています。それなのに観客はいつもあれやこれやと象徴を見てとってしまうんです。

コヴァックス――『ジャンヌ・ダルク裁判』を見た後では、ドライヤーの『裁かるゝジャンヌ』は、固定されたフ

火刑のシーンのリハーサル。写真奥左側に、チーフ助監督のセルジュ・ルレ（白いシャツの男）とフロランス・ドゥレ。背中を向けて座っているのは、プロデューサーのアニー・ドルフマン。その右に立っているのはセカンド助監督のウーゴ・サンティアゴ。

レーミングや象徴たっぷりの映像でできた審美家の映画だったのではないかと思えてしまいます。最近あなたは、この映画の俳優たちの演技は、しかめ面のように見えるとおっしゃっていましたね。『裁かるゝジャンヌ』において表現主義的に感じられる部分は、ファルコネッティの演技ではなく、むしろ判事たちの演技、とくにドライヤーの演出です。これについてはどうお考えでしょうか？

ブレッソン――ドライヤーは、とりわけ人物を内面化する《アンテリオリゼ》ことによって、シネマトグラフを見事に用いてみせました。『裁かるゝジャンヌ』には優れた点がじつに多くあります。作品が撮られた時代を考えればなおさらそうです。この映画は今なお多くの観客の心に触れます。必ずしもシネマトグラフに固有の手段によって心に触れるというわけでないとしても、やはりこれはとても瞠目すべきことです。映画の総体が、たとえ（私には）かなり演劇的に見えるとしても（舞台装置、身ぶり、物真似《ミミック》など）、今なお、私には説明のつかない、抗いえぬ魅惑を放っている。〔ほどけて地面に落ちた〕縛り紐を拾い上げ、死刑執行人に手渡すジャンヌの身ぶりは、演劇的で美しいのです……。

コヴァックス――あなたにとって『ジャンヌ・ダルク裁判』の現代性とは何でしょうか？

ブレッソン――どの時代のどの裁判にも似たところがあります。つねに被告人と判事がいるからというだけでしかないとしても。

コヴァックス――あなたの映画では、ほとんどつねに監獄のテーマが見られるのはなぜでしょうか？

ブレッソン――それは気づいていませんでした。おそらくわれわれの誰もが囚人であるからだと思います。

コヴァックス――たとえば『抵抗』の場合のように、より多くの観客に受け入れられる題材を選ぶという事態そのものが、あなたにとって、新たな観客の心に触れたいという欲望の現れなのではないでしょうか？

ブレッソン――観客という観念は、私にとって長いあいだずっと、まったく馴染みのないものでした。おそらく、多くのプロデューサーが考えるのとは反対に、己自身のために仕事をすればするほど、より多くの観客の心に触れることができるのです。

コヴァックス――現代の偉大なキリスト者たち――私が考えているのはクローデル、モーリアック、ベルナノス、そして、ロッセリーニやドライヤーのような映画作家たち――の作品はどれも、徹底して具体化《アンカルネ》された作品です。彼らの作品はきわめて明確に設定された環境のなかで繰り広げられるのです。それに対して、あなたの描く世界はいよいよ純化される方向へと向かっている。観客は、現実――「生々しい」現実――の方にずっと敏感に反応しますし、現実を用いる方が彼らをより容易に精神的な世界へと導くこともできるのではないでしょうか？

ブレッソン――ホフマン〔E・T・A・ホフマン、一七七六―一八二二年、ドイツの作家〕は自分の「話」の一つ〔『ブランビラ王女』〕について次のように語っています(1)。「作戦の舞台は、登場人物の内面へと移し替えられる。」重要なもの、捕まえるべきものは、外面ではなく内面です。そもそも外面というものは存在しません。いや、それを見る人々の目と同じ数だけ外面は存在しているとも言えます。物事の見方がたった一つしか存在しないと思い込むのはばかげています。今日、大量生産されている映画のやり口は、そうしたばかげたことを助長するものです。演出家の数を減らして、映画の作家《オートゥール》を増やしてゆかねばなりません。若者たちのなかに作家が現れつつあります。彼らに賭けねばなりません。メジャーな製作システムの外で、お金のかからない機材（カメラやテープレコーダー）を用い、因習を伝染させるスタジオから離れて作られる、そんな映画の未来を信じているのです。

コヴァックス――マラルメのように、人物を具体化することは、彼らの価値を下げることになるとお考えですか？

ブレッソン――私は以前、「シネマトグラフとは何も見せない芸術である」と言ったことがあります。シネマトグラフは光と影に関わるものです。そこには多くの影も必要なのです。

（1） ホフマン『くるみ割り人形とねずみの王さま／ブランビラ王女』大島かおり訳、光文社古典新訳文庫、二〇一五年［E.T.A. Hoffmann, *La Princesse Brambilla* (1820)］。

コヴァックス――映画におけるエモーションについてどうお考えでしょうか？

ブレッソン――『ジャンヌ・ダルク裁判』で学んだこと、というかあらためて理解したことは、観客のエモーションは、そしてまたわれわれ自身が感じるエモーションは真実のしるしであるということです。不確実なことの多い歴史映画では、エモーションこそがわれわれの唯一の導き手でなくてはなりません。われわれの映画では、歴史上の人物を彼らの生きた時代から遠ざけるほど、彼らはわれわれに近づいて真実なものとなるのです。これは別におかしなことではありません。シネマトグラフは、その瞬間そこに在るものを捕まえるものなのですから。五世紀前にカメラを置いたなどと言う方がばかげているでしょう。

コヴァックス――あなたの映画のエクリチュールは、作品を追うごとに単純になってゆきます。現代の映画が、基本的に、人物たちのあらゆる動きに寄り添おうとするワンシーン・ワンショットで表現しているのに対して、あなたはますますモンタージュに頼るようになっています。これはワンシーン・ワンショットの流行に反発しようとする意志によるものなのでしょうか？　それともモンタージュはまだ力を失っていないとお考えなのでしょうか？

ブレッソン――私はあなたに何でも説明できるわけではありません。出不精でめったに映画館にも行かないので、その流行とやらがよくわからないのです。一般論で言うと、私にとって重要なのは、俳優（職業俳優であれ非職業俳優であれ）に演技をさせて彼らを撮影することではなく、人物や事物から現実のかけらをとらえ、それらを孤立させ、互いに独立したものとしたうえで、新たな秩序、依存関係を与えるということです。「モンタージュ」の重要さに疑う余地はありません。映像と音響が接触し、それぞれがしかるべき場に収まったときにはじめて映画が生まれるのですから。生まれつつある映画の方が人物に生命を与えるのであって、人物たちが映画に生命を与えるのではありません。

コヴァックス――それでは実質的に、すべての映画を拒否することになるのでは？

ブレッソン――私は何も拒んでいません。どんな種類の映画だって楽しめますよ。

コヴァックス――クータンのカメラのような現代的な技術を用いることで(2)、人間の奥深い真実をつかみとることは可能だと思いますか？　『女と男のいる舗道』〔一九六二年〕で、ジャン＝リュック・ゴダールは、人間の真実を、あなたがなさっているように人物の内部からとらえるのではなく、彼の表現を使えば、人物の外部からとらえようとしました〔ジャン＝リュック・ゴダール『ゴダール全評論・全発言I 1950-1967』奥村昭夫訳、筑摩書房、一九九八年、五三二頁を参照〕。これについてはどうお考えですか？

ブレッソン――ご質問の意味がよくわかりません。どの身ぶりも配慮が行き届き、どの言葉も考え尽くされた演劇とは反対に、われわれは映画のなかで実人生における自動現象《オートマティスム》を再発見せねばなりません。私の映画では、身ぶりや言葉は何よりも、そうした映画の本質をなす事物たち、いや事物を喚起する役割を果たします。シネマトグラフは、小説以上に、発見の手段となりうるのです。

コヴァックス――溝口の映画はお好きですか？

ブレッソン――溝口の映画は一本しか見たことがなく、しかも題名も忘れてしまったのですが、彼の映画は好きですね。この日本人は、ある種のシネマトグラフの感覚を備えていました。それは希有で、定義し難いもので、コクトーや――映画の種類は異なるものの――ゴダール、トリュフォー、ルイ・マルなど今し方あなたがお話しになった、あらゆる技法や因習の外側にいる若者たちが備えているような感覚です。

コヴァックス――散々議論の的となってきた、ある伝記的なエピソードがあります。あなたはルネ・クレールの助監督としてキャリアを開始したと言われているんです。これは本当なのでしょうか？

ブレッソン――誰がそんな話をでっち上げたのやら。誰でも誰かについてあることないこと言い立てることができる。そうなると、もはや重要なことは何もなくなってしまいます。

コヴァックス――映画監督になる以前は画家をしていたそうですね？

（2）一六ミリの軽量な携帯用カメラで、「シネマ・ヴェリテ」を可能にしたとされる。

ブレッソン――つまり私は今も画家だということです。以前は画家であったのに、今はもう画家でないというわけにはいかないのです。

コヴァックス――今はどのような画家に最も親しみを感じるでしょうか？

ブレッソン――流行を追わなかったすべての画家あるいは流行を追っていないすべての画家に対して。抽象画はじつにしばしば装飾的なものとなっています。すべての絵画は（すべての映画がそうであるように）、必然的に抽象的なものです。

「ロベール・ブレッソンとの対話」、『カイエ・デュ・シネマ』一四〇号、一九六三年五月

« Entretien avec Robert Bresson », *Cahiers du cinéma*, n° 140, mai 1963.

こちらに背中を向けて柱を支える美術監督のピエール・シャルボニエ、柱にもたれかかるフロランス・ドゥレ、ロベール・ブレッソン、写真を撮るミシェル・エリュベル。

ジャンヌ・ダルクは美しく、優雅で、天才的で、現代的であった
——奇妙なまでに自由な神秘主義者

アンドレ・パリノー〔一九二四—二〇〇六年、フランスのジャーナリスト、批評家。『アール』誌などで編集長を務めた〕——ジャンヌ・ダルクについての映画を撮るにあたって、どのようなことを意図されたのでしょうか？

ロベール・ブレッソン——ルーアンの判事たちに対する彼女の返答だけを用いて、ジャンヌの肖像を描くことです（彼女については絵画もデッサンも残されていません）。同時にまた、彼女を現代的《アクチュエル》なものにすることです。

パリノー——歴史上の人物としてのジャンヌ・ダルクを再現しようとしたのでしょうか？　それとも彼女を現代的なものにするという配慮の方がより重要だったのでしょうか？

ブレッソン——ジャンヌ・ダルクについてわれわれが抱くイメージのなかでは、史実と伝説とが絡み合っていて、それらを解きほぐすのはほとんど不可能になっています。しかし私が思うに、われわれが蘇らせようとする英雄たちの真実は、彼らが喚起するエモーションのなかにこそ存在するのであって、多かれ少なかれ本物らしく見える細部の正確さ——それは十中八九エモーションを阻害してしまいます——のなかに存在するのではありません。それゆえ私の映画には中世の骨董品は出てきません。むしろ現代にもありそうな環境を彼女に与え、彼女の言葉を（ショックを与えない程度に）現代化することで、外面的にジャンヌをわれわれに近づけようとしました（内面的には彼女はもとも

とわれわれに近い存在です)。

パリノー——あなたは彼女をどのように見ているのでしょうか？　なぜ彼女は内面的にわれわれに近いと感じられるのでしょうか？

ブレッソン——彼女が単純であるからです。そして若いからです。彼女の軽率さや見事なまでの生意気さは、いつの時代の若者にも変わらないものです。彼女の裁判は永遠の裁判なのです。私はジャンヌを信者の目で見ています。私は、彼女がそこへ至る扉を開け、そして閉ざしてしまった神秘の世界を信じています。

パリノー——彼女にはどのような歴史的意義があったとお考えですか？

ブレッソン——これは別に目新しい指摘というわけではありませんが、ジャンヌの使命の真の意味は、聖油瓶〔フランス王の即位式で用いる聖油の瓶〕のあるランスで、〔王太子シャルルを〕地上における神の代理人にして、聖王ルイの後継者として聖別することにありました（パリで幼いイングランド王がフランス王に聖別されるよりも先に）〔一四二九年、シャルル七世はランスで戴冠式を行い、一四三一年、弱冠九歳のイングランド王ヘンリー六世はパリで戴冠式を行っている〕。シノンにおいて、ジャンヌが王太子に、フランス王国を神に譲り渡すように頼むという奇妙なやり取りが交わされています。これは、彼女の手を介して、神が再びフランス王国を王太子に与えるためでした（彼はこれを承諾します）。彼女にとって、いかに超自然と自然が一体をなしていたか、いかに彼女が天上の生を地上の生や歴史と結びつけていたかがわかります。イングランド派の判事たち相手に、天使の出現をめぐってなされた返答——「優しいお声でフランス語を話しました」——は崇高さを湛えています。しかし、それはまた彼女の愛国心、祖国愛を示してもいます。その祖国愛のために、この少女は占領軍を追い払いたいと夢見たのでした。彼女がフランスを立て直し、一つにまとめ、強化したことに疑いの余地はありません。そして、逆説的にも、教会を強化してしまったことも。ジャンヌはまた、その後の数世紀に渡って、フランスとヨーロッパ全体の顔を一変させてしまったのです。

パリノー——彼女はどの程度まで現代的なのでしょうか？

ブレッソン——彼女にはわれわれと同じように軽率なところがあります。今日の若い娘たちと同じような自由と自立への渇望をもっています。〈声〉への服従を別にすれば、いや、まさに〈声〉にたいする内的な服従があったからこそ、彼女は、奇妙なまでに自由で独立した神秘主義者となりえたのです。彼女の身につける男性服も現代的と言えます（これが判事から主な標的とされたのはわれわれには奇妙に思えます）。

パリノー――彼女が当時の人々に対してもっていた影響力はどう説明できるのでしょうか？

ブレッソン――いろいろな理由が組み合わさっています。ジャンヌは神の使者でした。彼女は美しく、若く（まだ二〇歳にもなっていません）、そして優雅でした。伝説にあるような垢抜けない百姓娘などではなかった（あるいは、途中で彼女はそうではなくなっていました）。彼女の力は、その天賦の才によるものでした。それはまた、高貴さ――その紛うことなき高貴さは大地から直に生まれたものでした――によるものであり、純潔によるものであり、単純さによるものでした（彼女は自分を崇拝する群衆に操られることもありませんでした――「多くの者が私のもとにやって来ました。彼らは私の服に接吻をしましたが、私にはどうすることもできませんでした。それでも哀れな人々はやって来ました。それは、私が彼らに嫌な思いをさせなかったからでした」）。彼女は足跡を残しました。そして彼女の足跡は消えることがなかったのです。私は、一九一八年に、あるアメリカ人女性がベルクソンに宛てた言葉――これはジャン・ギトンが引用しているものです――が気に入っています。「人々はマルヌの戦い〔第一次世界大戦初期、北フランスに侵攻したドイツ軍をフランス軍が撃退した戦い〕の勝者は誰かと議論しているけれど、それはジャンヌ・ダルクなのよ！」(1)

パリノー――彼女は火刑に処されねばならなかったと思いますか？　彼女の物語の論理そのものに照らして、という意味です。

ブレッソン――ええ、キリストが十字架に磔にされねばならなかったように。最後に失敗、失墜するという法則です。「負けるが勝ち」という法則は避けられません。

パリノー――彼女は裁判の後のことまで考えていたのですか？

ブレッソン――彼女は繰り返し言っています。奇跡によって、あるいは同胞の軍勢の勝利によって、自分はいずれ解放されることになるとわかっている、と。だから最後の日の朝、死刑の知らせを聞いたとき、彼女は驚き、とり乱してしまいます。しかしながら彼女は自らの死を予見していた節もあります。囚われの身となるのを予見していたのと同じように。裁判における彼女の超人的な抵抗と攻撃性は、その背後に、代わる代わる彼女を訪れる希望と絶望を隠していたのです。彼女の受難とキリストの〈受難〉のあいだにある類比については、多くのことが語られてきました。これは間違っていません。最終的に、彼女はすべてから見放され、恐るべき苦悶に直面することになるのですから。

パリノー――イングランド側の政治や基本姿勢の論理から見たとき、彼らは本当にこの裁判を、処刑を必要としていたのでしょうか？

ブレッソン――彼らは（言うまでもないことですが）英仏双方の王権を欲しがっていました。しかし彼らの計画は、ジャンヌによって突如台無しにされてしまいました。だから彼女が不信心な異端の魔女であることを証明して、ランスで聖別された王は神聖でも正統でもないことを公に宣言する必要があったのです（どうしてイングランド側がシャルル七世より先にヘンリー六世の戴冠を急がなかったのかはわかりません）。ルーアンは、イングランド王権の首都となっていました。後のヘンリー六世は当時九歳で、ジャンヌが鎖につながれた部屋のおそらく近くの部屋に住んでいました。

パリノー――イングランド側はジャンヌを介してシャルル七世を狙っていたわけですね。しかし彼女を火刑に処する必要はあったのでしょうか？

ブレッソン――監獄のなかに入れられ、生涯をそこで過ごすという可能性もありました。そうなりかねないことを、イングランド側はひどく恐れていました。言うまでもなく、彼らはジャンヌが逃げる恐れがあるのを嫌がりました。彼女が生きているというので、イングランドの将校や兵士は港にとどまったまま、英仏海峡を越えて戦いに来るのを

（1） Jean Guitton, *Problème et Mystère de Jeanne d'Arc, op.cit.*, p.107.

拒んでいたのです。

パリノー――コーションとは一体何者だったのでしょうか?

ブレッソン――ボーヴェの司教になる前はパリ大学の総代をしていました(イングランドの枢機卿、ウィンチェスターの司教はパリ大学を「私の娘」と呼んでいました)。コーションは趣味人という評判を得ていました……。彼は贅沢やお金が好きで、その奉仕の報酬としてかなり実入りの良い役職を得ていたに違いありません。ジャンヌがイングランド側へ売られたさい、取引の交渉役をしたのも彼でした。(二五年後に行われた)復権裁判で、ある証人は、嬉々としてウォリックにジャンヌの到着を告げるコーションを目撃したと語っています。

パリノー――彼は、マキャヴェリのような政治的野心をもった人物だったのでしょうか?

ブレッソン――彼がどのような政治的利権を望んでいたのかは知りません。私の間違いでなければ、彼はイングランド政府で相談役という地位を得ていました。空席だったルーアンの大司教職を狙っていましたが、その座を得るには至りませんでした。彼は自らジャンヌを裁く法廷の裁判長の役を買って出ました。

パリノー――法廷はどういう人々で構成されていたのでしょうか?

ブレッソン――イングランド側の費用でパリからわざわざやって来た大学のお歴々です。その他にも、ルーアンやその近郊の教会参事会員に、イングランド占領地域の司教もいました。占領地域の司教たちが皆イングランド寄りというわけではありませんでした。なかには裁判の変則性(弁護士や聴衆不在での非公開の裁判)に異を唱える者もありました。彼らは脅しを受けていました。少なくとも、そのうち一人は投獄されています。大学は書面で意見を求められました(これは事実を歪めるもう一つのやり口です)。パリから最終判決を下したのも大学でした。異端者が罰せられる(処罰される)のは、戻り異端の場合に限られていました。だから異端放棄の宣言の後で、コーションは(男性服や〈声〉などについて)ジャンヌに最後の質問を浴びせかけて、彼女を再び異端に転落させようとしたのです(「お前は、強情な戻り異端だ」)。

パリノー――ジャンヌに対するコーションの態度はどのようなものだったのでしょうか？　彼は以前からジャンヌを知っていたのですか？

ブレッソン――コーションはジャンヌから逃げ出した経験があります。彼女が率いる軍がやって来たせいで、自分の司教区から追われてしまったのです。きっと、そのことで彼女を憎んでいたのでしょうね。

パリノー――裁判で、彼はジャンヌに対してどのように振る舞ったのでしょうか？　コーションについてどのような評価を下されますか？

ブレッソン――中立を保ちたいと思います。

パリノー――コーションのことをどう理解なさっているのでしょう？

ブレッソン――私は彼を理解しようとなどしていません。レジーヌ・ペルヌー〔一九〇九―一九九八年、中世史学者。ジャンヌ・ダルク研究の権威として知られる〕が、私の映画を見て、付けてくれた「彼女自身によるジャンヌ」というタイトルがとても気に入っています（彼女が付けてくれたのだからなおさらです）[2]。コーションについても、「彼女自身によるコーション」と言うことができるかもしれません。

パリノー――彼はジャンヌ・ダルクという並外れた人物を理解したことがあったのでしょうか？

ブレッソン――（彼自身による）コーションは知的で、謎めいていて、そしてまたひどく凡庸な男だったように思われます。彼には（おそらく）例外的なものが理解できなかった。ジャンヌの天性や聖性というものが（多分）わからなかったのです。彼女を崇拝し、神聖視するなど思いも及ばなかった。彼女を罠に嵌めるので手一杯だったのです。ジャンヌは彼の世界にとってあまりに異質な存在だったので、彼は彼女のなかにまやかしを見てとることしかできなかったのでしょう。ジャンヌは彼の調子を狂わせます（そして、宗教やイングランドびいきのなかで温々と暮らす彼の補佐役たちの調子を狂わせるのです）。しかし、これは確かなことではありませんが、彼はジャンヌが火刑になら

（2） Régine Pernoud, « Jeanne par elle-même », *Figaro littéraire*, 6 décembre 1962.

ずに済むように望んだこともありました。

パリノー――同情したということですか？　なぜそう思われるのでしょうか？

ブレッソン――「私は彼女の死よりも彼女の救済を求めるべきなのだ」といった（多かれ少なかれ本物らしい）発言があるからです。

パリノー――ジャンヌの拘留はどのようなものだったのでしょうか？

ブレッソン――城を訪れたルーアンの住人は、ジャンヌの独房の扉のところに鉄の檻があるのを見たそうです。しかしジャンヌがその中にいるのを見たという証言はありません。檻は彼女を移送するためのものだったのでしょうか？　ジャンヌはおそらく、昼夜問わず、イングランド人の看守たちにばかにされ、罵られていました。ジャンヌは彼らの無作法や野蛮さの餌食となったのです。コーションとその取り巻きの言いなりになった、検察官（検事たち）の無作法と野蛮さの餌食となったのと同じように。

パリノー――彼女は足枷をはめられていたのですか？

ブレッソン――彼女に付けられた鎖のもう一方は大きな桁に固定されていました。この細部は映画のなかで生かしました。

パリノー――彼女は拷問されたのでしょうか？

ブレッソン――拷問台に張り付けられ、拷問によって脅迫されました。

パリノー――彼女は殴られたのでしょうか？

ブレッソン――異端放棄の宣誓の後で、恐ろしいことが起きました。イングランド兵たちが、彼女の独房に乱入してきたのです。彼らはジャンヌを地べたに押し倒し、殴る蹴るの暴行を加えた挙げ句、彼女を陵辱しようとさえしました。しばらく経って彼女の姿を見かけた証人によれば、彼女は誰だか分からないほどひどいありさまだったそうです。

パリノー――彼女は裁判のあいだ、ずっと男性の服を着ていたのですか？

ブレッソン――ええ。これは明らかに強姦から身を守るためでした。慎みから彼女はそうは言いませんでしたが。ルーアンにいるあいだ、おそらく彼女は眠るときも完全に裸になりはしませんでした。
パリノー――彼女はどのように死んだのでしょうか？
ブレッソン――英雄的に死にました。あの〈声〉は〈神〉のものだったと言いながら。本来であれば、火を放つ前に死刑執行人は彼女を絞殺しておかなければならない決まりでした。しかしウォリックは、残酷にも、それを禁じていたのです。
パリノー――後のヘンリー六世はジャンヌの処刑に立ち会ったのですか？
ブレッソン――それはないと思います。復権裁判のさい、数人の学者と高位聖職者が「処刑を見るに忍びなかったので最後までは立ち会っていない」と証言しているからです。
パリノー――裁判におけるイザンバール修道士の態度はどのようなものだったのでしょうか？　彼は何歳ぐらいだったのでしょう？
ブレッソン――おそらく二五歳でした。彼はジャンヌに用心するようサインを送っているところを、ウォリックに取り押さえられ、セーヌ川に沈めてやるぞと脅迫されました。
パリノー――どうしてジャンヌの賛同者の誰一人として、彼女を解放しようとはしなかったのでしょう？
ブレッソン――ラ・イル〔エティエンヌ・ド・ヴィニョル、一三九〇―一四四三年。ジャンヌとともに戦った軍人。通称の「イル」は古仏語で「憤怒」の意〕は、彼女を解放しようとしていたようです。
パリノー――フランス国王が彼女の名誉回復を行うまでに二〇年もかかったのはなぜですか？
ブレッソン――ルーアンをイングランドから奪回して重要な証拠を取り戻すまで、シャルル七世は何も手を付けることができなかったからです。ルーアンに入城して二ヶ月と経たないうちに、彼はジャンヌ復権のために調査を開始し、証言を集めるよう指示を出しました。映画のプロローグは、ジャンヌの母がパリのノートル・ダム大聖堂で大司教や教皇の使いに向けて願書を読み上げ、復権裁判が幕を開けるところを描いています。彼女はすでにかなりの高齢で、その数ヶ月後に亡くなってしまいました。

パリノー――あなたは、とても現代的で、しかも歴史的にも可能な限り真実のジャンヌ・ダルクをわれわれに与えてくれました。あなたは、映像の戯れやジャンセニスム的な全体の抑制、台詞のリズムによって、真に個人的なものをもたらしてくれました。これはブレッソンのジャンヌ・ダルクであり、同時に、ジャンヌ・ダルクそのものでもありうるのではないかと思います……。映画を見て、ジャンヌについて、伝説に言われていたのとは異なるイメージをもったことを付け加えておきたいと思います。

ブレッソン――この映画は、あなたがジャンヌについて抱いていたイメージを変えるものでしたか？

パリノー――ジャンヌ・ダルクが誰であったかがわかりました。少なくとも彼女は、伝説に言われているような、運良く「声を聞いて」、不思議なめぐり合わせの恩恵に浴しただけの少女ではなかった。ジャンヌ・ダルクは例外的な存在でした。どんな時代、どんな場所にあっても、誇りとされたであろう存在！　最も優れた人間よりも優れた存在。それが、今、私がジャンヌについて抱いているイメージです。あなたの映画のおかげです！

あなたはローマで、公会議において枢機卿や司教を前に『ジャンヌ・ダルク裁判』を上映して戻って来られたばかりです……。「開かれた教会」の運命が決されようとするのと同じタイミングで、この映画が完成したのは何とも興味深いことですね。

ブレッソン――ええ、不思議な符合です。

『アール』八九四号、一九六二年一二月一二日
Arts, n° 894, 12 décembre 1962.

ジャンヌ・ダルクが火刑台へと駆け寄る場面での移動撮影の調整をするロベール・ブレッソン。

彼女をリアルで親密なものとするために

このロベール・ブレッソンとのインタビューは、一九六二年のカンヌ映画祭で録音されたものである。もともとラジオ放送を想定していたので、インタビューは英語で行われた。（本当は見事に英語を話せるにもかかわらず）不正確になってしまうのは何としても避けたいというブレッソンたっての希望から、三〇分程の準備時間を取って、録音中に忘れかねない、使いそうな単語をメモしておくことになった。私たちはカンヌで一番大きなホテルのサロンに腰を落ち着けた。私はウィスキーを、彼はシュウェップスを手に。三時間が過ぎたとき、準備しておいた質問の多くが削除され、一部はブレッソン自身が答えたい質問へと書き換えられてしまっていたのだった。

イアン・キャメロン〔一九三七―二〇一〇年、イギリスの映画批評家。『ムーヴィー』誌の創刊者〕――ジャンヌ・ダルクについての映画はすでに数多くありますが、どうしてそこに新たな一本を付け加えようと思ったのでしょうか？

ロベール・ブレッソン――彼女をリアルで親密なものとするためです。

キャメロン――この映画を撮った主な目的は何だったのでしょうか？　歴史的な事件を見せるためですか？

ブレッソン――映画には、過去を現在に引き寄せるという特権があります。そのおかげで一般的な歴史映画のスタイルを逃れることが可能となります。歴史上の人物を題材としながら観客の心に触れる唯一の方法は、その人物を、今現在われわれと一緒に生きているかのように提示することだと思います。それが私の主要な目的でした。

キャメロン――あなたは、一つのショットのなかで判事たちとジャンヌを同時に見せることを一度もしませんでした。これはどうしてですか？

ブレッソン――まずは、他にやりようがなかったからとお答えしておきましょう。実在のロケーションで撮影したので〔人物を同時にとらえるようにカメラを引くためのスペースがなく〕そうせざるをえなかったのです。とはいえ制約を設けるのはよいことだと思います。私は何らかの制約がないと上手く仕事ができません。しかし、たとえそうした困難がなかったとしても、私はジャンヌと判事たちを同じように撮っていたと思います。なぜなら、誰かの内面で何が起きているかを知ろうとするとき、その人を撮るやり方は一つしかないからです。近くから、正面で撮る以外にないのです。

キャメロン――判事たちの後ろの背景が明るいときはジャンヌも明るめの背景のなかに置いたり、あるいは両者をともに暗めの背景の前に置いていたりするということが、しばしばあったように思います。

ブレッソン――目に衝撃を与えてしまうからです……。あるショットで白を、次のショットでは黒をという風にはいきません。

キャメロン――裁判のシークエンスでは、それぞれの人物がつねにフレームのなかにいるように撮影されています。そのため、ジャンヌと判事の衝突というよりも、参加者の全員が演ずるべき役柄、演ずることを承諾した役柄をもった一つの儀礼であるかのような印象をもちました。

ブレッソン――私はそうは思いません。私にとって、これはコーション司教とジャンヌの決闘なのです。イングランド人と司祭たちは一貫してその証人でしかありません。

キャメロン――しかし、あなたはその決闘が通常の意味でのドラマとなるのを許しませんでした。

ブレッソン――私が考えていたのは暗示することでした。事物を、そして感情を。

キャメロン――あなたは観客が映画に何をもたらすことを望みますか？

ブレッソン――頭脳ではなく、感じる能力を。

キャメロン――観客が裁判の事実そのものを知ることを期待しているのでしょうか？　だから参加者たちが誰なのか説明していないのでしょうか？

ブレッソン――私は説明しません、演劇で説明がなされるようには。

キャメロン――あなたの映画の人物たちは皆、裁判記録の原本で言及される人たちなのでしょうか？

ブレッソン――そうです。

キャメロン――裁判の聴衆を一度たりとも見せようとしませんでしたね。処刑の場面でも同様です。幾つかの足のショットが映っているだけです。これはなぜでしょうか？

ブレッソン――その必要があったからです。中世の群衆を見せると映画が台無しになっていたでしょうね。

キャメロン――映画の冒頭で、両肩に手を添えられたジャンヌの母親の背中が映し出されます。どうして彼女の背中しか見せなかったのでしょうか？

ブレッソン――彼女が映画の人物になってしまうのが嫌だったからです。それに、このショットは映画本編には含まれません。クレジットの前に置かれています。

キャメロン――映画の最後、ジャンヌが火刑にされるときの服の窮屈さを強調していますね。そのせいで彼女は上手く歩けません。

ブレッソン――服のせいで彼女の足取りは、少女のような、どこか滑稽なものとなります。火刑台に向かって走っているように見えるのです。

キャメロン――独房の窓から石が投げ入れられたとき、彼女はその石を拾って見つめ、窓の方を見遣り、もう一度石に見入ります。この身ぶりにはどのような意味があるのでしょうか？

ブレッソン——彼女は驚いたのです。しかし怖がってはいません。彼女は最後までずっと自分は解放されると確信していましたから。

キャメロン——ある場面で、裁判の最中、判事たちが彼女に跪くように命令します。続いて、あなたはオーバーラップで、再び立ち上がっている彼女につなげています。

ブレッソン——省略した部分は、私の別の映画の運動でも同じ機能を果たしています。シェイクスピアもまた奇妙なところで省略を行います。彼の省略は、詩《ポエジー》が入ってくるための扉のようなものなのです。

キャメロン——どうしてジャンヌが処女であることをこんなにも強調なさっているのでしょうか？　とくに、この点に関するイングランド側の態度を。

ブレッソン——私は、歴史の記録のなかに見つけたものをそのまま見せただけです。

キャメロン——扉のショット、開いた扉のショットがたくさんありましたね。これは「扉が開くのが見えたら……」というジャンヌの台詞と関わりがあるのでしょうか？

ブレッソン——監獄において扉ほど重要なものはありません。

キャメロン——しばしば異常なまでに照明が暗くなっています。これは暗い雰囲気を醸し出すためでしょうか？

ブレッソン——大切なのは、屋内の光と屋外の光とのあいだに正しい均衡を打ち立てることです。屋外はとても明るく、屋内は多かれ少なかれ暗めになっています。照明の正確さは、映画全体の正確さの一部をなすものです。

キャメロン——独房の壁の裂け目からジャンヌを覗き見するイングランド人のショットがたくさんありますが、これはどうしてでしょうか？

ブレッソン——あなたが言うほど覗き見のショットは多くありませんよ。なるべく数を減らしました。

キャメロン——覗く人物が立ち上がっていなくなった後もしばらく裂け目を撮り続けていますね。

ブレッソン——彼らは壁の反対側に座っています。一度もそれは見せませんでした。ただ、彼らが座ったり立ち上がったりしているのが感じられるようにしました。

キャメロン——ジャンヌが牢獄で病気になったとき、まず彼女の手をとる医者の手のクロース・アップが映されます。この細部にはどういう意味があるのでしょうか？

ブレッソン——ジャンヌの顔を見せないことで、観客にそれを見たいと思わせたかったのです。

キャメロン——ジャンヌに死刑を告げに来るのが、司教でなく、白い僧衣を着た二人の修道士なのは、なぜでしょうか？

ブレッソン——そのうちの一人は彼女の聴罪司祭で、もう一人は裁判の最中に彼女にサインを送って助け船を出していたマルタン修道士です〔正しくは聴罪司祭がマルタン・ラドヴニュ修道士で、サインを出していたのがイザンバール修道士〕。つまり彼女に最も近かった人たちです。

キャメロン——裁判の記録を取っているペンのクロース・アップが何度も映し出されますね。ジャンヌが「あなたは私に不利なことばかり書いて、私に有利なことは書かない」と言うところで、ペンのクロース・アップを映したのはなぜでしょうか？

ブレッソン——それが劇的な意味をもっているからです。書き付けられた彼女の発言は、概して、彼女に不利なように転倒されています。紙を引っ掻いてゆくペンは、私にとって劇的な意味をもつものなのです。

キャメロン——どうして聖体拝領を受けるところで、処刑のさいに着る服が渡されるのでしょうか？

ブレッソン——終盤の展開の速さ——これは私の創作です——は、私にとって劇的な要素の一つだからです。

キャメロン——この映画では、ジャンヌに十字架を渡すのがイングランドの兵士だというのがほとんどわかりません。バーナード・ショーがこの点を明らかにしています[1]。

ブレッソン——その点はフランス人なら誰でも知っているので、兵士の兜で暗示するだけにしたかったんです。

キャメロン——イングランドの貴族、ウォリック伯やイングランドの聖職者の役割をまったく考慮に入れていませんね。じっさい、ジャンヌとフランスの司祭しか映画の筋に関わっていません。

ブレッソン——ウォリックの心理を持ち込みたくなかったのです。

キャメロン——ジャンヌが火刑に処されようというところで、犬を見せたのはなぜでしょうか？

ブレッソン——儀式にはうろうろする犬が付きものです。いつもと違う何かが起きていると動物は敏感に反応します。

キャメロン——どうしてジャンヌの身に付けていたものも火のなかに投げ込まれるのでしょうか？

ブレッソン——これはとても重要です。何一つ遺品を残さぬためです。

キャメロン——群衆の一人が彼女を躓かせようとするところで、ジャンヌの足を見せていますね。どうしてそうなさったのでしょうか？

ブレッソン——十字架に磔にされるキリストを見舞った出来事と関係があるのは確かです。私の念頭にあるのは、十字架の道行きです。人々はキリストを嘲笑い、暴行を働きました。

キャメロン——傍聴席の天蓋から飛び立つ鳩は何なのでしょうか？

ブレッソン——そこに象徴的な意味はありません。象徴は好きではありません。それは「生は続く」ということを示しているだけです。

キャメロン——火刑のシークエンスの一部を、煙に隠れた十字架の主観ショットで処理しているのは、なぜでしょうか？

ブレッソン——作り手に説明を求めすぎですよ。

（1）バーナード・ショー『聖女ジャンヌ・ダーク』福田恆存、松原正訳、新潮社、一九六三年〔George Bernard Shaw, *Saint Joan* (1924)〕。

キャメロン――もう一つだけ質問させてください。映画のラストの、杭と鎖を映したとても長い無人のショットは何なのでしょうか？

ブレッソン――それは私にとって、いわば、ジャンヌの奇跡の消失なのです。

キャメロン――次回作は『湖のランスロ』だそうですね。アーサー王伝説のどこに興味をもたれたのでしょうか？

ブレッソン――これは、あなた方イギリス人の神話であるばかりでなく、われわれフランス人の神話でもあると考えています。

「ロベール・ブレッソン・インタビュー」、『ムーヴィー』七号、一九六三年二―三月
« Interview with Robert Bresson », *Movie*, n°7, février-mars 1963.

電流を流すためには、電線を裸に剝かねばならない

ジョルジュ・サドゥール——最初の長編『罪の天使たち』から二〇年が経ちました。一九四三年から一九六三年のあいだに、あなたはたった六本しか映画を撮っていません。注文の多い気難し屋だという評判です。国際的にもきわめて評価の高い、これまでの作品群をご自身はどのように評価なさいますか?

ロベール・ブレッソン——私の映画は低予算で製作されています。このことは私にとって不利になるどころか、むしろ利益をもたらしてくれました。私が寡作なのは、ただ単にプロデューサーを見つけるのにいつも苦労していたからです。

サドゥール——作家というのは、昔やったことよりも今からやろうとすること、すでに己を離れたものより今から生まれようとするものを好むものだと心得ています。ですので、自作のなかでお気に入りはどれかと尋ねるのはばかげたことかもしれません。ですが、とりわけ「やりきった」という満足感を感じた作品はあるでしょうか?

ブレッソン——私の映画はどれも、試み、試行です。私が探し求めるもの、たった一〇分でいいから途切れることなく続く純粋状態のシネマトグラフのためならば、世界中のすべての映画を(まずは私自身の映画を)引き換えにしても構いません。それは、俳優の物真似《ミミック》——スクリーンはそれらの死んだ写真しか与えません——ではなく、ただ映像

の震えのみによって生き生きとしたものとなる何かです。

幾度となく繰り返してきたことですが、演劇作品の場合とは違い、人物は映画に生を与えることはできません。人物は生身の存在《プレザンス》をもっていないのですから。しかし映画の方は人物に生を与えることができます。何年、いや何十年経てば、人々はシネマトグラフと演劇とは相容れぬものだということに気づくのでしょうか。

サドゥール──私は批評家で、映画作家ではないのですが、私としては「映画演劇《シネテアトル》」というものを認めています。もちろん、これは「撮影された演劇」とは正反対のものです。作り手として、あなたはそうしたジャンルをお認めにならないわけですね。

ブレッソン──有名な演出家の多くが演劇出身です。舞台の映画への影響というのは、すべて有害なものなのでしょうか？

サドゥール──しかし演出もまた演劇の名残でしかありません。そのせいで「演出《ミザンセヌ》」という語が映画でも使われています。

ブレッソン──演出という語を濫用する批評家もありますね。彼らは演出こそが映画の本質だと考えています。

サドゥール──しかしヌーヴェル・ヴァーグは、幸運にも、演劇から自由でいることができます。彼らは演劇出身ではありませんからね。彼らが知性偏重になったり、誘惑に負けたりしさえしなければよいのですが。プロデューサーというのは、（例外もありますが）お金のことばかり考えているので、映画をちゃんと見ていません。どれほど多くの国際的な大作映画が吹き替えで作られていることか！　吹き替えは映画を台無しにします。声の響きとは、それぞれの人間に特有で、そこにその人のすべてを見てとることのできるものであって、それなしで済まそうとすると大変なことになってしまうのです。

サドゥール──あなたにとって、スクリーンの芸術が舞台の芸術と両立不可能なものだとすれば、それは他の芸術とも両立不可能なのでしょうか？　たとえば造形芸術とはどうでしょう？　というのも、あなたは画家として仕事を始め、今なお画家でいらっしゃるからです。

ブレッソン──画家であるおかげで、私は他の諸芸術からの影響に慎重になることができました。エドガー・ドガ

〔一八三四―一九一七年、フランスの画家。バレエを主題とした作品で知られる〕はこう言いました。「ミューズたちはおしゃべりなどしない。時として彼女たちは一緒にダンスをする」[1]と。もしシネマトグラフのミューズが、他のミューズたち（絵画、音楽、建築）の列に加わろうとするのであれば、多かれ少なかれ従わざるをえない一般的な法則があります。つまり、構成や均整などです。

サドゥール——リズムを構成すること、均整を見いだすことは音楽につながりますね。音楽は他のどの芸術よりも映画に近い芸術なのではないでしょうか？

ブレッソン——音楽の影響から逃れるのは、おそらくとても難しいことです。私が言っているのは、もちろん、映画の伴奏音楽のことではありません。音楽の使い方がわかるようになるまで、ずいぶんと時間がかかりました。音楽は、補強や支えとしてではなく、映像に逆らい、映像を変化させるような要素として用いなければいけません。

サドゥール——映画芸術も含めたあらゆる芸術は、生き生きとしたものであり続けるためには、現実を素材とせねばならない、と私は確信しています。これは、「撮影され」、録音された通りの、いっさい手を加えられていないありのままの現実が芸術だということではありません。あなたの映画は、しばしば時代や実人生と無関係なものだと言われます。あなたの映画もまた現実から映画の実質を汲み上げているとお考えですか？　もしそうであるなら、それはどの程度のことなのでしょうか？

ブレッソン——私のしていることは庭師や園芸家のしていることに似ています。つまり植え替えや挿し木です。現実から葉や茎を取ってきて、それを映画へと植えてやるのです。

（1）「彼は好んでこう言った——晩年にはそればかり繰り返した——ミューズたちはけっして議論などしなかった。彼女たちは昼の間はずっと、みなそれぞれ別れて自分の仕事をする。夕方になって仕事を終えると、再び集まって、ダンスをする。彼女たちはおしゃべりなどしない、と」（ポール・ヴァレリー「ドガ　ダンス　デッサン」今井勉訳、『ヴァレリー集成V　〈芸術〉の肖像』今井勉、中村俊直編訳、筑摩書房、二〇一二年、一三二頁［Paul Valéry, « Degas danse dessin », dans *Œuvres, op. cit.*, t. II, p.1165］）。

サドゥール――庭師がどの時期を選ぶかによって、葉や茎が実を結ぶこともあれば、やせ細ってしまうこともあるでしょう。芸術作品が実を結ぶにはその時代と結びついていなくてはならないと思います。私はあなたの作品を、現代から切り離された、無時間的な映画だと評価したことがあります（基本的に、それは間違っていたのですが）。あなたは何らかの「同時代性」を気にかけていらっしゃるのでしょうか？　不格好な言葉を用いてすみません。ただ、（歴史を題材とした作品であっても）作品が多かれ少なかれ同時代と結びついているという事態を指すのに他の言い回しが思い付きませんので。お望みなら、それを時事性《アクチュアリテ》との結びつきと言っても構いません。これならあなたも夢中になれるはずです。私は知っています。もし朝起きて新聞を読むことができず、世間で何が起こっているかわからなかったら、あなたは病気になってしまうでしょうからね。

ブレッソン――私は時間の外で生きているわけではありません。しかし時事的なものは、歴史家の資料にするのでない限り、一歩引いて見ることが必要です。それに重要なのは、主題の現代性《アクチュアリテ》ではなくて、むしろ作家の態度、現代的《アクチュエル》であろうとする作家自身のあり方です。先ほど目を通していた新聞によると、モンテーニュはもっともよく読まれている現代的な作家だそうです。モンテーニュの魅力は、大部分、彼の言葉遣いが、そして彼自身がその時代に深く根ざしている点に由来しています。

サドゥール――まさかあなたがモンテーニュをお気に入りの作家として引き合いに出すとは思ってもみませんでした。批評家というのは分類したり、レッテルを貼ったりする癖があります。些か形式的な分類ですが、私はあなたを一九世紀の人間ではなく、一七世紀の人間に分類してきました。そして、（同業の批評家たちの何人かと一緒になって）あなたに「ジャンセニスト」というレッテルを貼りました[2]〔ジャンセニスムは一七、一八世紀のフランスで展開された宗教運動。人間の原罪や神の恩寵の重視、厳格主義などによって特徴付けられ、パスカルやラシーヌにも大きな影響を与えた。イエズス会と対立〕。もちろん、そうすることで私は、あなたをある思想の流れ、すなわちラシーヌとパスカルに共通するある芸術観と関連付けようとしたのであって、カトリックのプロテスタンティスムともいうべきジャンセニウス〔ネーデルラントの神学者コルネリウス・ヤンセン（一五八五―一六三八年）のラテン語名。ジャンセニスムは彼の名に由来する〕の神学、彼の恩寵論と結びつけようとしたわけではありません。いわんや「ジャンセニスム」を、教条的で厳格な無味乾燥さといった、かなり通俗化された軽蔑的意味合いで用いたのでもありません。私は、ジャンセニスム的な無駄のそぎ落とし《デプイユマン》——これはある種の古典主義の基本です——を、イエズス会的なスタイルの、あえて言えば「バロック」的な——この語を濫用して意味を歪めてしまわない限りにおいてですが——大仰さに対置したかったのです。

ブレッソン——ええ、私は「ジャンセニスト」というレッテルを貼られてきました。装飾や過剰を好まず、無駄をそぎ落とした、裸のものを好むという意味で。電気工事士は、電流を流そうとするとき、まずは電線を裸に剝いてから、それらをつなぎ合わせます。緩叙法〔控え目に言うことで強調する修辞法〕の方が、誇張法よりも私にはしっくり来るし、大きく言えば、シネマトグラフにも合っているように思えます。たとえ今日、過剰なまでに誇張的な映画が流行しているとしても。

サドゥール——ジャンセニスムの美学だけでなく、ジャンセニスムの道徳もあります。あなたは自作において何か定められた道徳に従おうとしたことがありますか？

ブレッソン——道徳ですか……。義務や従うべき規則は重要ではありません。「本当の道徳は道徳をばかにする」と言います(3)。私が信じているのは、むしろ、ごまかしをしないこと、正直であることです。

サドゥール——倫理についてはこれくらいにしましょう。では、美学に関しては、規則に従ったり理論を練り上げたりせねばならないと思いますか？

ブレッソン——私を理論家と見なす人々もいます。映画の複雑さを考えれば、自分がやったことについて思索し、何でこれは上手くいって、あれはしくじったのか解明しようと努めるのは有益なことです。それは間違いありません。

（2） Georges Sadoul, « Robert Bresson janséniste : *Journal d'un curé de campagne* », *Les Lettres françaises*, 22 février 1951.
（3）「本当の雄弁は雄弁をばかにする。本当の道徳は道徳をばかにする」（パスカル『パンセ（中）』塩川徹也訳、岩波文庫、二〇一五年、二五八頁［Blaise Pascal, *Pensées*, 24[169], dans *Œuvres complètes*, *op. cit.*, p.1094］）。

そうした反省が理論を生み出すのであれば、それは自由を感じるための私なりのやり方の一つとなります。それらの理論が存在することで、私は自分が自由だと感じることができるのです。

サドゥール――一度完成すれば、映画は作者の手を離れます。そして作者は自分の作品をより冷静に評価できるようになる。同時に、作品は観客や批評家に委ねられることにもなります。観客はそれを無視したり、中傷したり、こき下ろしたり、はたまた何一つ欠点のない傑作だと賞賛することもできます。

ブレッソン――シネマトグラフに、傑作というものは存在しえません。しかし、それは、ずたぼろのフィルムをシネクラブで上映する理由にはなりません。これは、プロデューサーや配給業者の吝嗇の産物です。いつの日かシネマトグラフが芸術の高みに至る日が訪れたなら、それは完璧さの芸術ではなくて、むしろ均整の芸術となることでしょう。

サドゥール――映画という芸術は時間に依存しています。映画は時間を自分なりの仕方で作り変えます。それにまた、タイミングを逃して公開直後に成功を収められなかった映画は、それきり人々の記憶から消え去ってしまう恐れもあります。

ブレッソン――映画がすぐに成功するように作られるなんて悪い冗談です。即座に成功しなければ永遠に成功しないままだなんて。映画は、しっかりと建てられれば、時間の試練に見事に耐える家のようなものなのです。

「ロベール・ブレッソン、ジョルジュ・サドゥールに答える――「電流を流すには、電線を裸に剝かねばならない」」『レ・レットル・フランセーズ』九六八号、一九六三年三月七－一三日

« Robert Bresson à Georges Sadoul : "Si l'on veut que passe le courant, il faut dénuder les fils" », *Les Lettres françaises*, n° 968, 7-13 mars 1963.

8

脚色

劇的創造の諸局面――脚色

ミシェル・シビエ――ロベール・ブレッソン監督、あなたの作品はいずれも長い沈黙期間によって隔てられています。そうした沈黙期間のおかげで、あなたは映画の現状から距離を取って、今日の映画に独自の光をあてることができているのではないかと思います。今日の映画はどのような状況にあるのでしょうか？

ロベール・ブレッソン――われわれの見る映画の大部分が複製になっているのではないでしょうか。誤解のないように、今日の映画《フィルム》の全体を「シネマ」と呼び、映画芸術、つまり己に固有の言語と手段をもった芸術を「シネマトグラフ」と呼ぶことにしましょう。今日の映画は、演劇やミュージック・ホールを複製しています。複製というのはオリジナルと同じ価値をもちません。絵画や彫刻の複製は、その絵画や彫刻と同じ価値をもたないのです。写真は創造しません。今日の映画における創造行為は、シネマトグラフの分野においてではなく、演劇の分野においてなされています。

シビエ――あなたが今日の映画と呼ぶもの、つまりメジャーな映画全体を見渡すと、その多くが文学に取り組んでいること、文学から着想を得ていることが確認できます。文学作品の脚色ばかりなのです。一般に、脚色はどのようになされているのでしょうか？

ブレッソン——通常は、映画の出資者であるプロデューサーが脚色家に声をかけます。脚本家がいるように脚色家というのもいるのです。多くの場合は同一人物です。台詞作家というのもいますね。文筆家である脚色家が、文学的に文学作品を脚色します。そして自分の行為を正当化するために、元の作品を歪め、しばしば変質させてしまうのです。

シビエ——こうして、あなたの言う「シネマトグラフ」から外れることになってしまうわけですね。

ブレッソン——そういうことです。

シビエ——では、脚色はどのように考えられるべきだと思いますか？

ブレッソン——画家が、別の画家の作品から着想を得るときのことを考えてみるべきでしょう。たとえばヴァン・ゴッホがミレーやドラクロワを、そしてドラクロワがティントレットやルーベンスを、あるいはピカソが『草上の昼食』〔エドゥアール・マネ、一八六三年〕や『アルジェの女たち』〔ウジェーヌ・ドラクロワ、一八三四年〕を翻案したときのことを。そこには、元の作品に自分を適合させる方法、こう言ってよければ、その作品に自分を馴らす方法があるように思います。この方法は定義するのが難しいのですが。

シビエ——つまり、以前、別の誰かが見たものを、自分自身の眼で見るというようなことでしょうか？

ブレッソン——その通りです。文学作品をシネアストの目で見なければなりません。シネマトグラフの作品は、仲介者を経ることなく、最初からシネマトグラフの言語によって構想されねばならないのです。そもそも仲介者は仲介の役割をほとんど果たしていません。なぜなら文学作品からまた別の文学作品へと移行しているだけなのですから。

シビエ——絵画との比較に助けを求めるなら——というのも今し方その話になりましたから——、ヴァン・ゴッホがミレーを脚色したとき、元の作品への敬意を抱いていたことは言うまでもありません。シネマトグラフの場合、元の文学作品に対して、どの程度の忠実さが必要となるでしょうか？

ブレッソン——作品が偉大であるほど、偉大な作家の場合であるほど、より大きな敬意が必要となるでしょう。まずは精神に対する敬意です。そして、時に形式《フォルム》に対する敬意も必要です。ただし、どうしても置き換えが生じてしまうということは念頭に置かねばなりません。しかし何としても避けねばならないのは、シネマトグラフの映画のなかに文学的素材を持ち込むことです。ドガは言っています。「ミューズたちはおしゃべりなどしない。時として彼女たちは一緒にダンスをする」と。(1) つまり、ある芸術が別の芸術に入り交じることは絶対にないということです。しかし諸芸術は時に寄り添い、触れあう。それこそが映画を脚色するさいに起こるべきことではないでしょうか。映像の持ち分——映像がもたらす部分、その映像が表象するもの——を考慮したうえで、台詞からそれと同じ分を差し引いて冗長にならないようにすることが必要です。通常の脚色でよく見られるのは、演劇や小説の台詞をそっくりそのままもってきて、そこに映像を付け加えるというものです。これでは映像と台詞に重複が生じてしまいます。

シビエ——正真正銘の傑作を脚色することには相当な困難が伴うのでしょうか？

ブレッソン——困難は適当な言葉ではありません。むしろ作品を愛していればいるほど、より容易に脚色することができると思います。作品を愛するとはまた、その作品を感じるということでもあります。要するに、作品を愛し、感じていればいるほど、その精神を尊重することができるのです。

シビエ——文学作品を脚色する者にとって、忠実さと創造のあいだに対立は存在しないということになるのでしょうか？

ブレッソン——そうではありません。形式《フォルム》の上での対立はあります。文学的な形式は何であれシネマトグラフの作品のなかに入り込んではいけません。

シビエ——その点についてですが、小説における姿勢やオブジェ、身ぶりの多くが映画では具体的な行動によって示されます。映画では、それらの現実性が増大しているのではないでしょうか？

ブレッソン——シネマトグラフの作品に伴う大きな危険は、小説が暗示を強みとするのに対して、映画には、はっきりと見せ過ぎてしまうという弱点があるところです。小説のオブジェや身ぶりを映画に取り入れるにあたっては、細心の注意が求められます。それぞれの事物、オブジェ、身ぶりがしかるべき場に収まるように、それらをどのショットで登場させるのか――最初のショットか二番目のショットか――、画面上にはっきりと書き込むのか、それとも少しぼかすのかといったことを決めることができないといけません。

シビエ――それを聞いて、『ブローニュの森の貴婦人たち』の幾つかのオブジェが思い浮かびました。扉やエレベーターがほとんどリズミカルな仕方で繰り返し現れ、とても特異な方法で提示されていましたね。

ブレッソン――公開当時、それらの扉やエレベーターのせいで批判を受けたのは知っています。とても不安になって、一本のアメリカ映画を見に行ったのですが、その映画には私の映画の一〇〇倍もの扉があったんですよ。そこで私は次のように納得しました。私にとって扉やエレベーターは大切なもの、映画自体のなかで重要性をもつ事実やオブジェであった。だから私はそれらをとても精確な仕方で画面に書き込んでいたのだ、と。他の一般的な映画では、オブジェの書き込み《エクリチュール》はこれほど精確なものではありません。

シビエ――あなたの作品のうち三本は文学作品の脚色、しかも互いに似ても似つかぬ作品の脚色です。ディドロ、ベルナノス、アンドレ・ドゥヴィニの作品を選んだのは、どのような理由からでしょうか？

ブレッソン――これらの物語はどれも大きく異なっています。『ブローニュの森の貴婦人たち』で私を引きつけたのは、ディドロによる見事な劇の構成であり、〔ド・ラ・ポムレー夫人の〕「この先、わたしたちはどうなるの？」などの台詞〔『運命論者ジャックとその主人』一三三頁〕でした。それらの台詞は私の脚色のなかにもそっくり残っています。

シビエ――ベルナノスにたどり着いた理由は？

ブレッソン――『田舎司祭の日記』は注文仕事でした。最初にこの本を読んだ後で、依頼を断ったということを言っておかねばなりません。もちろんプロデューサーが私に依頼をしてくれたこと、しかもこれほど価値のあるものを提

（1）ポール・ヴァレリー「ドガ　ダンス　デッサン」『ヴァレリー集成Ⅴ〈芸術〉の肖像』一三二頁［Paul Valéry, « Degas danse dessin », dans *Œuvres*, *op. cit.*, t. II, p.1165］。

案してくれたことは、たいへん光栄でした。じつのところ、この本のエクリチュール、文体が私にはあまり合わなかったのです。それでも、この本には、素晴らしい輝きが幾つもありました。若い司祭の秘められた生には強く引きつけられました。私はそれを、篩《ふるい》に通すようにして私自身を通過させることができました。そうして残されたものが、あなたもご存じの映画なのです。

シビエ——では最後に、レジスタンスの闘士であるアンドレ・ドヴィニの書いた脱獄の物語です。この物語の何があなたを魅惑したのでしょうか?

ブレッソン——これはまた話が変わります。とはいえ『田舎司祭の日記』と共通するところもあります。つまり経験です。『抵抗』の場合だと、私自身も戦争中に捕虜になった経験がありました。だから映画のなかに、私自身の印象や感覚、ドイツ人の守衛や看守との関わりのなかで私自身が感じたことを盛り込んでゆきました。

シビエ——三つの文学作品は、何らかの個人的な経験に対応するものだったのですか?

ブレッソン——これはとても大切な点です。いかなる分野であっても、自分の経験と無関係なことは何もすべきではありません。経験の裏付けなしになされたことは空虚なものになる危険があります。

シビエ——『ブローニュの森の貴婦人たち』で、あなたはディドロが語った物語をじつに深く掘り下げています。脚色による映画作品は、時として元の作品を完成させたもの、仕上げたものとみなすことができるのではないでしょうか?

ブレッソン——いいえ、そうは思いません。偉大な小説を脚色することに伴う危険は、はっきりと見せ過ぎてしまうことにあります。それは明示されたものでしかありえないのです。しかし小説は暗示することしかしません。先ほども言ったように、それこそが小説の力なのです。映画にできるのはせいぜい暗示するよう努めることで、偉大な小説を損なわないようにすることだけです。だから映画は決して元の作品を完成させたものなどではないのです。

シビエ——それゆえ文学作品の脚色には、無駄をそぎ落とすことが必要となるわけですね?

ブレッソン——そうです。小説の挿絵——たとえば『失われた時を求めて』に運悪く添えられてしまった挿絵——が、残念なものであるのと同じことです。偉大な小説を相手にするときは、具体化してはいけません。人物に肉体《アンカルネ》を与えてはなりません。小説の読者に想像の余地を残してやらねばならないのです。それこそが小説の力なのですから。

シビエ——ベルナノスの『田舎司祭の日記』は、もちろん小説なのですが、そこでは筋《アクション》や劇《ドラマ》といった側面はかなり脇に追いやられています。それに対して、あなたの映画にはもっと統一感があるように感じられます。

ブレッソン——それはおそらく司祭のノート、書かれたものがもつ重要性に由来するものでしょう。書かれたものは、行動《アクション》を引き継ぐもの、その写し《ドゥーブル》となっています。それはアクションの裏面、内側を向いた面なのです。統一感をもたらしているのは、このノートなのです。また、できる限り外的なアクションを削除し、映画に内的な面を与えようとしたことも統一感をもたらしているでしょうね。

シビエ——あなたの映画では、物音や音響が圧倒的に重要な役割を担っています。たとえば『田舎司祭の日記』で、司祭と伯爵夫人の場面の始まりを際立たせる、あの熊手の重々しい音が思い浮かびます。

ブレッソン——それはまさに私の経験に由来するものなんですよ。私の思い出です。窓越しに聞こえてくる熊手の音を、私はよく覚えています。それは私がとてもよく知っているものなのです。こうやってわれわれは、物事についての経験を再発見するのです。加えて、音の領分は私にとって視覚の領分よりも重要なもの、最も重要なものです。聴覚は視覚よりも深いものだと思っています。

シビエ——この聴覚の領分、音の領分こそが『田舎司祭の日記』に劇的な真実を与えているのではないでしょうか？原作に見てとることのできる、読むことのできるような心情の移り変わりはありません。そうしたすべては、犬の遠吠えやモーターの音によって深く結び合わされています。

ブレッソン——ええ。いずれにせよ、統一感があるのは、眼と耳が一つずつしかないことによります。つまり音はただ一つの耳——誰か一人の人間の耳——によって聞かれ、事物はただ一つの眼によって見られている。それこそが映画に統一感を与えているのです。

シビエ——今日の映画に話を戻しましょう。脚色がこれほど多いのはなぜなのでしょうか？

ブレッソン——脚色が増えているのは、文学作品が活力に溢れているからというよりも、むしろ映画が貧困、退廃、大胆さや創意の欠如に陥っているせいではないかと思います。しかし、だからといってシネマトグラフは、見世物《スペクタクル》の複製でなく、エクリチュールであるという私の信念が揺らぐわけではありませんし、若き詩人の一種族こそが救いをもたらすであろうという私の考え、確信も揺らぎはしません。若き詩人は、映画産業やメジャーな映画の影響を逃れ、自由に映画を書く——というのも映画はエクリチュールですから——ことでしょう。

シビエ——具体的には、どうすればあなたが説くような道が開かれると思いますか？

ブレッソン——課題は、様々な物にかかるお金、現像やフィルム、機材の値段です。しかし最近では、あまり高くない機材も手に入るようになりつつあります。それに、政府もシネマトグラフの重要性を理解し、大規模とはいかずとも少しばかりは援助を行うようになり、若い才能を刺激しようとするのではないでしょうか。

シビエ——シネマトグラフは、将来、蘇りうるのですね？

ブレッソン——ええ、そう信じています。メジャーで大規模な製作システム、映画産業の外部において。

ベルギー・フランス語共同体ラジオ・テレビ、一九六五年二月二三日
RTBF, 23 février 1965.

9　『バルタザールどこへ行く』——一九六六年

幼い頃のマリーとバルタザール。

純粋さ、静けさ、平穏さ、聖性とともにあるロバ

フランソワ＝レジス・バスティード――まず、あなたにとって『バルタザールどこへ行く』とは何なのでしょうか？ また、この映画のアイデアは、どのように浮かんできたのでしょうか？

ロベール・ブレッソン――この映画はひとりでにやって来ました。どのようにアイデアがやって来るかはまったくわかりません。いつも出し抜けにやって来るんです。このロバが映画の人物として、途轍もない強烈さで私の前に姿を現したのは、もうずいぶん昔のことです。

バスティード――いつか幼いロバの出てくる映画を撮ろうと決意したのですね？

ブレッソン――「幼いロバ」だなんて！ 一頭のロバが死ぬところまで見せているんですよ。『学問のあるロバの話』に出てくるカディションとはまったく別物です[1]。これは悲劇、とても残酷な物語です。この物語は私に取り憑いて離れませんでした。仕事に取りかかったものの、いったん放棄して、また取りかかりました。長い間ずっと放棄して、また取りかかったのは構成がとても難しかったからです。あるときついに、今やらなければいつまで経ってもやらな

(1) セギュール夫人『学問のあるロバの話』鈴木力衛訳、岩波少年文庫、一九五四年［Comtesse de Ségur, *Les Mémoires d'un âne* (1860)］。

いままだと思い一念発起して、去年の春、構成の仕事に終止符を打つに至りました。このような仕事に終止符を打つと言えればの話ですが。

二つのラインを思いつきました。一つ目のラインは、ロバの一生に見出されます。そこには、人間の一生にあるのと同じような幾つかのステージがあります。まず優しく愛撫される幼年期。次に、人間もロバも働き盛りの壮年期。そして才能や天才が花開く時期があり、最後に、死に先立つあの神秘的な時期があります。二つ目のラインは、このロバがある主人から別の主人へと次々に渡り歩いてゆき、それらの主人たちがそれぞれ人間の悪徳の一つを象徴しているというものです。ロバは彼らに様々な仕方で苛まれ、苦しみ、ついには命を落とすことになります。

一方のラインをたどり、それからもう一方をたどるのは簡単なのですが、それらを結び合わせようとすると、ずっと難しくなります。

ひどく難しいと感じられたのは、まず、私の物語はつねにロバの一生に寄り添うものであって、つねにロバが一緒に（ある時はすぐ近くに、ある時はもう少し離れて）いるという点でした。また大変だったのは、複数のスケッチからなる映画にも、杓子定規で堅苦しい映画にもならないようにすることでした。私が望んだのは、物事が自ずと起こるようにすることであり、チャップリンの初期作品に出てくるシャルロ〔チャーリーのフランスでの呼び名〕とよく似たところがあるものの、とはいえやはり動物、ロバであって、純粋さ、静けさ、平穏さ、聖性とともにそこに存在している、そんな人物を前にしたとき、われわれが感じる動揺、情念をこの映画が上手く表現してくれることでした。

バスティード――この映画が、幸いにも、スケッチ映画にならずに済んだのは、二人の中心的な人物、少女と少年の存在のおかげです。黒い革ジャンの少年（あなたが、私のように安易に衣装によって人物を分類するかは知りませんが）と、ロバの一生にほとんどつねに寄り添う情熱的な少女です。

ブレッソン――ええ。ほどなくして明らかになったのは、このロバはきわめて単調な暮らしを送っていて――その単調さこそが美しいのですが――、劇的な盛り上がりを欠いているということでした。だから、このロバを、それと並行関係にある人物——現れたり消えたりしながらも、つねに背景に存在していて、主要なラインをなす人物——に結びつけることを思いつきました。同じように、マリー以外の人物たちとも途切れ途切れの並行関係が存在しています。たとえばアルノルドという人物との並行関係です。彼は一種の放浪者で、やはりロバのように惨めなところがあり、ロバとともに歩み、ロバとともに悲惨のなかに突き進んでゆくことになります。

バスティード——どのインタビューだったか忘れてしまったのですが、あなた自身も覚えていないとは思いますが、あなたは、かつて「私にとって映画は見世物《スペクタクル》であるよりも、エクリチュールである」と言っていました。それどころか「映画は見世物でなく、エクリチュールである」とまで言っていたかと思います。『バルタザールどこへ行く』は、見世物でもあるわけですが、どの程度までエクリチュールなのでしょうか?

ブレッソン——いいえ、映画は見世物ではありえません。第一に、見世物には必ず実在の存在《プレザンス》が、生身の存在が必要だからです。私が「撮影された演劇の映画」と呼ぶ通常の映画では、芝居《コメディ》が演じられます。俳優にカメラの前で芝居を演じさせ、カメラは俳優の演技を複製する役割に甘んじる。途方もない驚嘆すべき手段であるはずのカメラは、ただの複製の道具となり下がってしまうのです。私はカメラが創造の道具であることを望みます。しかし演劇という始末に負えない慣習のせいで、観客は物真似《ミミック》を、演劇の身ぶりを、抑揚を要求してきます。そうしたものが与えられないと、観客は虚空を見ているような気分になるのです。観客だけでなく批評家だってそうですよ。

バスティード——わかりました。しかし、たとえば、あなたが今し方お話しになった放浪者のアルノルドという人物がいます。あえてあなたに異を唱えてみたいと思います。あなたは「身ぶりも物真似もない」と言います。ところが、私はアルノルドが不器用な手つきで頭の上で木の棒を振り回す場面をはっきりと覚えています。その不器用さが、演出家によって意図されたものなのか、俳優(プロの俳優ではありませんが)、出演者に生まれつきのものなのかはわかりません。それでも、そこにはあなたが望んだ物真似があります。もしかしたらまったく見当違いなことを言っているかもしれませんが、いかがでしょう?

ブレッソン――そう、それは物真似ではありません。まったく違います。演劇の俳優は自分を投げ出します。たいていの場合、彼らは自分を思いきり前方へと投げ出してしまうので、もはや何もなくなってしまいます。映像のなかにさえもです。映像は誰もいない空っぽなものになってしまうのです。私が主人公《プロタゴニスト》たちに求めるのは、その反対に、内にとどまること、己の内に閉じこもること、私に何も与えないことです。むしろ私の方が、彼らが私に隠しているものをとらえにゆきます。それこそが私を引きつけるのです。

バスティード――しかし、あなたにとっては、その方がやりやすいわけですね（おそらく散々聞かれた質問だと思います）。これは、名高い非職業俳優の問題です。あなたは、フランソワ・モーリアックの孫娘〔アンヌ・ヴィアゼムスキーのこと〕（彼女は見事です）とピエール・クロソウスキー〔一九〇五―二〇〇一年、フランスの作家、思想家、画家。『歓待の掟』（六五年）、『ニーチェと悪循環』（六九年）など〕――彼はじつに恐ろしく、この映画に地獄のような雰囲気を与えています――という非常に異なった二人の人物に「演じる」ように要求していますね。あなたにとって、おそらく高校生であろうこの少女を使うのと、クロソウスキーのような「サドの隣人」[2]（彼の著作から借りてきた表現です）たる特異な作家を使うのとでは、どちらがより簡単あるいは難しいのでしょうか？　どちらを相手に「さあ、これこれをやりなさい」と指示するのが、より簡単あるいは難しいのでしょう？

ブレッソン――そうした問いを立てたことはありません。私に選択肢はありません。私が現在やっていることを俳優と一緒にやることは絶対にできないでしょう。たとえその俳優が、私の言いなりになって、自分を制御したり監視したりするのをやめてくれたとしてもやはり私には無理でしょうね。

バスティード――いいえ、あなたならできるはずです。だって、たとえば『ブローニュの森の貴婦人たち』で、マリア・カザレス相手にそれをやってのけているじゃありませんか。

ブレッソン――それはもう今やっていることとは違います。もうそんなことはできないでしょうね。私はますます単純に書くようになっています。私は主人公《プロタゴニスト》たちから、俳優には与えることのできない、はるかに微妙でとらえがたく希少なものを捕まえようとしています。なぜ俳優には与えられないかと言うと、彼らは仮面をつけるからです。この俳優の仮面は、己を隠すためのものです。俳優は演技の後ろに己を隠してしまうのです。

バスティード——私の心を打ったものがあります。主人公の少女です。彼女は映画で見たなかで最も官能的な人物です。抑揚のない声で喋り、表情にも動きがありません（ジャンヌ・モローとは正反対です）。にもかかわらず、何という官能でしょう！　これは途方もないことですよ。

ブレッソン——彼女の声は抑揚のない声ではありません。彼女は素晴らしい声をしています。ちょっと内にこもって、しゃがれた感じですが、しかし素晴らしい声をしていますよ。

バスティード——二人の少年が、ロバに寄り添う彼女を見る場面があります。彼らの一方が「あの娘はロバを愛していると思うか？」と尋ねると、もう一人が「ばかなことを！　相手はロバだぞ。ありえない」と答えます。ロバと美しい少女のあいだには友情以上の何かがあります。

ブレッソン——このロバを前にしたときに、われわれが感じる動揺や情念こそがこの映画であるという風に言えば、この映画がどのようなものかご理解いただけるかもしれません。たとえチャップリンのシャルロと似たところがあるとしても、このロバはやはり動物です。そしてロバは、いやがおうでもエロティシズム、ギリシャ的なエロティシズムを連想させる動物です。ロバはそれと同時に、ある種のキリスト教的な精神性や神秘性を想起させる動物でもあります。ロバは、少なくとも八〇以上のロマネスク様式の教会や大聖堂に描かれていますし、旧約聖書と新約聖書の両方で、天地創造の動物のなかで最も重要な位置を占めています。だからロバはとても重要な動物なのです。確かに、幾つかとても官能的なシーンがあります。しかし、それらのシーンは官能的な仕方で「演じられた」わけではありません。というのも、それらは別々に「演じられた」からです。それぞれでの主人公《プロタゴニスト》が単独で別々に「演じて」います。

（2）ピエール・クロソウスキー『わが隣人サド』豊崎光一訳、晶文社、一九六九年［Pierre Klossowski, *Sade mon prochain*, Seuil, 1947］。

一方はヴェルサイユでこのシーンを「演じ」、台詞を返すもう一方はガップ〔フランス南東部の町〕で「演じて」いたのです。つまり、もしシネマトグラフの芸術に真にたどり着きたいのであれば、それは関係の芸術でなければならないということです。私にとってシネマトグラフの精髄は――私は（コクトーのように）「シネマ」（「撮影された演劇」の映画）に「シネマトグラフ」を対置しています――、もっぱら関係の芸術であるということです。一つの映像は、それだけで孤立しているときは、それ自身のままでしかありません。しかし他の映像の横に置かれると、それは別のものになるのです。私の映画の声が濾過されていたり、私がアイロンをかけるように映像を平板なものとしたりするのは、そうした理由からなのです。

バスティード――ええ、確かに、あなたは映像を平板化していますね。しかし、そうは言っても、美しい映像があったら……、美しい風景や光があったら、それらをとらえるのではないですか？

ブレッソン――いいえ、決して。

バスティード――美しい映像と言っても、もちろん、美しい写真という意味ではありません。カメラマンの撮った写真、フレーミングされた写真ということではありません。

ブレッソン――映像に立脚するこの芸術では、観客は映像という観念を忘れなくてはならないということを言っておきましょう。観客はあらゆる観念を忘れ、彼らを押し流すリズムに身を委ねなくてはならないのです。かついかなる芸術においても、リズムがこれほどまでの重要性をもったことはありませんでした。すぐさま忘れ去られてしまうような事物も、リズムの内にとらえられることで、忘れ得ぬものとならねばなりません。

バスティード――ともあれ、一つ驚いたことがあります。今朝方、どの映画かは言いませんが、試写である映画を見たのですが、私はそれを見ていられなかったんです。とても偉大な監督の作品だったのですが、俳優たちはありえないほど演劇的に見えましたし、フレーミングも凝りに凝っているように感じられました。髪の毛の上にはつねに小さな照明が当てられていて、車のボディの上にも光沢がありました。あなたは、そうしたものをことごとく抹消することができたわけです。私が理解に苦しむのは、あなたの教えがよく理解されておらず、あなたが弟子のいない師になっているということなんです。いや、弟子はたくさんいたかもしれません。しかし誰もあなたの教えをちゃんと理解しなかった。

ブレッソン――それはおそらく、映画が巨大な兵舎のごときものと化していて、誰もが同じ事をやっているからではないでしょうか。従うべき型が存在し、その型から外れようとすると、映画がお蔵入りになってしまう恐れがあるのです。慎重になる必要があります。いずれにせよ、〔型から外れようとしたとき〕何が起こるかというと、というか私の身に起こったのは、次の映画を作る機会がまったくなくなってしまうということなのです。とにかく私はたいへん苦労しています。もし私がスターや俳優を使っていたら、大金持ちになっていたことでしょう。ところが、私はお金持ちではないどころか貧乏なのです。

バスティード――私が深く感じいったのは――強い宗教心を抱いたというわけではないのですが――、この映画の内に秘められた宗教性のようなものでした。どこでそうした感情に襲われたかというと、ある途方もない場面、ありとあらゆる動物のいるサーカス小屋をロバが通り過ぎるところです。虎の眼、象の眼など様々な動物たちの眼が映し出されます。それに先だって人間の眼も映されていました。それは動物たちの眼より価値があるというわけではありません。これらの被造物のなかには残酷さや悪意があります。善良なのはただロバの眼だけです。

ブレッソン――最初の二本の映画を撮った後ではじめて私は、音楽もまた映画の他の諸要素と同様、つまり映像、音、物音、言葉と同様、互いに変化を及ぼし合う要素でなくてはならないということに気づきました。音楽は、いかなる場合においても、伴奏や補強の音楽――ほとんどの映画ではそうなっているわけですが――であってはなりません。音楽はむしろ変化の要素でなくてはならないのです。一つ例を挙げましょう。『抵抗』のなかに、囚人たちが中庭でバケツの中身を捨てるという日課をこなす場面があります。私はそこにモーツァルトの最も精神的な、というか最も精神主義的な音楽を付けました。そして、この日課をほとんど宗教的な儀式へと変化させたのです。

音楽には他の役割もあります。沈黙を生じさせるという役割です。ご覧のように、私の映画には沈黙の場面がありますす。これはシネマ、「撮影された演劇」では滅多にないことです。どうして台詞が途切れるとすぐ音楽が鳴り始めるのか、まったく理解できません!

バスティード——観客が退屈するのが恐いからでしょう。沈黙が恐いのです。

ブレッソン——そうでしょうね。退屈を恐れれば恐れるほど、音楽はどんどん強いものとなります。

バスティード——先ほど、あなたは人物たちから最も希少な瞬間をつかみとろうとしているとおっしゃいました。現場において、どのような方法で仕事を進めるのかお聞きしたいのですが。

ブレッソン——私は自動現象《オートマティスム》を信じています。実生活におけるわれわれの身ぶりの大部分は自動的なものです。演劇には、しっかり検討され、考え抜かれているという面が、つまり俳優が役柄を研究し尽くしているという面がありますが、シネマトグラフはそれに真っ向から対立するものです。役柄を研究するとは、その役柄の台詞や身ぶりについてじっくり考えるということです。ところが、これほど現実からかけ離れたことはありません。どうして自分の手をそこに置いたのか、あなたにはわかりません。手の方が勝手にそこに動いたのです。どうしてそちら側を振り向いたのか、これもわかりません。あなたがそうするよう頭に命じたわけではないのですから。私がやろうとしているのは、もはや精神がアクションに参与しなくなるように素早く何度も反復練習することで、そうした状態を再発見することです。そのうえで私は自分の主人公《プロタゴニスト》たちを、完全に自動的な仕方で投げ込むのです。私が準備したアクションのなかへと放つのです。彼らに一つだけ要求します。「自分がしていることを考えてはいけない。自分が言っていることを考えてはいけない」と。私にとって、エモーションは規則性や抑制なしには存在しません。だから私は、アクションや台詞が規則正しいもの、完全に自動的なものとなることを望むのです。そうすれば、私の映画のアクションのなかに放たれるや、関係が自ずと作り出されてゆくことになります。そうして私自身も、主人公《プロタゴニスト》さえも予期していなかった関係——アクションとの関係、声と人物の歩調との関係——が生まれるのです。

バスティード――なるほど。しかし、われわれの感動はどこから来るのでしょうか？

ブレッソン――あなたが感動するのは、こう言ってよければ、そこに一つの再創造があるからに他なりません。生をコピーすることによって生に至ることはできません。生を再創造せねばならないのです。私は、生《き》のままの現実からとらえてきた諸要素を用いて生を再創造します。映像であれ音響であれ、それらの諸要素を互いに並べるうちに、突如として変化が生じ、生がもたらされるのです。ただし、それはあるがままの生でも、演劇の生でも、小説の生でもありません。それはシネマトグラフの生なのです。

バスティード――ロベール・ブレッソン監督、非常に長い時間、お話を聞くことができました。多大なる感謝の意を表しつつ、『バルタザールどこへ行く』の（そして『ル・マスク・エ・ラ・プリュム』の）幸運――聖書にある意味での――を祈りたいと思います。どうもありがとうございました。

『ル・マスク・エ・ラ・プリュム』、フランス・アンテル、一九六六年四月三〇日
Le Masque et la Plume, France Inter, 30 avril 1966.

私の作った最も自由な映画、私自身を最も詰め込んだ映画

ジャン＝リュック・ゴダール――この映画、『バルタザールどこへ行く』は、あなたのなかにかなり昔からある何か、おそらく一五年前からあなたがずっと考え続けてきた何かに答えを与えるものであって、その間に作られた映画はすべて、それを待ち望みつつ作られていたという印象をもちました。だから『バルタザールどこへ行く』には、あなたの他の映画がすべて見出せるように感じられるのです。事実、以前の映画は、あたかもその断片であったかのように、この映画を予告していたのです。

ロベール・ブレッソン――この映画のことは長いこと、本格的に取り組むでもなく、ずっと考え続けてきました。つまり時々思い出したように取り組んでいました。すぐにへとへとに疲れてしまうんです。構成の点で、じつに骨の折れる仕事でしたからね。スケッチからなる映画にはしたくありませんでした。むしろロバが幾つかの人間集団――人間の悪徳を象徴する集団――を次から次へと横切ってゆくようにしたかったのです。だから、それらの集団を互いに重ね合わせる必要がありました。

またロバの暮らしはとても単調で、とても平穏なものであるため、何らかの動き、劇的な盛り上がりを見つけ出す必要もありました。このロバと並行関係をなすと同時に、そうした動きをもつ人物、映画に必要となる劇的な盛り上

がりをもたらしてくれる人物を見つけねばならなかったのです。そのとき、私は一人の少女を、道を踏み外した少女を思いつきました。むしろ道を踏み外すことになる少女と言った方が良いかもしれません。私は彼女をマリーと名づけました。

ゴダール——あなたは、このロバの人物と一緒に、他の映画に登場する人物たちを考えてきたのではないでしょうか？　今日、『バルタザールどこへ行く』を見ると、このロバは、あなたの他の映画を生きてきた、それらを通り抜けてきたという印象を受けるからです。つまり、このロバとともに、われわれは『スリ』のミシェルや『田舎司祭の日記』のシャンタルとすれ違うことになるのです。この映画が、あなたの映画のなかで最も完璧なものとなっているのはそのためです。これは完全な映画です。映画それ自体としても、あなたとの関係においても。あなた自身もそう感じていらっしゃいますか？

ブレッソン——この映画のことは一〇年、一二年と頭にあったわけですが、作っている最中にそのように感じたことはありませんでした。ずっとこの映画のことを考えていたわけではありません。まったく何も考えない、停滞期間が二年、三年と続くこともありました。取りかかっては投げだし、また取りかかり……。時には、これは難し過ぎる、諦めようと思うことすらありました。だから私がずっとこの映画のことを思案してきたのではないかというあなたの印象はもっともなものです。また私の他の映画のなかに、この映画の当時の姿、それが当時目指していた姿を見出せるというのも、ありうることだと思います。この映画は、私の作った最も自由な映画、私自身を最も詰め込んだ映画でもあります。

ご存じのように、通常、プロデューサーに受け入れてもらわねばならない映画のなかに、自分自身の何かを詰め込むのは簡単なことではありません。しかし、われわれの作る映画がわれわれ自身の経験に根ざしているのは良いこと、いや、それどころか不可欠なことだと思います。つまり、それが「演出」による映画ではないということが不可欠なのです。「演出」、少なくとも人々が「演出」と呼んでいるものは、あるプラン（私は、「プラン」という語で「計画」

も意味しています〔フランス語のplanにはショットと計画の両方の意味がある〕の実現です。映画は、ショット＝計画《プラン》の単なる実現であってはなりません。それが他の誰かのショット＝計画である場合は言うに及びませんが、それがあなたの個人的なショット＝計画である場合でも同じことです。

ゴダール——あなたの以前の作品はむしろ「演出」の映画だったとお考えなのですか？

ブレッソン——私が言いたいのはそういうことではありません。たとえばベルナノスの『田舎司祭の日記』や『抵抗』の土台となったドヴィニ中尉の物語を映画の出発点としたとき、私は自分自身のオリジナルでない、プロデューサーに受け入れてもらった題材を取り上げたわけですが、そのなかにできる限り自分自身を詰め込もうとしました。オリジナルでないアイデアから出発すること自体を重大な問題と考えているわけではないのです。しかし『バルタザールどこへ行く』の場合、個人的なアイデアから出発したという事実、しかも紙の上での作業に取りかかる以前にじっくり頭のなかで取り組んだアイデアを出発点としているという事実が、あなたが抱いたような印象、つまり他の映画以上に私自身が詰め込まれているという印象の原因となっているのかもしれません。あなたが、そうした印象を抱いてくれたことをとてもうれしく思っています。

ゴダール——この映画の撮影中に、私は一度あなたとお会いしたのですが、そのときあなたは私にこう言いました。「この映画はとても難しい。私は少しばかり即興をしているところなんだ」と。これはどういう意味だったのでしょうか？

ブレッソン——私にとって即興は、映画における創造の基礎をなすものです。とはいえ、このような複雑な仕事においては、一つの基礎が、堅固な基盤が必要であるのも確かです。何かを修正できるためには、そもそもその何かが明確で、強固なものでなくてはならないのです。物事についての明確なヴィジョンはもちろん、紙の上に書かれたものも持ちあわせていないと、道に迷ってしまいかねません。複雑に入り組んだ素材の迷宮のなかで道に迷ってしまう恐れがあるのです。反対に、土台を明確にし、しっかりと築く努力をしておけば、その分、内容に対しても映画そのものに対しても自由に振る舞うことができるようになります。

ゴダール——一つ例を挙げたいと思います。ラストの羊の群れの場面は、他の場面よりも即興的に作られたのではないかと思いました。当初は、三、四頭の羊で済ますつもりだったのではないでしょうか？

ブレッソン——即興というのはご指摘の通りですが、羊の数については違います。じつは、私は三、四千頭の羊を使おうと考えていたんです。しかし、それだけの数の羊を手に入れることはできなかった。そこで即興をすることになりました。全体があまり貧相に見えないように、羊たちを柵のなかに囲い込まねばなりませんでした（三、四本の木を森に見せかけようとする場合と少し似ています）。しかし、どんな場合であれ、あれこれ考えることなく、いきなり頭に浮かんできたことこそが、その人がなしうる最善のものなのではないでしょうか。たとえば、紙の上では上手く行かず白紙のままにしておいた難題を、カメラを使って解決することができたとき、私は自分にできる最善のものができたと感じます。紙の上に言葉や観念を書き付けるのでは到達できなかった、物事についてのヴィジョンを、カメラの後ろに立った瞬間ふいに見つけ出すことによって、あなたはそれらの物事を最も映画的なやり方で、つまり最も創造的で強烈なやり方で発見ないし再発見することになるのです。

ゴダール——あなたはこの映画ではじめて、同時に複数のことを語り、描写していますね（ここには軽蔑的な意味合いはいっさいありません）。これまでは（たとえば『スリ』では）、一本の糸を探り、たどっているかのようでした。一つの鉱脈をひたすら探索しているかのようだったのです。しかし、ここには同時に複数の鉱脈があります。

ブレッソン——確かに、私の他の映画のラインはどれもかなり単純で明快なものであったのに対して、『バルタザールどこへ行く』のラインは互いに絡み合う複数のラインからなっています。そして、それらのラインどうしの接触——たとえ偶発的なものであっても——が、創造をかき立てると同時に、この映画のなかにこれまで以上に自分を詰め込むことを、おそらくは無意識のうちに、私に強いたのだと思います。私は直感的な仕事を大いに信じています。ただし長い熟慮、とりわけ構成についての熟慮を経たうえで。というのも私には、構成はとても重要だと思われるからです。それどころか、映画は何よりまず構成から生まれるものであるとすら考えています。そうは言うものの、構成が自然に生じたり、即興から生まれたりすることもありうるでしょう。いずれにしても、構成こそが映画を作るのです。確かに、われわれはすでに存在している要素をとらえてきます。だからこそ、それらの事物どうしの接近、要するに構成が重要になるわけです。時として、事物のあいだに——しばしば直感的な仕方で——打ち立てられる関係のなかにこそ、自分自身が最も良く見出されるのです。それに、人物を発見する作業もまた直感を介してなされます。いずれにしても、熟慮より直感を介してなされるのです。

『バルタザールどこへ行く』では、膨大な事物が登場し、そのせいで様々な困難が生じたせいで、私は力を振り絞らねばなりませんでした。まず紙の上に書く作業において、そして撮影において。この映画では、何もかもがきわめて難しかったのです。たとえば、私はこの映画のショットの四分の三が、屋外、野外に設定されていることに気がついていませんでした。昨年の夏の大雨のことを思い出してもらうと、この設定がどれほど余計な困難を引き起こすものであったかがご理解いただけるかと思います。しかも私は、すべてのショットを晴れた日に撮ることにこだわり、じっさいにそうしたものですから、困難はさらに増えるばかりでした。

ゴダール——どうしてそれほど日差しにこだわったのですか？

ブレッソン——とても単純な話です。外はどんよりと灰色だったのに、しかも、それがとても美しい効果を生み出すことができていたのに、いざ部屋の中に入ると、突然、太陽の光に満たされているような映画をこれでもかと見てきたからです。私はそれをいつも耐え難く感じていました。そうしたことがよく起こるのは、屋内から屋外へと移動するときです。屋内では、人工的な照明が付け加えられていますが、屋外に出ると、それがなくなってしまうからです。そうすると、いかにも嘘くさい食い違いが生じてしまうわけです。ご存じのように——そしてこの点ではあなたも私と同じと確信していますが——、私は真実のマニアなのです。どんな些細なことに関してもです。偽物の照明は、偽物の言葉や偽物の身ぶりと同じくらい危険なものです。だから私は、家の中に入ると、外よりも太陽の光が少なくなるように、光のバランスを調節することにこだわるのです。おわかりいただけましたか？

ゴダール——ええ、わかりました。とてもよく。

ブレッソン——もう一つ、もっと正当で深い理由もあります。ご存じのように、私は、自分で求めているわけではないのですが、次第に単純化へと向かうようになっています。ここですぐさま付け加えておかねばならないのは、単純化というのは決して自分から求めてはいけないものだということです。十分に仕事をしていれば、単純化というのはひとりでにやって来るものです。早過ぎる時期から単純化や単純さを探し求めるのは良くありません。それでは、つまらない絵画、つまらない文学、つまらない詩になってしまう……。だから私は単純化に向かうようになっているけれど、自分ではそれをほとんど自覚していないのです。しかし単純化は、撮影の点では、一定の力、力強さを必要とします。もしアクションを単純化し、そのうえ映像までも（輪郭ははっきりせず、奥行きもめりはりがなくなって）力を失ってしまったら、それこそ私はそのシーンを完全に崩壊させることになりかねません。例を挙げましょう。もし2CVの中での愛の場面、というか2CVの中で愛が生まれる場面で、写真が力を失い、さえないものになってしまったら、微妙でとらえがたい要素や脈絡に寄りかかっているごく単純なアクションの方もまた完全に力を失い倒れてしまいます。そうすると、愛の場面も何もなくなってしまっていたことでしょう。しかし私は、あなた同様、写真というのは、われわれに災いをなすもの、あまりにも安易、便利で、許しを得ねばならないような代物だと思っています。とはいえ、それを使う術は心得ていなければなりません。

ゴダール——そうです。こう言ってよければ、写真を力ずくで、押し込めてしまわなければならない……。ただ、私は違う風にやっています。私はもっと、こう、衝動的ですから。いずれにしても写真は、あるがままに受け取ってはいけない。たとえば、あなたは写真が力を失ってしまわぬように日差しを求めることで、威厳、厳格さをもつよう写真に強いているわけです……。これは大半の人はやらないことです。

ブレッソン——つまり、自分が造形面で欲しているものを正確に把握し、それを手に入れるために必要なことを実行しないといけないのです。まずは自分の目指す映像を予見《プレヴォワール》すること、つまり前もって見ること、スクリーンの上に文字通り見ることが必要です（そうして見たものと、じっさいに得られるもののあいだに齟齬が、それどころか完全な差異がありうることを考慮しつつ）。そして、その映像を、自分が見たいと思う通りに、目を閉じたら見えるのと同じように正確に作り出すことが必要なのです。

ゴダール――あなたはよく省略の映画作家だと言われます。そうした観点からあなたの作品を見ている人たちのことを考えてみると、確かに、『バルタザールどこへ行く』で、あなたはこれまでの記録を更新するほど省略を用いています。しかし、一つ例を挙げると、二台の自動車の事故――自動車は一台しか見えないので二台と言えるとしてですが――の場面で、最初の一台しか見せないことで、あなたは省略をしたつもりだったのでしょうか？　私はむしろ、一つのショットを削除したというより、ただあるショットの後に別のショットを置いたという認識だったのではないかと思うのですが、いかがでしょうか？

ブレッソン――二台の車がスリップするあの場面で私が考えていたのは、最初の一台をすでに見せたのだから、二台目を見せる必要はないということでした。二台目を想像させたかったのです。もし一台目の方を想像させていたら、欠落が生じていたでしょう。それに私自身、それをかなり見てみたくもありました。道路の上を車が滑ってゆくのは、なかなか素敵なものです。しかし一台目を見せた後は、音の助けを借りて想像させる方が良いと思いました。映像を音で置き換えることができる場合、私はいつもそうするようにしているからです。この傾向はますます強くなっています。

ゴダール――もしすべての映像を音で置き換えることができるとしたら、どうしますか？　つまり……、私が言いたいのは、映像と音の機能の転倒のようなものです。もちろん映像もあるのですが、音が重要な要素となるような。

ブレッソン――その点については、確かに、耳の方が眼よりもずっと創造的です。眼は怠惰です。耳は創意に富んでいて、とにかく眼よりもずっと注意深いものです。他方で、眼は受け取るだけです。眼が創意を発揮する例外的な場合もありますが、それは空想《ファンテジー》においてでしかありません。耳は眼よりも深く、喚起力に富んだ感覚です。たとえば一台の機関車の鳴らす汽笛の音は、われわれの内に、一つの駅全体の光景を刻み込みます。それは自分の知っている具体的な駅であるかもしれないし、駅や列車が停車している線路の漠とした雰囲気であるかもしれません。喚起されうるものは数えきれません。また音の利点は観客を自由にするところにもあります。われわれはそうした方向を目指さないといけません。つまり観客を最大限自由にしなければならないのです。それと同時に、観客にあなたを愛してもらうことも必要です。あなたが物事を描き出すその方法を愛してもらわねばならないのです。それはつまり、あなた自身がそれを見たい、感じたいと思うやり方で、またあなた自身がそれを見たい、感じたいと思う秩序のなかで、観客に物事を提示することです。それによって、あなた自身が見たり、感じたりしているように観客に物事を感じてもらうのです。しかも観客に大きな自由を残し、彼らを自由にしつつ。そうした自由は、映像の場合よりも音の場合の方がより大きなものとなるのです。

ゴダール——なぜ人類には悪徳ばかりを？　もっとも、私は悪徳しか見なかったわけではありませんが……。

ブレッソン——この映画の出発点には、二つのアイデア、二つの図式があります。一つ目の図式は、ロバの一生には人間と同じような幾つかのステージがあるというものです。つまり優しく愛撫される幼年期、働き盛りの壮年期、才能、天才が開花する中年期、そして死に先立つ神秘的な時期です。二つ目の図式は、一つ目の図式と交錯するもの、あるいはそこから派生するものなのですが、それは、このロバが人類の悪徳を象徴する人間集団を次々と横切ってゆき、それらの悪徳に苦しみ、ついにはそのせいで命を落とすことになるというものです。二つの図式があるわけです。だから先ほど人類の悪徳の話をしたのです。ロバが善意や慈愛、知性に苦しめられるなんてことはありえませんからね。ロバは人類自身を苦しめるものに苦しまねばならないのです。

ゴダール——そのなかにあってマリーは、いわば、もう一頭のロバのような存在です。

ブレッソン——彼女はロバと並行関係にある人物です。彼女もまたロバと同じように苦しむことになります。たとえば守銭奴の家の場面です。ロバが麦を与えてもらえないのと同じように、彼女もまた食料を与えてもらえません（彼女はジャムの瓶を盗むしかなくなります）。彼女は、ロバと同じ被害にあうわけです。彼女は色欲の被害者ともなります。彼女は……、強姦ではないものの、おそらく正確にはそうではないものの、とはいえほとんどそれに近いものの被害者となります。私がやろうとしたことがご理解いただけたでしょうか。これはじつに難しいことでした。というのも、今話した二つの図式が体系《システム》のように見えてはならなかった、体系的で杓子定規なものになってはならなかったからです。それにまた、ロバがライトモチーフのように現れては消え、判事の眼で人類の所業を眺めるという風になってもいけなかった。そうした危険があったわけです。しっかりコントロールされていながらも、そのように感じさせぬものを作り出す必要がありました。だから、あれらの悪徳たちも、ただの悪徳の象徴、ロバを困らせるための道具になってはならなかった。私が「悪徳」と呼ぶのは、出発点においては確かに、彼らはロバを苦しめる悪徳であったからです。構造や構成は最初のうちは体系的になりがちですが、私はそうした体系的な面を和らげるようにしたのです。

ゴダール――では、アルノルドという人物は？　彼を定義するとしたら……何としても定義したいというわけでもないのですが、とはいえ、もしどうしても彼に何らかの鍵を与えねばならない、彼に他のあれではなくこれといったものを象徴させねばならないとしたら、どのようなことが言えるでしょうか？　どうお考えになりますか？

ブレッソン――あの人物は少しばかり酒飲みを、つまり美食を象徴しています。しかし同時に、彼は私にとって偉大さの象徴でもあります。つまり、人間に対する自由を象徴しています。

ゴダール――わかります。というのも、彼を見ていると、どうしてもあることを考えざるをえません……。たとえば、彼は少しキリストと似たところがあります。

ブレッソン――ええ。しかし、それは私が意図したことではありませんよ。まったくね。彼は何よりもまず飲酒癖を象徴する人物です。というのも彼は飲んでいないときはおとなしいのに、いざお酒が入るとロバを殴るからです。そうして彼は、動物からするとまったく理解不能に違いない事態の一つ、液体の入った瓶を飲み干すと同じ人間が豹変するという事態を明るみに出すのです。これは動物たちを呆然とさせる事態、動物たちを最も苦悩させる事態でしょう。それと同時に、このアルノルドという人物のなかに私はただちに偉大さを感じとりました。そしておそらくロバとの並行関係も。アルノルドとロバは、事物に対するある種の感受性を共有しています。これはおそらくオブジェに対して豊かな感受性をもつ他の動物にも見出せるものです。ご存じのように、動物は何らかのオブジェを目にすると躓いたり距離を取ったりします。だから動物にとっても――時にはわれわれ人間にとって以上に――オブジェはとても重要な意味をもっているのです。われわれはオブジェに慣れてしまい、残念ながら、つねに注意を払っているわけではありませんから。ここにもロバとの並行関係があるわけです。私はそれを感じとったのであって、わざわざ探し求めたわけではありません。すべては自然と起こりました。体系的になり過ぎてしまうのは嫌でした。もちろん、偉大な何かが現れると私はすぐにそれを感じとりました。しかし私はそれを追い立てたりせず、自由にしてやりました。厳密な図式から出発しつつ、それにどう手を加えてゆくか、どうやってもっとしなやかで、時に直感的でさえあるものにするかということを発見してゆくのは、じつに興味深いことなのです。

ゴダール――ふと、あなたが絵画のたいへんな愛好家であることを思い出しました。

ブレッソン――私は画家です。あなたがそういう風に思ったのも、まさに私が画家だからでしょう。私はほとんど物を書きません。もちろん私だって書きはします。しかし無理をして書いています。これは自分でも自覚しているのですが、私には絵を描くように文章を書くところがあります（今はもう描いていないので、絵を描いていたときのようにと言った方がいいかもしれません。いずれまた描くつもりです）。私は、「タイプライターの」インクリボンのように長々と続く文章を書くことができません。左から右へと書いてゆく、言葉を並べてゆくことはできるのですが、それを長時間、続けてやるということができないのです。私は色彩を置いてゆくように文章を書きます。左側に少し、今度は右側に少し、それから真ん中にも少しといった具合に、やめてはまた始めての繰り返し……。そして、そこに幾ばくかの書かれたものが存在するようになってはじめて、私はようやく白紙の頁に意気阻喪させられることなく、空白を埋め始めることができるのです。ご覧のように、私が書いているのはインクリボンのような文章ではまったくありません。この映画もまた少しばかりそうしたやり方で作られます。ある要素を構成の最初の方に置き、別の要素を終盤に置く、そしてまた別の要素を中間に置くといった具合です。この映画が頭にあるとき――それは毎年であったり一年ごとだったりしますが――メモを書きためておいて、それらがすべて集まって最終的にこの映画が生まれることになったのです。画布の上の色彩のタッチが集まって、事物どうしの諸関係が生まれるのと似ています。しかし、この映画では、統一性を欠くという危険が強くありました。幸いなことに、私は、映画を待ち構える散漫さという危険を知っていました（これは映画が冒しかねない最大の危険、映画がほとんどいつも嵌まり込んでしまう罠です）。この映画が統一性を見出せないことを大いに恐れていました。そして統一性を見出すのがいかに難しいかということも知っていました。おそらくこの映画には、私の他の映画よりも統一性が少ないかもしれません。しかし、あなたが先ほど言ってくれたように、それが長所となっているかもしれませんね。

ゴダール――私が言いたかったのは単に、あなたの以前の作品は直線のようなものであったけれど、この映画はむしろ――対比のために一つイメージを挙げるとしたら――幾つもの同心円、互いに重なり合う同心円からなっているということでした。

ブレッソン――以前の映画と比べて、この映画が統一性を欠いているのは承知しています。それでも私は、この映画に一つの統一性を与えようと全力を尽くしたのです。ロバのおかげで最終的に統一性が見出されるはずだと考えていました。私には他にやりようがありませんでした。この映画にはおそらく、ヴィジョンの統一性、アングルの統一性、シークエンスをショットに割る方法の統一性といったものもあるかもしれません……。あらゆるものが統一性をもたらしうるのですから。人物の話し方もありますね。もっとも、これは私がいつも探求していることです。人物たちはほとんど皆、同じ話し方をするのです。要するに、統一性が見出されるのは形式《フォルム》によってであるということです。

ゴダール――形式の問題について、どのようにお考えですか？　人はそれほど形式のことを考えるものではないということはよくわかっています。とくに映画を作っている最中には。形式を考えるのは後になってからです。たとえば、カット割りをするときに形式のことなど考えません。いつも後になってから考えるんです――「どうしてぼくはあそこでなくここでカットしたんだろう？」と。他の監督の映画についても同じです。私がどうしても理解することができないのは、「なぜ彼らはカットしたり、カットしなかったりするのか」ということなんです。

ブレッソン――私も、あなた同様、形式は純粋に直感的なものであるべきだと思います。直感的でないと駄目です。とにかく、私にとって、それは最も重要なことです。

ゴダール――そうはいっても、それは分析することができる……。

ブレッソン――私は自分の映画を形式という観点からしか見ません。これは奇妙なことですが、自分の映画を見直すとき、私はもうショットしか見ないのです。映画が感動的かどうかは私にはまったくわかりません。

ゴダール――自分の映画を見ることができるようになるには、とても長い時間が必要だと思います。ある日、日本かどこかの小さな村で、ふと自分の映画を見直す。そのとき、普通の観客と同じ立場で、未知のオブジェとして自分の映画を見直すことができるんです。本当に長い時間が必要なんだと思います。それに、映画を見るぞという心構えなしに見ないといけない。

ブレッソン――話は戻りますが、私は形式に並々ならぬ重要性を与えています。形式はリズムをもたらします。ところで、リズムには絶大な力があります。リズムが第一です。映画のナレーションを作るときでさえも、それはまずリズムとして見られ、感じられねばなりません。リズムの次が色彩です（色彩は寒色であったり暖色であったりします）。その次が意味です。ただし意味の出番は最後です。観客との接触は、何よりもまずリズムによってなされるべきです。そう確信しています。ショットやシークエンスの構成においては、まずリズムが問題となるのです。しかし構成はじっくり練られたものであってはいけません。純粋に直感的であるべきです。構成が生まれるのは、たとえば、屋外で撮影しているときや、前日までまったく知らなかった舞台装置で撮影しているときです。新しいものを前にすると、即興が必要となります。今撮っているショットに、新たな均衡を――しかも急いで――見つけねばならないという状況。そうした状況はとても良いものです。結局のところ、私はやはり必要以上に長い思索というものを信頼していないのです。考え過ぎると、物事はただのショット＝計画《プラン》の実現になり果ててしまいます。物事は衝動的にやって来なければなりません。

ゴダール――映画についての観念――そうしたものがあるとしてですが――に変化はありましたか？　あったとすれば、それはどのような変化でしょうか？　昨日、一昨日と比べたとき、今日、あなたはどのように映画を撮っていますか？　最新作を撮って以来、映画についてはどう考えていらっしゃるでしょうか？　最近、気づいたのですが、私も昔は、三、四年前は、映画についてあれやこれやの観念をもっていました。ところが、今ではもうもっていないのです。何らかの観念をもつには、新たな観念が見つかるまでずっと映画を撮り続けねばならないのでしょう。だから、あなたが映画に対してどのように感じているのかを知りたいのです。今作られている映画に対してではなく、映画という芸術に対してです。

ブレッソン――わかりました。しかし、まずは、今作られている映画に対して私がどう感じているかを話しておかねばなりません。昨日も、ある人が私に「どうしてまったく映画を見に行かないのか」と聞きました（これはしばしば私になされる非難の一つです。本人はその気はないかもしれませんが、私にとっては非難なのです）。これは紛れもない事実です。私は映画を見に行きません。なぜかというと恐いからです。まったく、単純にそういう理由なのです。私は自分が現在の映画から日々ますます遠ざかっていると感じています。そのことが私をひどく不安にさせるんです。それらの映画が観客に受け入れられるところは想像できるのですが、自分の映画が観客に受け入れられるところを、事前に想像することがまったくできないのです。私は恐いんです。全然違うものに関心があって、私がやっていることには関心の薄い可能性のある観客に向けて、私の映画を差し出しているのではないかと思うと恐くなってしまうのです。しかし、それゆえ、たまに映画館に出かけてみようという気にもなります。どれほどの齟齬があるのかを知りたくなるのです。いざ行ってみると、知らずのうちに、自分がある種の映画からますます遠ざかっているという事実に気づかされることになります。ある種の映画というのは、私の考えでは、出発点で間違いを犯し、撮影された演劇やミュージック・ホールに陥ってしまい、その力も面白さも完全に失って（面白さだけでなく、その力能もです）、破滅に向かって突き進んでいるような映画のことです。なぜ破滅に向かっているのかというと、映画にお金がかかり過ぎているからでも、テレビというライバルが存在するからでもなくて、ただ単に、そうした映画が芸術ではないからです。たとえ芸術だと言い張っても、それは偽の芸術、他の芸術の形式のもとで己を表現しようとしている偽の芸術でしかありません。こうした類いの芸術ほど誤っていて、役に立たないものはないのです。私自身が映像と音を用いてやろうとしていることに関して言うと、もちろん間違っていないのは私の方で、間違っているのは他の連中だと考えています。私は次のようなことも考えています。まず第一に、あまりに多くの手段が眼の前にあるので私はその数を減らそうとしているということ（豊富な手段や贅沢は映画を殺してしまいます。贅沢は映画に何一つもたらしたことがありません）、そして次に、私は映画に固有の途方もない手段を手にしているということです。

ゴダール――先ほど俳優についてお話しになりましたね……。

ブレッソン――俳優――たとえその俳優がそれまでの自分を忘れ、自分をコントロールしないよう努力してくれたとしても――と、映画や演劇の手垢がついておらず、生《き》のままの素材とみなしうるような人とのあいだには、越えることのできない溝があります。後者は、自分が何者かわかっておらず、その人自身が誰にも渡したくないと思っているものをあなたに引き渡してくれるのです。

音階練習をすることによって、またできる限り規則正しく機械的に演じることによって、エモーションを捕まえることが可能になります。名演奏家《ヴィルチュオーソ》がするように、エモーションを押しつけることによってではありません。そう、俳優は名演奏家なのです。われわれに正確な事物を与え、それを感じられるようにしてくれる代わりに、彼らは自分のエモーションを押しつけ、われわれに「さあ、こういう風に感じなさい」と言ってくるのです。

ゴダール——画家が、モデルの代わりに俳優を使うようなものですね。画家が「洗濯娘を使う代わりに、ずっと上手くポーズを取れる大女優を使おう」と考えるようなものです。そうした意味でなら、もちろん理解できます。

ブレッソン——いいですか、こうしたことを言うのは決して俳優の仕事を貶めるためではないのですよ。それどころか、私は偉大な俳優たちに大いなる感嘆の念を抱いてさえいます。演劇とは素晴らしいものです！ 俳優の身体を使って創造することができたら素晴らしいことだと思います。しかし混ぜてはいけないのです！ 「俳優を使わないのは傲慢だからだ」と言われたことがあります。一体何が言いたいのでしょうか？ 私はこう答えてやりました。「俳優を使わないのを楽しんでいるとでもお思いか？」 それは楽しくないどころか、恐るべき仕事でもあるのです。それに、私はまだ六、七本しか映画を作れていません。こんな手詰まりで、失業者のような状態でいることが楽しいとでも？ 面白くも何ともありませんよ！ 私は仕事がしたいんです。年がら年中もっと仕事をしていたいのです。どうしてもっと多くの映画を撮ることができないのか？ それは私が俳優を使わないからです！ そうやって私が、スターを基盤とした映画の商業的側面を無視してきたからなのです。だから私を傲慢だとか言うのは、ばかげたことなのです！

ゴダール——演劇は映画より古くからあるものです。あまりにも古くから存在するので、演劇と関わらずにおくのは大変なことです。

ブレッソン——そうです。いまだにサイレント映画こそ純粋映画であるなどと考えたり書いたりする（最近もそうしたものを読みました）輩がいる始末ですから！

ゴダール——そういう輩は、いざサイレント映画を見たら耐えられないんですよ！

ブレッソン——私が言ったのはもっと過激なことです。つまりサイレント映画というものはなかったということです。そんなものは一度も存在しませんでした！ というのも、じっさいには俳優たちに喋らせていたからです〔フランス語でサイレント映画を指す「cinéma muet」は無言の映画の意〕。ただ彼らは虚空に向かって喋っていて、彼らの言っていることが聞こえなかっただけなのです。だから無言《サイレント》のスタイルを見出していたなんて言わないで欲しいものです！　違います。ばかげています！　チャップリンやキートンのように物真似《ミミック》を用いたスタイルを、しかも見事なスタイルを見出した人たちもいました。しかし彼らが自分の映画に与えたスタイルは「無言《サイレント》のスタイル」などではなかった。この点に関しても、私は著書のなかで様々なことを語ることになるでしょう(1)。今こそ、この本を書くべきタイミングなのだと思います。しかし映画以外の仕事をやるには時間が必要になります。だから取りかかる度に挫折してしまうのです。私にとって映画の仕事というのは、映画について仕事をするというだけでなく、映画のなかに入ってしまうことです。つねにその映画のことばかり考え、自分の経験するものや見るものすべてが映画と関連付けられ、映画を経由するようになる。脇道に逸れるのは、ほとんど国を跨ぐようなものなのです。だから、この本は進みません。しかし、やらねばなりません。この本を書きたくてうずうずしています。ちょうどいいタイミングです。シネマが落ちぶれているのですから。何という凋落ぶりでしょう！

昨日、シネラマ座〔一六区のワグラム通りにあったアンピール＝シネラマ座〕に行きました。ご存じのように、ステュディオラマ〔試写室。アンピール＝シネラマ座とつながっていた〕の方から入ることができます。私はよく誰もいない二階席に腰掛けます。すべてを覆い尽くすかのような巨大スクリーンは壮観ですよ！　画面の端を出発した列車が、あなたの方に向かってやって来ます！　大したものですよ、この発明は！　あなたの右ポケットの方を出発した人々が左ポケットの方に戻ってくるんです！　列車があなたの方に戻ってくるときときたら！　見事なものです！　昨日、二階席でそういう映画を見ました（一組のカップルがいましたが、まったく映画など見ていませんでした）。呆気にとられましたね！

ゴダール――四日前に、ステュディオラマで同じようなことがありました。トイレに行ったら、それがちょうどシネ

（1）ロベール・ブレッソン『シネマトグラフ覚書』松浦寿輝訳、筑摩書房、一九八七年〔*Notes sur le cinématographe*, Gallimard, 1975〕。

ラマ座の二階席のフロアで、二階席に座ってみたんです。確かに、劇場に入るようでした……。少しばかり映画の映像を見ました[2]。頭のいかれた人たちが駆けずり回っていましたね。そのとき、シネマとシネマトグラフは別物だということがわかったんです。

ブレッソン――まさにその通り！　それこそが今のシネマですよ。

ミシェル・ドラエ――シネラマを見たときの印象を詳しくお話しいただけますか？

ブレッソン――ぞっとしましたね！　偽物の極致という印象です。奇跡的な機械、しかも強化された機械によって偽物がとらえられています。偽物をわざと強化することで、観客の脳裏に焼き付くようにしているのです。そうしたものが焼き付いてしまうと、それを消し去るのは難しくなります。保証しますよ！

［シネマとシネマトグラフの］隔たりは次の点にあります。シネマは生をコピーする、あるいは写真に撮るのに対して、私はできる限り自然で生《き》のままの素材から出発して、生を再創造するのです。

ゴダール――今おっしゃったことをより明確に言うと、シネマと違って、シネマトグラフはモラリストであるということではないでしょうか？

ブレッソン――お望みなら、そう言ってもよいでしょう。シネマトグラフは詩《ポエジー》のシステムです。世界のなかから可能な限りかけ離れた要素を摑み取り、それらを通常の秩序とは異なるわれわれ自身の秩序のなかにおいて接近させること。ただし、それらの要素は生《き》のままのものでなくてはなりません。反対に、シネマの方は俳優を用いて生をコピーし、その生のコピーを写真に撮影します。ゆえに、われわれはまったく異なる土俵にいるのです。あなた方は現代性や同時代性について語りますが、私はそんなものを考えはしません。もし仮に時代を参照する必要が生じたら、私も時代のことを考えるのでしょう。考えると言っても、やはり私は時代の外にいる方が好きだと考えるといった意味においてですが。存在の内側を奥深く探求しようとするやいなや、そうした時代への参照はむしろ避けるべき危険でしかなくなるのです。ここで、まだ話していない、大事なことを一つ付け加えておきましょう。私がやろうとしていること、要するに、われわれ自身の未知なるものへと入り込む作業に伴う大きな困難は、私の用いる手段が外面的なものであるということ、外観――人間自身の外見やその周囲にあるものの外観も含めたすべての外観――に関わるものであるということです。大きな困難はつまり、外側に逸脱することなく、つねに内側にとどまり続けることにあるのです。突如として恐るべき逸脱が起こるような事態は避けねばなりません。しかし、時としてそうした事態が起こってしまいます。そのときは失敗を取り戻そうとします。

私の映画から一つ例を挙げましょう。不良少年たちの例です。彼らが道路に油を撒いて車をスリップさせるところで、私は完全に外面的になってしまいました。これはとても危険なことです。そこで私は、人物たちを彼らの内面において再びとらえることができるように失敗を埋め合わせようとします。

ゴダール――あなたには二つの傾向があります。どちらの方が自分にしっくりくると思われるかわかりませんが。あなたは、一方でヒューマニストであり、他方で審問官のようなところがあります。これらは両立可能なものなのでしょうか、それとも……？

ブレッソン――審問官？　一体どういう意味でしょう？　もしそれが……。

ゴダール――もちろん、ゲシュタポのような意味ではありません！　むしろ、何というか……。

ブレッソン――いやいや、やめにしましょう。

ゴダール――では、ジャンセニストと言いましょう。

ブレッソン――ジャンセニスト？　つまり無駄のそぎ落とし《デプイユマン》という意味ですね……。ジャンセニスムには、おそらく次のような意味もあります。これもまた私が抱いている印象です。つまり、われわれの生は、予定説《プレデスティナシオン》〔人間の魂の救済は神によって予め定められているとする説〕――つまりジャンセニスムですね――と同時に偶然からなっているということです。偶然（われわれはバ

（2）ブレイク・エドワーズ『グレートレース』（一九六五年）。

ルタザールの偶然を思い出します〔『バルタザールどこへ行く』の仏題は『バルタザール、偶然まかせに』〕）、それはおそらくこの映画の出発点にあったものです（この点は自覚していました）。

もっと正確に言うと、この映画の出発点にあったのは、ロバが中心人物となる映画の強烈なヴィジョンでした。

ゴダール——ロバを見て、突如、何らかの啓示を受けたドストエフスキーのようですね。映画のなかでドストエフスキーを引用されていますが、ほんの数語からなる、あの短い一節は、とても……。

ブレッソン——そう、あの一節は見事です。あれを題辞として添えるべきだったと思いますか？

ゴダール——いいえ、そうは思いません。それは見事に取り込まれていて……。

ブレッソン——あの一節を読んだときは驚嘆しましたね。しかし、これを読んだのは、ロバを使おうと考えた後でした。そう、結局……。つまり私は、昔、『白痴』を読んでいたのに、ちゃんと注意していなかったのです。二、三年前に『白痴』を読み直したとき、「何という一節だ！　何て素晴らしいアイデアなんだ！」と気づいた次第です。(3)

ゴダール——そう、あなたはムイシキンのように考えたわけです。

ブレッソン——動物によって白痴に道を指し示すなんて、愚かだと思われているものの本当は頭の良いロバという動物を介して白痴に生を垣間見させるなんて、まったく素晴らしいアイデアですよ！　そして、この白痴（しかし、ご存じのように、彼はじつは誰よりも繊細で頭の良い存在なのです）を、愚かだと思われているもののどの動物よりも繊細で頭の良い動物と並べるなんて。見事です！　白痴がロバを見、その鳴き声を聞き、「そうか、わかったぞ！」と言うなんて、もう見事としか言いようがありません。これは途方もないことです。天才ですよ。しかし、これは私の映画のアイデアとは異なります。私がこの映画のアイデアを思いついたのは、おそらく造形的な観点からです。私は画家ですからね。ロバの頭は何か素晴らしいもののように思えたのです。造形美ということなのでしょう。そして、ふと映画が見えたような気がしました。その後、私はそれを見失ってしまいました。翌日、それに取りかかろうとしたときに……。それから、また映画を再発見することができました。

ゴダール——しかし子供の頃、あなたは見ていませんよね……。

ブレッソン——そんなことはありません！　多くのロバを見ましたよ。もちろん、見ていますとも……。子供時代というのは、やはり重要な意味をもつものですからね。

ゴダール——ロジェ・レーナルトも、若い頃に、たくさんのロバを見たそうです。

ブレッソン——それにしても、ロバは素晴らしい動物です。もう一つあなた方にお話しできることがあります。私がとても不安だったのは、紙に書いているときだけでなく撮影しているときにもずっと不安だったのは、このロバが、他の人物から浮いてしまうのではないか、調教されたロバ、芸達者なロバにしか見えないのではないかということでした。だから私は本当に何もできないロバを連れて来ました。荷車を引くことさえ知らないロバです。じっさい、このロバは私がやって欲しいと思っていたことは何一つやってくれず、やらないだろうと思っていたことばかりをやってみせたのでした。たとえば荷車を引くことです。ロバならそんなことやれると誰もが思うはずです。とんでもない、全然やってくれないのです！　サーカスの場面のためにこのロバを調教せねばならないとしたら……と考えもしました。じっさいどうなったかというと、撮影を中断する羽目になりました。この調教されていないロバを、サーカスの場面が撮影できるように調教師に預けたんです。サーカスの場面を撮るのに二ヶ月も待たねばなりませんでした。

ゴダール——ええ、サーカスのシーンでは、蹄で地面をたたくことができないといけませんからね。

（3）「今でも覚えていますが、気分の重さといったら、それはもう耐えがたいほどでした。泣きたくなるほどでした。四六時中、驚いてばかりで、不安で仕方ないのです。とりわけ恐ろしい作用を及ぼしたのが、見るものすべてが無縁だという思いです。〔…〕この暗闇からすっかり目を覚ますことができたのは、今もよく覚えていますが、スイスの町バーゼルに入った夕方のことです。町の市場にいたロバの声に呼び覚まされたのです。このロバにはひどく驚かされて、なぜだか、途方もなく気に入ってしまいました。それと同時に、ぼくの頭のなかは、何もかもががらりと晴れわたったような気がしました」（ドストエフスキー『白痴1』亀山郁夫訳、光文社古典新訳文庫、二〇一五年、一三四頁［Fédor Dostoïevski, *L'Idiot*, Gallimard, « Bibliothèque de la Pléiade », 1967］）。

ブレッソン――そう、ロバの準備ができるまで二ヶ月待たねばなりませんでした。それもあって映画は少しばかり遅れてしまいました。しかし最初はひどく不安でした。私は、この動物も――動物としてであっても――生《き》のままの素材であって欲しかった。もし調教された従順なロバを使っていたら、ロバが要所要所で動物や人間たちに注ぐ視線はおそらく違ったものになっていたでしょう。私は、ロバが一般に言われているのとはまったく異なるものであることを発見、というかむしろ確認することとなりました（そのことに驚きこそすれ、当惑させられはしませんでした）。つまり、ロバは強情な動物などではまったくなかったのです。もし強情だとしたら、それはロバが他の動物よりもずっと繊細で頭が良いからです。乱暴に扱われたら、ロバは乱暴に動きを止めて、もう何もやろうとはしません。調教師（知的で、じつに優れた調教師でした）に、ロバは馬よりも調教しにくいのではないかと尋ねたところ、すぐさま反論されました。「その正反対です。馬は頭が悪いのでかなり調教が難しい。ところが、ロバは、わざわざ身ぶりで合図を出したりしなくても、口で言っただけですぐに何をすればよいかわかってくれるんです」とね。

ゴダール――ふと、別の観点、形式《フォルム》の観点について考えました。ロバの視線をよく見えるよう撮影するために必要なアングルやサイズがありますね。

ブレッソン――もちろんです。

ゴダール――われわれ人間の眼が正面を向いているのに対して、ロバの眼は横を向いています。

ブレッソン――ええ、その通りです。

ゴダール――そうすると正確を期さないといけない……。一ミリでも左や右にずれるといけないわけです。

ブレッソン――それだけではありません。ロバとの仕事では、こちらが予想していた困難はまったくなくて、むしろそれとは別種の困難に直面することとなりました。たとえば山の中やパリの近郊など、屋外で撮影するときに小型のカメラを使ったのですが、これが音を立てる代物だったのです。だからカメラをロバに近づけ過ぎると、音のせいでロバは何もできなくなってしまいました。私がどれほど困難な状況にあったか想像できるでしょう。視線を捕まえるには、何か他のことでロバの注意を音から逸らしてやらねばなりませんでした。他方で、この音に対する注意を利用して、ある種の視線を捕まえようとしたこともありました。

ともあれ、雨に加え、こうした類いの困難まであったのです。そうしたいっさいのせいで、撮影は非常に困難なものとならざるをえませんでした。即興が必要でした。私はつねに、予定されたことをことごとく覆さねばならぬ状況に置かれていたのです。これこれの場所で、これこれのやり方で、これこれのことをするという当てが外れ、別の場所、別のやり方で、それをやらねばなりませんでした。ラストのロバが死ぬシーンでは、恐ろしい不安に襲われましたね。自分が欲しているものに絶対に到達できないのではないかと気が気ではなかったのです。ロバになすべきこと、つまり私がして欲しいことをさせるには、気の遠くなるような苦労がありました。ロバは一度きりしかやってくれませんでした。とはいえ、最終的にやってくれたわけです。しかしロバにそれをやるよう唆すには、もともと考えていたのとは別の方法が必要になりました。問題の場面は、ロバが羊飼いの鐘の音に反応して聞き耳を立てるところです。最後の最後になって、あるものをとらえることで、上手くいきました。ロバがしかるべきリアクションをしてくれたのです。一度しかやってくれなかったとはいえ、それはもう素晴らしいものでした。撮影は、時として、こうした類いの喜びを与えてくれます。恐ろしく困難な状況にあるとき、ふと奇跡が起こるのです。

ドラエ――そして偶然も……。

ブレッソン――そう、偶然も……。私はこの映画のタイトルが気に入っています。「あなたは繰り返しが好きではないでしょう〔原題では偶然を意味するアザールとバルタザールが韻を踏んでいる〕」と言う人がいました。「いや、韻を踏んだタイトルというのも素晴らしいものですよ」と答えました。

ゴダール――ええ、こういうタイトルは素晴らしいですね。

ブレッソン――それに、偶然《アザール》とバルタザールのあいだの韻は、映画に対して、じつに正確なものとなっています……。ジャンセニスムの話に戻りましょう。というのも私は、われわれの生は予定説と偶然からなると心から信じているからです。様々な人々、たとえば偉人の人生を調べてみると、それがよくわかります。私は聖イグナチオ——一時期彼についての映画を作れると思っていました（しかし、結局作ることはありませんでした）——の人生のことを考えています。〔イエズス会という〕最も大きな修道会（それは世界中に広まっていて、少なくとも数の上では最大です）を創設したこの人物の奇妙な人生を調べていると、彼の人生はまさにこの目的のためにあったという風に感じられます。しかし、この修道会の創設に至る彼の歩みはすべてが偶然、出会いからなっていて、それらの偶然や出会いを通じて、彼が少しずつ己のなすべき使命に近づいてゆくようにも感じられるのです。

『抵抗』の脱走者にも少し似たようなところがあります。彼はある地点へと向かう。そこで何が起こるかは彼にはまったくわかっていません。その地点に到着すると、選択が彼を待ち受けています。彼は選びます。そしてまた別の地点に到着する。そこでもまた彼は、偶然によって、別の何かを選ぶことになるのです。

ドラエ——『抵抗』での主人公の歩みは、十字架の聖ヨハネ〔一六世紀のスペインのカトリック司祭。トレドの修道院に幽閉されたが脱走。幽閉中の経験を記した『暗夜』を執筆した〕の精神的な歩みも想起させますね。

ブレッソン——なぜかというと、結局、注意を払いさえすれば、生というものはすべて似て見えてくるものだからです。最も単純で平板な人生でさえも、別の誰かの人生に似ています。ただし、そこには異なる事件、偶然があります……。偉人たちの生を見ると、それがよくわかります。偉人たちの生は語り継がれ、細部まで知られていますからね。しかし私は、われわれの生はどれもまったく同じようにできている、つまり予定説と偶然からできていると確信しています。人間は五、六歳までに形成されるということが知られています。そのくらいの年齢で完成なのです。一二、三歳になると、それが見えてきます。それ以降、われわれは、幼い頃の自分のままであり続けます。ただし、さまざまな偶然を利用しながら。われわれは偶然を活用して、すでに自分のなかにあった何かを育ててゆくのです。そして、もし偶然によって育てられることがなければ、それは誰にも知られることがないままであったことでしょう。われわれの周りには才能や天才をもった人々が多く存在します。私はそう確信しています。しかし生の偶然は……。人が己の才能の恩恵に与ることができるためには、どれほどの巡り合わせが必要なことか。

　人間というのはもっと知的で、才能に恵まれた存在であるはずなのに、生は彼らをあっという間に押し潰してしまいます。なぜ押し潰してしまうのかというと、才能や天才ほど人を恐れさせるものはないからです。それらを前にすると人々は震え上がってしまう。親たちは震え上がってしまうのです。だから押し潰すわけです。動物のなかにだって、とても頭の良いものがいるはずなのですが、人はそれを調教したり殴ったりして押し潰してしまうのです。

ゴダール——あなたの企画のうち、『湖のランスロ』のことはまだ頭にあるのですか？

ブレッソン——ええ、撮りたいと思っています。ただし二カ国語で。一方は、もちろん、フランス語で、もう一方は英語でです。これは二カ国語で作らねばならない種類の映画です（普通に考えれば、ドイツ語でも撮らねばならないでしょう）。というのも同じ聖杯の伝説が、われわれの神話とアングロサクソンの神話の両方に属しているわけですから。加えて、それらの物語はもともと二つの言語で書かれていました。フランスには『荷車の騎士』の写本があります。それに『ペルスヴァル』や『トリスタン物語』も……。要するに、歌唱されたり朗唱されたりしていた初期の詩から、聖杯の伝説が生まれ、それが模作者や修道僧によって書き写され、宗教的な要素を付け加えられていったのです。私の興味を引いたのは、ヨーロッパ中で知られている古《いにしえ》の伝説を取り上げるということでした。もし英語でも作れることになれば、予算が少しは増えるでしょう。これは大事な点です。私はフランス資本だけでは映画を作ることができないのです……スターを、フランスのスターを起用しない限りはね。ところが、それはできない相談です。二カ国語で作れることを祈るばかりです。

　とはいえ、伝説にある純粋に幻想的な要素、つまり妖精やメルラン〔アーサー王を補佐する魔術師。マーリンとも〕などを取り上げるつもりはありません。そうした幻想的なものを感情の領域へと移し替えるつもりです。つまり、いかにして感情が、人々の吸う空気までも変えてしまうかということを見せるのです。いずれにしても今日、人はそうした幻想を信じてはいません。ところが映画では、信じることが必要なのです。ゆえに私は、幻想的な面を感情へと移し、それらの感情が映画で起こる事件《ペリペティ》そのものに作用を及ぼすようにしたいと考えているのです。もしどなたかが私のことを少しばかり信頼してくれれば、仕事に取りかかることができるのですが。

それにまた、一種の試み、訓練のようなものとして、『新ムシェット物語』〔『ジョルジュ・ベルナノス著作集2 田舎司祭の日記・新ムーシェット物語』渡辺一民、松崎芳隆訳、春秋社、一九七七年〕を撮りたいとも考えています。もちろん、これはとても苛酷な物語です。

ゴダール――『バルタザールどこへ行く』のマリーという人物は、ベルナノスの別の小説『よろこび』〔『ジョルジュ・ベルナノス著作集1 悪魔の陽のもとに・よろこび』山崎庸一郎訳、春秋社、一九七六年〕に出てくるシャンタルとよく似ています。私は以前、この小説を映画化したいと思っていました。

ブレッソン――ええ、おそらく似ているのでしょう。『よろこび』は読んだことがあるはずです。ご存じのように、私はあまり小説を読まないんです……。しかし『よろこび』は、少なくとも何箇所かは読んだことがあるはずです。おそらく結末を……。私の記憶が確かなら、この小説は司祭の死で終わっていたと思います。

ゴダール――ええ、その通りです。

ブレッソン――しかし『新ムシェット物語』のヒロインには途方もないところがあります。まだ子供時代にあるにもかかわらず――子供時代と思春期のあいだの時期です――、苛酷な状況のうちにとらえられているのですから。愚かしい状況といったものでなく、真に破局的な状況です。それこそが驚嘆すべきものであり、映画で描きたいと思っているものです。そのさい、様々な存在や生のなかに己を散在させるのでなく（というのも、私はいつも自分の注意を分散させないよう心がけていますから）、私はつねに何としてでも、この少女の顔に寄り添い、その反応をじっと見続けたいと思っています。ひどく不器用な少女、最も女優らしくない、役者らしくない少女を起用することになるでしょう（子供、とくに少女はしばしばひどく役者っぽいところがあります）。要するに、できる限り不器用な少女を起用し、彼女自身が思ってもみなかったものを彼女から引き出してみたいのです。だからこの少女の物語は私の関心を引くのです。カメラは、当然、彼女から離れることはありません。

ゴダール――彼女の喋り方に訛りを与えることに関心はありますか？　ベルナノスは彼女のひどいピカルディー訛りについて語っていますね。

ブレッソン――いいえ、まったく。私は訛りは好きではありません……。ベルナノスには、幾つか素晴らしいひらめきがあります。彼は、この少女について、二つ、三つほど、途方もないことを見出し、小説に書いています。それは心理などではありません……。

ゴダール――そうです。私も覚えています。たとえばベルナノスは、ある人物がムシェットに死について語って聞かせるところで、それはまるで彼女にルイ一四世の時代の貴婦人にもなれると語って聞かせるようなものだったと書いています……。とにかく、ここには想像を絶する比較があるわけです。それは、あなたの言う通り、心理ではありません。何かとても深いものです……。

ブレッソン――それは心理ではありません。しかし心理という点について私が考えるのは（われわれにとって興味深いであろう話題に戻ってきました）、心理は今やわれわれにとって、よく知られ、当たり前に認められた、なじみ深いものになっているということです。しかしおそらく、私の考えるシネマトグラフからは心理をまるごと取り除かねばならないでしょう。シネマトグラフでは、たえず未知なるものがわれわれを訪れ、その未知なるものが記録されるのです。なぜそうしたことが起こるかというと、メカニズムが未知なるものを出現させるからです。われわれが前もってその未知なるものを見つけ出そうとしたからではありません。未知なるものは見つけ出すことができないものです。それは発見されるものであって、見つけ出されるものではないのです。だから私は、心理分析はすべきでないと考えます。心理というのはあまりに先験的《アプリオリ》なものです。必要なのは描く《パンドル》ことであり、すべては描くことによって出現するのです。

ゴダール――今はもう使われていませんが、昔は口にされていた表現に、「感情の描写《パンチュール》」というものがあります。これこそあなたがやっていることです。

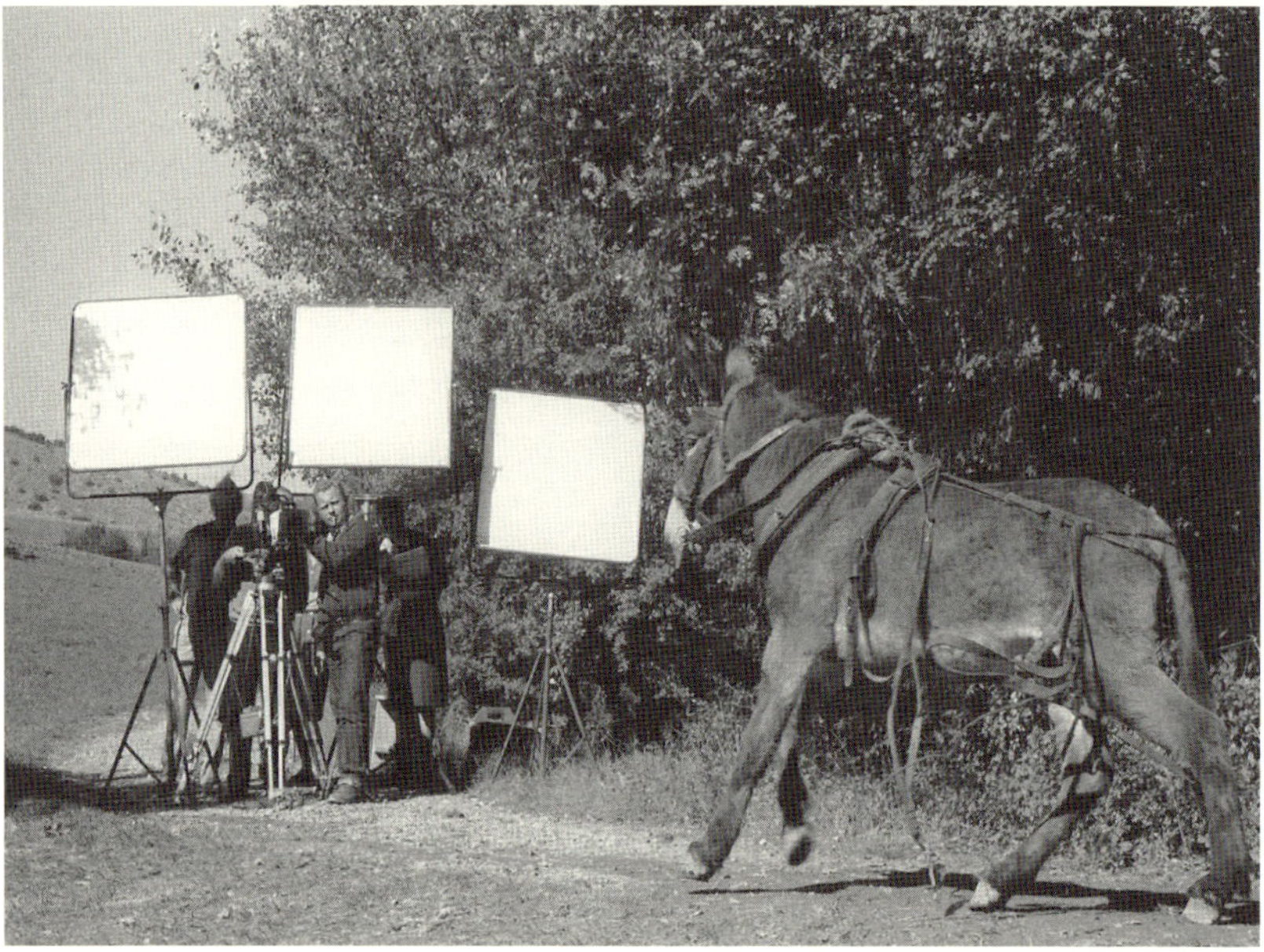

ブレッソン――描《パンチュール》くこと、あるいは、書《エクリチュール》くこと（この場合、両者は同じことです）。いずれにしても、それは心理よりも絵画《パンチュール》なのです。

「問い　ロベール・ブレッソン・インタビュー」
『カイエ・デュ・シネマ』一七八号、一九六六年五月
« La Question. Entretien avec Robert Bresson », *Cahiers du cinéma*, n° 178, mai 1966.

生をコピーすることなく、生に至る方法を見つけること

ロジェ・ステファヌ〔一九一九―一九九四年、フランスの作家、ジャーナリスト〕――すでにパリでは密かな話題になっています。『バルタザールどこへ行く』という、ちょっと変わった映画が公開されると。噂になっており、先日の夜もテレビで取り上げられています[1]。こうして私たち――ロラン・ダルボワと私――が、ロベール・ブレッソンの映画について特番を組むことにしたのも、映画芸術に何か変化が起きているように感じられたからでした。とはいえ、これは私たちだけの意見ではありません。うれしいことに、ルイ・マル、ジャン＝リュック・ゴダール、フランソワ・レシャンバック〔一九二一―一九九三年、フランスの映画監督〕ら、いずれもブレッソンとは個性の異なる監督たちと、マルグリット・デュラスという特異な作家から意見、より正確には所感を集めることができました〔以下のインタビューはテレビ番組の再録であり、ブレッソン以外の出演者の発言は別撮りされている〕。

ジャン＝リュック・ゴダール――ぼくは映画中毒、シネフィルで、映画病にかかっています。だから、いつもひどく大袈裟な言葉を使ってしまいます。でも、この作品について語るには、そう、情念について語るパスカルの言葉を使おうと思います。

（1） Michel Mitrani, *Cinéma*, ORTF, 23 avril 1966.

ルイ・マル——ついに映画が、今まで手を付けてこなかった、ある領域に突入したと感じました……。いや、今まで、という言い方は正しくないですね。最も偉大な映画については、正しくありません。

マルグリット・デュラス——ブレッソンは、今、映画に導入しうる最大の革新、つまり思考という革新を導入したのだと思います。この思考はすぐには、はっきりと見えません。つまり、私はスペクタクルに圧倒されてしまい、自分が見たものについて正確に指摘することができないのです。

ゴダール——ブレッソンを定義するとしたら、ぼくは、彼は審問官だと答えるでしょう。どれほどの危険や暴力を伴うことになっても、人間の奥底まで突き進んでゆく人だということです。この審問官は、別の分野での審問官たち（政治や宗教の審問官たち）よりも危険というわけではありません。というのも、彼は映画という手段を用いるのであり、映画とは、定義上（それは生と人間を撮影するものであるがゆえに）、ヒューマニストだからです。定義上ね。だからブレッソンは、審問官であると同時にヒューマニストでもあるという途方もない幸運と特権をもつことになるんです。このことは『バルタザールどこへ行く』にとてもよく感じとれます。この映画は、世界と世界に存在する悪についての恐るべき映画なのですが、同時に、観客はそうしたすべてを福音のような優しさ——これは私にとって途方もないものです——とともに感じることになるのです。

フランソワ・レシャンバック——私はいつもブレッソン映画の音を愛してきたのですが、ここでもそうした音と再会しました。しかし今回はいつも以上に私の心に触れました。なぜならこの映画では、いつもよりも台詞が少なかったからです。音がやってくる度に、私の体に衝撃が走りました。私は何よりもまずミュージシャンです。だから、この映画をミュージシャンとして愛しました。物音にいっそうの価値を与える沈黙を、音楽と化す物音を、そして台詞に語らせる音楽を愛したのです。

ゴダール——この映画は、普段チャップリンやジャック・タチの映画を見に行く人たちこそ見に行くべき映画だと思います。つまり年に一度しか映画館に行かないような人々です。この映画は世界そのものです。一時間半、一時間四〇分のなかで、誕生から死に至るまで、世界のすべてを見ることになるのです。本当に素晴らしいことだと思います！

マル――この映画は、現在の映画よりもずっと先に進んでいるとも言えるし、時代の外側にあるとも言えます。いずれにせよ重要な映画です。ブレッソンにとって重要な映画、ブレッソンによる重要な映画です。

デュラス――人がこれまで詩や文学でやってきたことを、ブレッソンは映画でやってのけたのです。彼以前には、映画は寄生的なものに過ぎなかった。映画は他の芸術から生じていました。そしてブレッソンとともに、私たちは純粋な映画へと踏み入りました。しかも彼はただ一人でそれをやってのけたのです。私が見た映画のなかで最も個人による創造、つまり本当の意味での創造と呼ぶにふさわしい映画です。おそらく映画館に行くようになって以来、私が見たすべての映画のなかで。

ステファヌ――どうしてこのタイトルを？

ロベール・ブレッソン――このタイトルにしたのは、第一に、ロバに聖書に由来する名前をつけたかったからです。東方三博士〔キリストが誕生したさいに礼拝に訪れた人物〕の一人から名前を取りました。タイトルそのものは、「バルタザール、偶然まかせに《オ・アザール》」という、ボー伯爵家〔中世にプロヴァンス地方で権勢を振るった一族〕の銘から来ています。ボー家は東方三博士のバルタザールの末裔であると主張していました。このタイトルが韻を踏んでいるところがとても気に入っています。映画の主題にぴったりなところも良いですね。『バルタザールどこへ行く』とは、謙虚さや聖性そのものであるような神の被造物――ロバのバルタザールのことです――を前にしたとき、われわれが感じる動揺や情念です。それは高慢、吝嗇、他人に害をなしたいという欲求、色欲といった風に、飼い主によって異なっています。ロバはそれらの飼い主の手から手へと渡ってゆき、最後には、彼らのせいで死んでしまうのです。このバルタザールという人物にはどこか、チャップリンの初期作品に出てくるシャルロに似たところがあります。しかしバルタザールはやはり動物、ロバです。ロバは、エロティックな動物、エロティシズムを連想させる動物であると同時に、ある種の精神性を、キリスト教的な神秘性を帯びた動物でもあります。ロバは旧約聖書と新約聖書の両方でとても重要な位置を占めていて、ロマネスク様式の教会や大聖堂に行けばどこでもロバを見つけることができます。

『バルタザールどこへ行く』はまた、互いに絡み合う二つのラインからなっています。ある時は並行して進み、ある時は交差し合う二つのラインです。一つ目のラインは、ロバの一生には、人間の一生にあるのと同じような幾つかのステージがあるというものです。まず優しく愛撫される幼年期。次に働き盛りの壮年期。その後、才能や天才が開花する時期があり、最後に、死に先立つあの神秘的な時期があります。もう一つのラインは、ロバが、人間の悪徳を象徴する幾人かの飼い主の手を次々と渡ってゆくというものです。先ほど話したように、ロバは彼らに苦しめられ、彼らのせいで命を落とすことになります。映画を練り上げているあいだ、もう一つ気にかけたことがありました。それは、この映画の中心的な人物——つねに登場しているわけではないものの、それでもやはり主要なラインとして存在する（要所要所でしか現れないとしても確実に存在している）人物——が、ロバであるということでした。ある瞬間においては、ロバこそが主要なラインであること、主人公であることがしっかり感じられなければなりません。だからロバが目撃しない出来事、部分的にしか目撃しないような出来事はすべて、ロバから遠ざけておく必要がありました。

ロバ以外の人物については、どのようにして私の頭に浮かんできたかを説明することは難しいですね。あまり上手く説明できません。私はまず彼らを見ました。それから、おそらく肖像画が、絵画が出来上がってゆくようにして、彼らが出来上がっていったのです。小説家がやるように人物を説明することは、私にはできないのです。

マル——私にとって、この映画はまずもって高慢さについての映画です。すべての人物を例外なく突き動かしているのは、高慢さであると思います。自分は周囲の環境や人々、要するにこの世界よりも上だという思い上がり、あるいは、こう言ってよければ、自分は今ある自分よりも優れた人間なのだという自惚れです。

ブレッソン——しかし、そうした高慢さは、よく見れば、われわれの周りにいる誰にでも見出せるものではないでしょうか？　それは善きもの、それどころか有用なものですらあるのではないでしょうか？　もしわれわれに自らを誇りに思う心がなかったら、われわれは一体どうなってしまうでしょう？　この薄暗い人間性（あなた方はそれをひどく暗いもののようにお考えですが）もまた愛さずにはいられません。

ステファヌ――マリーとジェラールは愛し合っているのでしょうか？

ブレッソン――どちらも相手のことを愛してなどいないと思います。ここには愛が存在するわけですが、それは官能的な愛です。この場面を支配しているのは官能性なのです（エロティシズムについては語らないでおきましょう。この言葉は濫用され、何の意味もなくなってしまいました）。この場面で重要なのは、愛よりも官能性なのだと思います。季節は春、鳥は鳴き、そして偶然……。またしても偶然です。われわれの人生のなかでかくも重要な位置を占める偶然によって、この少年は彼女の隣に居合わせ、そして彼女は己を揺さぶる興奮を覚える。その瞬間、官能的な愛が生まれるのです。おそらく彼女は、この官能的な愛はジェラールという特定の存在に向けられたものだと思っているでしょう。しかし、それは別の誰かでもありえたのです……。

2CV の車内のマリーとジェラール。

ステファヌ――この場面はあらかじめ紙の上で書かれ、描写されていたのでしょうか？　それとも撮影現場での即興によるものなのでしょうか？

ブレッソン――この場面は紙の上に書かれていました。しかし書くことと撮ることのあいだには天と地ほどの隔たりがあるのですよ！　映画において何よりも重要な役割を演じるのは、リズムです。すべてはまずリズムのなかで語られます。リズムなしには何も存在しません。形式《フォルム》なしには何も存在しませんが、リズムなしでも何も存在しません。私にとって重要だったのは、ある態度のうちにある二人の人物をとらえ、彼らのあいだに関係を見出すことでした。しかし、あなたがここで起こっていると言うようなことはすべて、撮影中ではなく、モンタージュにおいて起こったものです。物事が姿を現すのは、モンタージュにおいてなのです。モンタージュこそが創造を行います。カメラは記録装置でしかありません。それは、幸運なことに、機械ならではの精確さと無関心さでもって記録する装置です。ドラマの創造はモンタージュにおいてなされます。映像が互いに接触し合うとき、また映像と音が接触するとき、そこに愛が生まれるのです。

ステファヌ――マリーとバルタザールのあいだには、何やら薄暗く、謎めいた、いかがわしい関係がありますね。

ブレッソン――この場面は愛の一夜です。ただし愛の対象が何であるかは、あまりはっきりとしていません。ご存じのように、思春期の愛は、ひどくぼんやりとした曖昧なものに向けられることもあります。愛は対象を見出すことを欲しているけれど、マリーはそれを見つけられないでいる。もちろんロバがいます。しかしロバは、おそらく仲介役に過ぎないのです。

〔芸術において〕とても難しいのは、あらゆる芸術は抽象的であると同時に暗示的でもあるということです。すべてを見せてはいけないのです。すべてを見せてしまうと芸術は存在しなくなってしまいます。芸術と暗示は切り離せません。シネマトグラフにおいてとても難しいのは、まさに見せないということです。理想は何一つ見せないことですが、さすがにそうはいきません。だから一つのアングルから、それ一つで他のすべてのアングルからの映像を想起

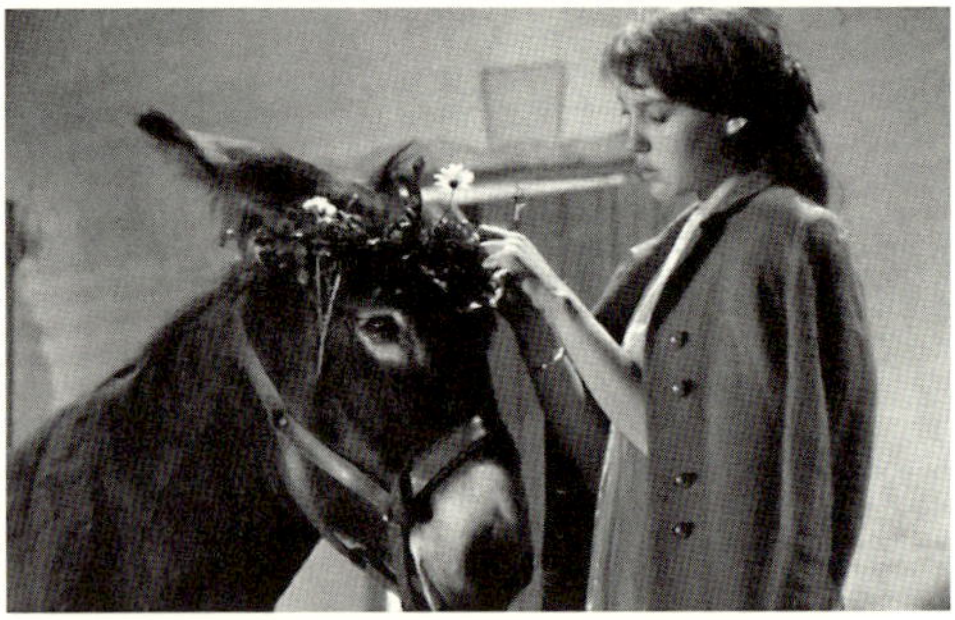

ロバを花で飾るマリー。

させるような一つのアングルから――ただし他のアングルからの映像は見せることなしに――物事を見せないといけません。観客に少しずつ推測させること、推測したいという気にさせること、そして彼らをつねに一種の期待感のうちに保つことが必要です……。謎を残しておく必要があるのです。われわれは日々、謎のなかを生きているのであって、スクリーンの上にもそうした謎がなくてはなりません。人生においてそうであるように、つねに原因よりも先に結果が来るようにするのです。われわれが目撃する出来事のほとんどは、原因などわからぬまま起こります。われわれが目撃するのは結果であって、原因は後になってはじめてわかるものなのです。

マリーと穀物商。

ブレッソン――マリーがこの男の家に避難するのは、そこが彼女の最後の避難所だからです。彼女はかなり狡猾で、抜け目のない女になっていて、家に入れてもらい、藁の上で寝かせてもらえるよう、この男を少しばかり興奮させてやることくらい平気でやってのけるのです。そして、さらに……。彼女はそれ以上のことをします。いまや彼女はかなりの経験を積んでいますから。しかし、その後、彼女は大いなる軽蔑の念をもってこの男を扱うことになるんです!

ステファヌ――この晩、二人のあいだには何が起こるのでしょうか?

ブレッソン――ひどく矛盾し合う幾つかの運動が起こります。しかし、それらは、結局のところ、この少女のもつ大いなる実直さ、明晰さ、正直さによって支配されています。彼女は、まずお金を受け取ります。お金にとても困っているからです。もしかしたら、それを父親に渡そうと思ったのかもしれません。父親はまさにこの吝嗇な男に騙されて一文無しになってしまいましたから。しかし、その後、彼のシニカルな発言を聞いてひどく悲しくなった彼女は、この男の言う通り、お金が「すべてではない」と悟り、お金を返します。そこに彼女の偉大さがあります。その後で起こることについては、あなた方と同じように私にもわかりません。マリーは男の一夜限りの恋人となったかもしれませんし、彼女はただ椅子に避難所を求めて来ただけで、そこで日が昇るのを待ったのかもしれません……。

ステファヌ（ピエール・クロソウスキーに向かって）――マリーが会いにやって来るところで、彼女が、あなたの嫌悪感や悪意を忘れさせてしまうような瞬間がありませんでしたか？

ピエール・クロソウスキー――一瞬、確かに。欲情が遅れてやってくる前に、情けにほだされそうになる、そんな瞬間が確かにありました。そもそも、この決定的な場面では、この後何が起こるのか、何が起こるべきなのかわかりません。

ステファヌ――それどころか、何が起こったのかさえもわかりません！

クロソウスキー――翌朝、穀物商がマリーの両親を迎え入れ、「あの娘は一時間前までここにいた」と答えるとき、観客は、何が起こったのかを正確に知ることはできません。ロベール・ブレッソンがその点をくどくど説明しなかったのは素晴らしいことだと思います。

ステファヌ――あなたにとってマリーとは何者でしょうか？

クロソウスキー――マリーを今時の若い娘の典型とみなすのは難しいでしょう。私が思うに、彼女は、この映画のなかで彼女が象徴するもの、つまり一つの感受性、道を踏み外しながらもその純粋さを保つ感受性なのです。

ステファヌ（ロベール・ブレッソンに向かって）――『田舎司祭の日記』以降の作品ではつねに神が、明白に存在していました。神は贖い主として存在していたわけです。しかし『バルタザールどこへ行く』は、神なき世界、神に閉ざされた世界という印象をもちました。

ブレッソン――まず、神について語ること、神の名を口にすることが神の存在《プレザンス》を意味するわけではないと思います。もし私がシネマトグラフという手段を通して、人間――動くマリオネットではなく魂をもつ者――を表象するに至っているとすれば、つまり、もし人間の存在があるとすれば、そこには神の存在もまたあるのです。神の名が口にされるからといって、神が多少なりと存在するということにはなりません。

ステファヌ——その通りです。しかし私の知る限り、あなたの映画で登場人物が、つまりマリーの父親が、神を拒絶するのは、初めてのことだと思います。

ブレッソン——もし彼が神を拒むとしたら、それは神が実在する、存在するということです。

ステファヌ——確かに、そう言えるかもしれません。しかし突如として、神が人間に対してよそ者のままにとどまるわけです。これは以前の作品ではなかったことです。

ブレッソン——先ほど説明した理由から、私はこの映画に神が不在であるとは思っていません。

ステファヌ——あなたは自作において、言葉にどのような役割を与えていますか？

ブレッソン——言葉は、映像が語りえぬすべてのものを語るべきだと思います。しかし人物たちに言葉を発させるより先にまず、とりわけ視線によって、そして態度、ある種の関係、振る舞いによって彼らに語らせうるものを考え尽くさないといけません。物事のさらに奥に踏み込もうとするとき、奥へと深く進もうとするときにはじめて言葉が必要となります。要するに、観念《アイデア》は、姉妹のように似た映像たちと、同じく姉妹のように似た音たちによってフィルムの上に書き込まれるべきであり、言葉は最後の最後ではじめて救いとしてやってこなければなりません。テクニックについて話すのはあまり好きではありません。なぜならテクニックというものは存在しないからです。その代わりに、あらゆる映像を平板化せずにはいられないという私の偏執《マニー》があると言えましょう。これには正当な理由が存在します。それは私が、変化なくして芸術は存在しない、そして映像の変化なくしてシネマトグラフは存在しないと信じている、むしろ確信しているからなのです。つまり、もしある映像がスクリーン上で孤立してとらえられ、それ自身のままにとどまっているとしたら、また他の映像の横に置かれても変わらぬままにとどまっているとしたら、そこには変化が存在しないのであり、したがってシネマトグラフも存在しないということです。そして次のような結果に至ります。

劇芸術の刻印を押された映像は、すでに別の芸術の刻印が押されているため変化することがない。彫刻を施された木材を使って作られたテーブルが、彫刻がテーブルに影響してしまうせいで、本当の意味でのテーブルでないのと同じことです。他の芸術、とりわけ劇芸術の手垢の付いていない完全に純粋な映像、他の映像や音との接触によって変化しうる映像を手に入れることが必要なのです。シネマトグラフにおいてとても難しいのは……。私は「シネマ」と区別して、「シネマトグラフ」と言っています。「シネマ」は一般的な映画を指しますが、私にとって、それらは撮影された演劇でしかありません。演出家が俳優に芝居《コメディ》を演じさせ、その芝居を撮影するわけです。私にとって「シネマトグラフ」はまったく別物です。それは、関係——映像と映像の関係、映像と音の関係、そして音と音の関係——からなる一つの自律した芸術です。そこにこそ芸術が、真の創造が存在するのです。そこに複製は存在しません。俳優に芝居を演じさせ、芝居を演じる俳優を撮影する場合、カメラは複製の装置となり、創造の装置としての役割を果たすことはできません。上手く説明できているでしょうか？

ステファヌ——よくわかります。

ブレッソン——撮影された演劇の分野では、映画俳優であると同時に舞台俳優でもある俳優に芝居を演じさせ、芝居を演じる彼らを撮影します。私にとって重要なのは、そのようなことではありません。重要なのは、映像、映像と音です。他の映像との接触によって変化する映像です。ただし、それらの映像はある質を備えている必要があります。その質とはおそらくニュートラルであることです。映像が、劇的な意味をもち過ぎないようにせねばなりません。これはじつに難しいことです！　ただ他の映像との接触のみが、その映像に劇的な感じを与えるようにせねばならないのです。映像が何よりもまず交換価値をもつように撮影するには、どのような方法で、どのアングルから撮れば良いのかということを理解するのは容易なことではありません。

ギラン・クロケ〔一九二四—一九八一年、撮影監督。ブレッソン、ジャック・ドゥミなどの撮影を担当〕——この映画を通して、われわれ技術スタッフは、ブレッソンのある定式を理解する機会を得ました。その定式というのは、どの作品でもつねに一種類のレンズしか使わない、しかも

ロバの死。

五〇ミリというやや焦点距離が長く、かなり厳密な制限を課す厄介なレンズしか使わないというものです。これは発生装置なんです。少々厄介な規則というのがどれもそうであるように、これもまた発生装置のようなもので、まったく予期していなかった素晴らしい結果をもたらしてくれるんです。それは不意打ちのようなものです。ブレッソンは俳優との仕事についても、自分は何かが起きるのを待つという風に語っています。五〇ミリでの撮影の話ですが、驚いたのは、ブレッソンは演出を事前に準備するのでなく、五〇ミリのレンズとともに演出を探すということなんです。時に五〇ミリのレンズが解決策を示すこともありました。そこからカット割り《デクパージュ》の、語りのスタイルが生まれます。最終的に、とてもなめらかで統一感のあるスタイルが生まれるんです。たとえばカメラマンの撮影の仕事も驚くほど連続的で、きわめて一貫性のあるものになります。

ブレッソン――演劇は外面的で装飾的な――これは私のなかではけっして軽蔑的な形容詞ではありません――芸術ですが、シネマトグラフの芸術というものが存在するとしたら、その目標、目的地は、内面化、心の内奥、孤立化、つまりは深さであると言えるでしょう。

ブレッソン――私にとってシネマトグラフとは、事物をしかるべき場所に置く芸術です。その点でシネマトグラフは他のすべての芸術と似ています。ヨハン・セバスティアン・バッハがある弟子のために演奏をしたときの逸話が知られていますね。感嘆の念でいっぱいになった弟子にバッハは言います。「何も感嘆することなどありはしない。ちょうど正しい瞬間に、音符通りの鍵を押せばよいだけのことだ。後はパイプオルガンがやってくれる」〔『シネマトグラフ覚書』一七七頁参照〕。

ステファヌ――あなたの映画にあるのは、あるがままの音ではありません。擬

荷馬車の事故。

音を用いているわけではありませんが、音を誇張していますね。台詞の音量を下げる一方で、あなたはオブジェの立てる物音を誇張しています。

ブレッソン――ある時は物音を弱め、ある時は実際以上に増幅したり誇張したりしました。そうした作業は、直感的に、また映画の展開の意味に沿ってなされたものです。

ステファヌ――他方で、あなたは人物たちに身ぶりや態度で表現させていますね。あなたはそれらの身ぶりや態度にも抑制を加えています。

ブレッソン――またしてもテクニック、むしろ私のメカニズムに対する偏執《マニー》の話になりましたね。われわれの身ぶり、さらには言葉のほとんどは自動的《オートマティック》なものです。あなたが膝の上に手を置いているとしても、膝の上に手を置いたのはあなたではありません。モンテーニュのなかに、手のなすところについて書かれた素晴らしい一節があります。「手は、われわれが命令しない方に行くことがままある。[2]」手は自律的《オートノム》なものなのです。われわれの身ぶり、手足はほとんど自律的なものであって、われわれが命令しているわけではありません。それこそがシネマトグラフなのです。身ぶりや言葉についてじっくり考えることとは、シネマトグラフではありません。われわれは自分の言葉をじっくり考えたりしません。言葉は、考えているうちに徐々にやって来るものです。それどころか言葉の方が私たちを考えさせているのかもしれません。演劇がいかに真実や自然に反するものであるかが、ご理解いただけたのではないでしょうか。その反対に、私が映画において見出そうと努めているのは一種の真実なのです。私は真実のマニアなのでしょう。

ステファヌ――にもかかわらず、あなたは、人物たちを彼らの自身のイメージ通りに開花させてやるのでなく、むしろ彼らをあなたのイメージ、あなたの望むイメージにあわせて作り変えてしまいます。

ブレッソン――それは奇妙な混合物、人物たちと私の混合物です。彼らから私を照らし、私から彼らを照らす光のようなものです。演技指導や演出によってではなく、一種の予知能力、相互の調和、そして何よりも友情によって得られるアマルガムのようなものなのです。繰り返しますが、断じて演技指導や演出によって得られるものではありません。この「演出《ミザンセヌ》」という語がすべてを物語っています。現在の「シネマ」（ここでも私はそれを「シネマトグラフ」と対置しています）は演劇、撮影された演劇だということを物語っているのです。繰り返しになって申し訳ありません。

ステファヌ――あなたは自分を演出家《メトゥール・アン・セヌ》とは考えていないのですか？

ブレッソン――まったく。シネアストだとすら思っていません。

ステファヌ――では、ロベール・ブレッソンの職業は？

ブレッソン――昔、ある人が私のことを「配置家《メトゥール・アン・ノルドル》」という風に呼びました。あまり美しい呼び名ではありませんが、演出家より気に入っています。だって舞台《セヌ》など見当たらないわけですから。

ステファヌ――どうしてあなたは自分の選んだ人物たち――あなたは彼らを偶然まかせに選んだわけではありませんね――にもっと即興でやらせてあげないのでしょうか？

ブレッソン――彼らは即興をしています。ただし、あなたが考えているのとはまったく異なる仕方で。私が望むのは、

（2）「命令などしていないのに、欲望やら恐怖でもって、われわれの髪の毛は逆立ち、皮膚はぷるぷる震えるではないか。手だって、命令しないほうに、行くことがままある」（モンテーニュ『エセー1』宮下志朗訳、白水社、二〇〇五年、一六一頁［Michel de Montaigne, *Essais*, I, 20, « De la force de l'imagination », Paris, Firmin-Didot, 1833, p.98］）。

そこで起こっていることに対して精神がいっさい関与しないことです。何度も繰り返すことで、必要とあらば五〇回でも繰り返すことで、精神が言葉や身ぶりにまったく参与しないようにすることです。そうした自動現象《オートマティスム》が得られたら、人物たちを映画のアクションのなかへと投げ込みます。すると、まったく予期していなかったことが起こるのです。ただし、それは演劇での身ぶりや言葉よりも、五〇倍も正確な身ぶりと言葉です。演劇では、俳優は台詞を暗記し、台詞や身ぶりについてじっくり考えます。彼らの演技が正確なものとなるチャンスは万に一つもありません。

ステファヌ――時には俳優が予期せぬ身ぶりをすることもあるのでしょうか？

ブレッソン――しょっちゅうですよ！　これだって予期せぬ反応です！　生をコピーすることは不可能です。コピーすることなく、生に至るための方法を探さないといけません。生をコピーしても、生に至ることはできません。ただ偽物の何かに至るだけです。メカニズムによってのみ、われわれは真実に、さらには現実に至ることができるのだと思います。

サーカスのロバ。

ステファヌ――ロバとの仕事には苦労はありましたか？

ブレッソン――ロバには大いに苦労させられました。というのも、このロバが芸達者なロバであって欲しくなかったからです。脚本を書いているとき、映画を構成しているときですら、この動物＝人物が「飼い慣らされたロバ」にならないようひどく気を遣いました。

ロバをプロにしたくありませんでした。サーカスの場面、ロバが計算をする場面は、それ以外の部分の撮影が終わって、ずいぶん経ってから撮りました。ロバを調教師に調教させて、計算を覚えさせる時間が必要だったからです。この場面を撮るためだけに、わざわざ二ヶ月も待ちました。この場面は二ヶ月遅れで映画に組み込まれたのです。それもすべて、ロバをまったく調教やごまかしのない完全に純粋な動物に保つためでした。しかしその結果、ロバは私がやって欲しくないと思っていることばかりやって、私のやって欲しいと思っていたことはやってくれなかったのです。

ステファヌ——あなたが出演者に求めているのは、どこか心理劇《サイコドラマ》〔精神科医ヤコブ・モレノが創始した、即興的な演技を通じた精神療法〕と呼ばれる精神医学のエクササイズに似ています。これによって、芸術作品を作り出そうという試みもかつてありました。あなたは出演者たちをある状況のなかに置き、彼らに、内面から自分自身の限界に向かうように求めるのです。

ブレッソン——私が興味があるのは、彼らが私に見せるものでなく、私に隠しているものです。

ステファヌ——彼らが隠しているものを撮影できましたか？

ブレッソン——はい。カメラというこの驚嘆すべき装置、奇跡的な装置のおかげで。私が不思議でならないのは、人々がかくも驚嘆すべき装置を、いかさまやごまかしを見せるためだけに使っているということです。カメラはわれわれの眼が記録することのできないもの、というよりもわれわれの眼が記録していてもわれわれの精神が記録することのできないものを記録することができるというのに。これは不思議でなりません。

ステファヌ——職業俳優が出演しているという事実がすでに、そうしたいかさまやごまかしなのでしょうか？『ブローニュの森の貴婦人たち』以降、あなたは職業俳優と一度も仕事をしていません。

ブレッソン——ええ、その通りです。俳優の本性を変えるのは難しいというか不可能です。シャトーブリアンが一八世紀の詩人たちについて語った次のような言葉があります「自然らしさは欠いていないが、自然そのものを欠いている。[3]」演劇における自然らしさは、学習されるものであり、研究された感情に基づいています。自然とは自然そのものです。それこそがわれわれが手にすべきもの、われわれの第一の素材なのです。シネマトグラフにおける第一の素材は、俳優ではなく、人間なのです。

ステファヌ——私だったら、誰もつらい思いをしないで済むように、プロでありながら自然そのものであるような俳優を使います。たとえばミシェル・シモンはまさに自然そのもので……。

ブレッソン——ええ。しかし、またしてもあなたは、私に余計なことを喋らせようとしていますね……。

ステファヌ——そこをどうか……。

ブレッソン——私に、俳優の演技についての考えを語らせたいと……。俳優の演技とは、投出《プロジェクシオン》に他なりません。俳優の演技は、自分の想像した人物を前方へ投げ出《プロジェテ》します。俳優は、人物を投げ出すのと同時に、自分自身も投げ出してしまいます。そして自分自身を見つめ、監視するのです。もし映画で同じ事が起こったら、つまり俳優が自分自身を投げ出してしまったら、彼に何が残るでしょうか？　何一つ残りません。人物は空っぽになります。クロース・アップになるとしばしばそれを見てとることができます。それは俳優の不在、彼のイメージそのものの不在のようなものなのです。

ステファヌ——それに対して、俳優ではない人々、つまり歪みがなく自分を監視することもない人々を起用することで、より真実に近づけると考えているのですね？

ブレッソン——才能、偉大な才能、きわめて得難いもの——われわれが実人生で魅力と呼んでいるもの——、それらはつまり、己が何者かわかっていない人々のもつ魅力のことです。それこそ私が探し求めるものです。偉大な魅力、それこそがシネマトグラフで見出すべきものであり、シネマトグラフが心理学や精神分析の分野において、ずっと遠くまで進むことができるものなのです（繰り返しますが、私は精神分析家でも心理学者でもありません）。

ステファヌ——本当かどうかわかりませんが、あなたは出演者にシナリオの全体を渡さないと聞いたことがあります。彼らは、自分が立ち向かうことになる物語を知らないのだと。

ブレッソン——いや、それは違います。出演者にはしっかりとシナリオを渡しています。彼らが知らないことがあるとすれば、それは撮影中に彼ら自身がやっていることです。私のシネマトグラフでは、シネマでの慣例とは異なり、毎晩彼らに前日のラッシュを見せるということはしません。絶対に彼らがやったことを見せたりしないのです。これは、彼らが鏡に写った自分を見るようにスクリーンの上の自分を見ることがないようにするためであり、またプロの俳優たちがするように、「おや、鼻を右に向け過ぎているな。もう少し左寄りにしてみよう。次はずっとよくなるはずだぞ」などと言いつつ自分の演技を修正するような真似をさせないためです。私の言いたいことが理解できますか？

ステファヌ――出演者たちにはどうやって台詞を覚えてもらうのでしょうか？　彼らの台詞に対する関与はどのようなものでしょうか？

ブレッソン――私が望むのは、出演者たちが意味のあるものとしてではなく、意味のないものとして台詞を覚えることです。つまり語がもっぱら音節となること、フレーズが語であるだけでなく音節ともなることです。そして、先ほど話したように、彼らを映画で起こる事件《ペリペシー》のなかに放り込んだときにはじめて、彼ら自身も知らぬうちに意味がやって来ることなのです。

ステファヌ――彼らはいきなり見知らぬ言語で物を覚えさせられ、投げ出される瞬間になってはじめて、その翻訳を与えられるということですね。彼らに思う存分自らを表現させられるように、長いシークエンスやショットを撮ったりすることはありますか？

ブレッソン――私にとってシネマトグラフの実質は、それらの身ぶりや語そのものではなく、それらの身ぶりや語が喚起するものです。それは、私だけでなく彼ら自身からも完全に独立したもの、彼ら自身もまったく知らぬうちに作

（3） François-René de Chateaubriand, *Mémoires d'outre-tombe*, *op. cit.*, t. I, p.386-387.

り上げられるものであり、それらの身ぶりや語によって引き出され、彼らの態度や顔の上に読みとられるものなのです。モンテーニュの言葉はご存じですね。「いかなる動きも、われわれを露わにする。」(4)

マル――もし『バルタザールどこへ行く』が職業俳優で撮られていたら、映画の調子のなかに正しくないものが紛れ込むことになってしまっていたでしょう。出演者の顔が知られていないことが不可欠であった、演劇とはいっさい関わりのない人たちであることが不可欠であったのだと思います。ブレッソンの映画が、とくにこの映画が異例なのは、それが劇芸術とのあいだにありうる関係をすべて断ち切った映画であるということです。これは内的な生の映画です。また、いろんなものに喩えてみることができる、たとえば音楽や絵画に喩えてみることのできる映画です（そうした比較に興じるのは楽しいことです）。そして何より、思考の表現の映画です。一般に、いざ本番となると、監督というのは出演者と呼ばれる人たちに芝居を委ねます。彼らはプロの俳優で、自分なりの秘訣（秘訣、あるいは才能。しかし才能こそが邪魔ものなのだとすら言えます）で仕事をする人たちです。そうした秘訣が割り込んできて、ブレッソンが思考の正確さを保つのを妨げてしまうのです。ブレッソンの思考を逸脱させ、ねじ曲げてしまう。もしかしたらそれを豊かにすることもあるかもしれませんが、私にはわかりません（そういう風に考えてみることはできます）。確かに、俳優は映画を豊かにするのだと主張することはできるでしょう。しかし、いずれにしてもブレッソンの思考を歪めてしまう。しかし、もしブレッソンが未知の人々を用い、彼らを選び抜き、仕事をさせたなら、つまりまったく手つかずの土地に立ったなら、彼が作品について抱いているアイデアをまったく無傷のままに保つことが可能になるということは言うまでもありません。ブレッソンの場合、それは疑う余地のないことだと思います。

ステファヌ――シナリオに話を戻したいと思います。じつに見事に構築されています。しかし何と多くの省略が、疑問点があることでしょう！　たとえば、ジェラールが憲兵に召喚される場面があります。なぜ彼が呼び出されたのか観客の誰もわからなかったという話をご存じでしょうか？

ブレッソン――私にだってわかりませんよ！……というのは冗談です。経過の詳細な説明は映画から排除するようにしました。誰かが憲兵に召喚されますね？　その後の展開はしっかり見せていますよ！　ただし、そこには一つの規則、優れた規則があります。たとえそれに背くためにあるのだとしても、やはり規則は必要ですから。その規則とは、つねに原因より先に結果を見せるというものです。映像、映画が観客の関心を引きつけられるよう、原因を知りたくてたまらないようにしてやるのです。ある俳優が憲兵に召喚されます。しかし観客にはその理由がわかりません。その後、観客は理由が判明したと思う。殺人事件が起こったのです。しかし誰が犯人かは重要ではありません。ジェラールが犯人かと思いますが、彼ではないことが明らかになる。では放浪者のアルノルドかと思うわけですが、やはり彼でもない。結局、物語はどうでもよいのです！　おそらく彼ら自身も事件の顚末を知らないし知ることもないでしょう。もしかしたらそれは殺人事件ですらなかったかもしれない。ただの事故だったのかもしれません。いずれにしても、それが別の誰かによる殺人だったのか、それとも偶然による事故だったのかといったことは、私の物語にはまったく関わりがないのです！　私がつねに心がけているのは、本質的でない事柄はすべてばっさりと削除することです。

もしかしたら間違っているかもしれませんが、私は、芸術は今や衰退期、末期にあり、死に瀕しているのだと思います。それは自由になり過ぎてしまったからかもしれないし、現在あらゆるものが被っている途方もない普及のせいであるかもしれません。映画《シネマ》、ラジオ、テレビが芸術を殺してしまうでしょう。しかし、まさにシネマトグラフ、ラジオ、テレビによってこそ芸術は、おそらく以前とはまったく違う姿で生まれ変わることになるのだとも思います。きっと「芸術」という語も同じ意味ではいられません。そこにこそ希望があります。もちろん、私はまったく新しい芸術としてのシネマトグラフを信じています。われわれはまだシネマトグラフの何たるかを完全に理解してすらいま

（4）モンテーニュ『エセー2』二九七頁［Montaigne, *Essais*, I, 50］。

せん。私はシネマトグラフのミューズを信じています。画家のドガは言いました。「ミューズたちはおしゃべりなどしない。時として彼女たちは一緒にダンスをする。(5)」シネマトグラフは一つの自律した芸術である、遠からずそうなると私は信じています。映画は、諸芸術の総合であるとか諸芸術の総合であるべきだとか言われてきましたが、そうではありません。それは完全に閉ざされ、完全に自律した一つの芸術なのです。

シネマトグラフに対置されるシネマは、きっと今後も存続してゆくでしょう。娯楽としてのシネマがなくなってしまう理由はありませんから。しかし私は真摯な芸術としてのシネマトグラフを堅く信じています。それは娯楽ではなく、反対に、事物を深く掘り下げる手段、人間を深く掘り下げる助けとなるでしょう。そして、きっと発見の手段ともなるはずです。

『プール・ル・プレジール』、フランス・ラジオ・テレビ放送局、一九六六年五月一一日
Pour le plaisir, ORTF, 11 mai 1966.

(5) ポール・ヴァレリー「ドガ　ダンス　デッサン」『ヴァレリー集成V 〈芸術〉の肖像』一三二頁［Paul Valéry, « Degas danse dessin », dans *Œuvres*, *op. cit.*, t. II, p.1165］。

踏破された道のり

ピエール・アジャム〔一九三九―一九八八年、フランスの作家、批評家〕——前作『ジャンヌ・ダルク裁判』は一九六二年でした。その後『バルタザールどこへ行く』が公開されるのに、一九六六年を待たねばなりませんでした。四年間の沈黙は何を意味するのでしょうか？

ロベール・ブレッソン——私にとって映画作りとは、準備や撮影ばかりでなく、紙の上での執筆作業や、必要な資金の調達、つまり出資してくれるプロデューサー探しでもあります。最近では、プロデューサーも私を信頼するようになってきてはいますが、それでも二、三年に一本を超えるペースで映画を撮るのは難しいのです。加えて、今触れられたこの四年の間には、ディノ・デ・ラウレンティスから『創世記』の冒頭（天地創造からバベルの塔まで）を撮って欲しいという注文もありました。私はこの注文に夢中になって、シナリオを書き、半年ほどイタリアに滞在し、三〇人もの庭師と一緒に地上の楽園を造成したりしました……。そのせいで二年分の仕事の時間を失ったばかりか、二年余計にスクリーンから遠ざかることになってしまいました。というのも『創世記』は結局、ジョン・ヒューストンの『天地創造』〔一九六六年〕となってしまったからです。

アジャム——そうしたことには慣れっこなのでは？　あなたは二七年間で八本しか映画を撮っていません……。

ブレッソン――それはプロデューサーが企画に飛びついてくれないからです。私は休むことなく撮り続けたくて燃え立っている、猛り狂っているのです。

アジャム――『バルタザールどこへ行く』に話を戻しましょう。この映画に取りかかったのはローマから戻った後なのでしょうか？

ブレッソン――取りかかったのはそれ以前です。執筆が終わったのはローマから戻った後でした。残念ながら、一九六四年の夏に撮影を行うにはもう遅すぎました。この映画は、私が一五年来ずっと考え続けてきたものです。構成が難しいせいで諦めてはまた取りかかり、諦めてはまた取りかかりの繰り返しでした。

アジャム――この映画のアイデアはどのように思いついたのですか？

ブレッソン――ロバの頭が、映画を支配する要素として私の前に姿を現しました。それは私が子供の頃に見たロバであり、ロマネスク様式の教会や大聖堂の柱頭に見られるロバであり、そしてまた聖書――新約聖書と旧約聖書――に出てくるロバでもあります。最初に私を引きつけたのは、おそらくロバの頭部のもつ造形的な美しさでした。

アジャム――ロバの名前はバルタザールですね。『バルタザールどこへ行く』というタイトルはどこから来たのでしょうか？

ブレッソン――私の隣人であるプリンセス・ビベスコ〔マルト・ビベスコ、一八八六―一九七三年、ルーマニア出身の作家〕から教えてもらいました。「バルタザール、偶然まかせに」というのは、自分たちを東方三博士のバルタザールの末裔であると主張していたボー伯爵家の銘でした。

アジャム――もし映画を見ていない人から主題は何かと問われたら、どのように説明しますか？

ブレッソン――説明しません。純真さ、単純さ、忍耐を象徴するロバがいて、それに相対するかたちで高慢、吝嗇、残酷さといった悪徳を象徴する人々がいます。そしてロバは彼らに苦しめられ、彼らのせいで死んでしまうのです。

動物と人間のあいだには謎めいたコミュニケーションが存在しています。とくにロバとのあいだには。『カラマーゾフの兄弟』でのドストエフスキーの言葉を思い出すべきでしょう。「人間よ、動物の上に立とうとしてはいけない。」[1] また『白痴』の一節を思い出してもよいでしょう。[2] 若かりし頃のムイシキン公爵は、バーゼルの市場でロバが鳴くのを聞いて明晰さと知性を取り戻します。ロバには魂、知性、心があるのです。私はこの映画のなかで何も主張していませんし、何も証明していません。私はただ関係を据えただけです。後は映画がやってくれました。

アジャム——『バルタザールどこへ行く』によって、あなたは自分の仕事の曲がり角にさしかかったと思われますか？ あるいはせめて、これまでの作品とはまったく違うものになっていると思いますか？

ブレッソン——曲がり角ではありません。まっすぐな道です。あなたがそのように言うのは、おそらく『バルタザールどこへ行く』が、私自身を最も詰め込むことができた映画だからだと思います。この映画は、いかなる書物にも強制されたり影響されたりしていません。おそらくまた、この映画では、私が用いる手段が通常のシネマで用いられるものとは異なるということが、これまで以上に明白になっているのではないかと思います。

アジャム——いずれにしても、あなたの作品には一貫して存在する要素があります。あなたの信仰です。あなたはカトリックの映画作家ですが、どの程度自分の信仰との関わりで主題を選んでいるのでしょうか？

ブレッソン——確かに、私はカトリック信者ですが、そのような問いを立てたことはありません。信仰は私の内にあり、信仰は私そのものです。ゆえに信仰と主題のあいだには、私と主題とのあいだにあるのと同じつながりがあるのです。

アジャム——では、信仰のことはほとんど意識していないと？

（1）「動物を愛しなさい。神は動物たちに、原初の思考と穏やかな愛を授けたのだから。動物を怒ってはいけない、苦しめてはならない、喜びをうばってはならない、神の御心に逆らってはならない。人間よ、動物の上に立とうとしてはいけない。動物には罪がない。しかし人間は、偉大な力をもちながら、その出現によって大地を腐らせ、腐った足跡を後に残していく」（ドストエフスキー『カラマーゾフの兄弟2』亀山郁夫訳、光文社古典新訳文庫、二〇〇六年、四五一―四五二頁［Fédor Dostoïevski, *Les Frères Karamazov*, VI, 3, Gallimard, 1948, p.291］）。

（2）ドストエフスキー『白痴1』一三四頁［Fédor Dostoïevski, *L'Idiot*, *op. cit.*, p.67］。

ブレッソン――アイデアの方が私のもとにやって来るのであって、どうして、どのようにしてなのかは私にはわかりません。それでも、アイデアは私のもとに、それを用いてどうすればよいのかほとんどわからない私のもとにやって来るのです。たとえ拒否しても、しばしばアイデアは私のもとに舞い戻って来てしまいます。他人の書いた書物を出発点に映画を作ることがあるのは、オリジナルな主題を熟成させる時間がないからです。ジャン＝ジャック・ルソーは、『エミール』の主題を二〇年も寝かせていたそうですよ。

アジャム――先ほどから話題にしている信仰の問題や、二人ともジャンヌ・ダルクに関心をもっているという点から、あなたはカール・ドライヤーと比べられてきました。

ブレッソン――私とドライヤーは正反対です。彼は演劇の手段を用いますが、私はそれを拒絶しています。彼は人物を内面化する《アンテリオリゼ》、つまり人物を外側からでなく内側から描くことはしているのですが、それをなすにあたって職業俳優の声の効果や身ぶり、物真似《ミミック》といった私が完全に拒否しているものをすべて使ってしまうのです。

アジャム――では、そうした〔演劇の手段の〕放棄に至るまでにあなたが踏破してきた道のりをたどってゆきたいと思います。最初の作品は一九三四年に遡りますね。中編の『公共問題』です。

ブレッソン――この映画には一つしかプリントがありませんでした。現存しているかどうか、どこにあるかは私にもわかりません。この映画は、どう言えばよいか、「バーレスク映画」や「ファンタジー映画」ではありませんでした。ファンタジーは、ピトレスク〔絵画美〕と同じくらい嫌いです。あの映画は、いわば「狂った喜劇」だったのです。

『公共問題』は、道化師ベビーが演じる架空の独裁者の三日間を描いたものです。ダリオやジル・マルガリティス〔一九一二―一九六五年、フランスの映画監督、俳優。出演作に『アタラント号』（三四年）など〕も出演していました。それ以外は無名の人たちです。映画のラストは覚えています。ノルマンディー号〔洋上の宮殿と謳われたフランスの巨大客船〕の進水式でした。進水したばかりの大西洋横断客船が沈んでしまうのです。映画が上映されたスティディオ・ラスパイユでは、観客がスクリーンにインクを投げたり、座席を壊したりする騒ぎになりました。

アジャム――どういう経緯で映画の道に進むことになったのでしょうか？

ブレッソン――私は画家です。しかし、どうしても絵を描くのをやめざるをえなくなりました。私は映画が好きでした。友人のローランド・ペンローズが出資してくれたので、『公共問題』では自分でプロデューサーもやりました。この中編の後は、これと同じくらい少しばかり「狂った」シナリオを書いていたのですが、誰も手を出そうとはしませんでした。

アジャム――そうした戦前の仕事と、一九四三年の初長編『罪の天使たち』以降の仕事とのあいだにある断絶は、じつに奇妙なものです。

ブレッソン――別に奇妙ではありません。物事の見方は間違いなく同じままです。ただし物事の見せ方は変わっています。きっと幾ばくかの戦争と捕虜の経験が、そうした変化に関わっているはずです。

アジャム――画家としての活動は、映画監督としての活動に影響を与えていますか？

ブレッソン――絵画には、そして映画にもテクニックというものはありません。テクニックは最近の発明です。今ではどこもかしこもテクニックだらけです。絵画が私に教えてくれたのは、事物はそれ自体で存在しているのではないということでした。事物のあいだの関係こそが事物を作り出しているのです。

アジャム――『罪の天使たち』のアイデアは、どのようにして生まれたのでしょうか？

ブレッソン――サン゠マクシマンに向かう列車のなかで、ブリュックベルジェ神父〔レイモン・レオポルド・ブリュックベルジェ、一九〇七―一九九八年、ドミニコ会修道士、作家〕が、とある女子修道会の存在を教えてくれました。そこでは悪が善と対等に存在している、つまり更正した修道女や更正中の修道女が、他の修道女と同じ制服を着て一緒に暮らしているということでした。彼は『監獄のドミニコ会修道女たち』という本を読むように勧めてくれました。(3) ブリュックベルジェが何と言っていようとも、この映画に対す

(3) Maurice-Hyacinthe Lelong, *Les Dominicaines des prisons*, *op. cit.*

る彼の貢献はそれでお仕舞いです。この点ははっきりさせておかねばなりません。

アジャム――では、ジロドゥの貢献は？

ブレッソン――ジロドゥは大いに私を助けてくれました。しかも、じつに魅力的なやり方でね。彼のおかげで、彼の協力のおかげで、私は、映画を包囲する有刺鉄線の向こう側に迎え入れてもらうことができたのです。私は朝の八時にシナリオをもって彼に会いに行きました。九時には彼から、台詞の執筆を引き受けるという電話がありました。

アジャム――『罪の天使たち』の配役は以下の通りです。ルネ・フォール、ジャニー・オルト、シルヴィー、マリー＝エレーヌ・ダステ、ポーラ・デエリ、シルヴィア・モンフォール、ミラ・パレリ、ヨランド・ラフォン、そしてルイ・セニエです。あなたは俳優も演劇もお好きではないそうですが、それにしても豪華ではありませんか！

ブレッソン――少なくとも、この当時は、映画館にほとんど足を運んでいませんでしたし、劇場にはまったく行っていませんでした。だからプロデューサーのロラン・テュアル〔一九〇二―一九五六年、フランスの映画プロデューサー、監督。『希望　テルエルの山々』（三九年）など〕にキャスティングを委ねたんです。撮影してゆくなかで、私の前にいるこの女優たちとでは上手く行かないということに気づきました。その後、どうしてだか考えているうちに、驚いたのは、画家である私がまず抵抗を示したのが彼女たちの口調であったこと、また、そこに罠があるのをすぐさま見抜いたことでした。

アジャム――とはいえ、優れた女優たちですよ……。

ブレッソン――彼女たちが私の前でやってみせたのは、舞台の上でやっているのと同種のことでした。それは劇芸術、贋造の芸術だったのです。事態を収拾するため、テュアルは毎朝、女優たちに私の言うことに耳を貸さないように懇願していました。彼は、女優たちが芝居を演じていないというので、この映画は失敗作だという噂を吹聴して回りもしました。彼はマルセル・アシャール〔一八九九―一九七四年、フランスの劇作家、脚本家、映画監督〕に映画を上映して見せたのですが、アシャールは大成功を収めると太鼓判を押してくれました。この映画はパラマウント座〔パリのオペラ座近くにある豪華な映画館。現在のゴーモン＝オペラ座〕で封切られましたよ。

アジャム――そうした成功にもかかわらず、翌年、『ブローニュの森の貴婦人たち』を撮るのにひどく苦労されましたね。

ブレッソン――資金面での苦労や、撮影面での苦労はありませんでした。この映画が作られたのは、ノルマンディー上陸作戦の頃です。警報、空襲、停電、神経の高ぶった女優たち……。休戦協定まで撮影が中断され、これまたひどい状況のなかでの撮影再開となりました。ああ！　とりわけ厳密さを要したこの映画においてですよ！

アジャム――シナリオにおけるディドロ、あなた、コクトーの役割はどのようなものだったのでしょうか？

ブレッソン――私がしたのは、『運命論者ジャック』のなかで語られる話から、ディドロが手短に語っている二人の女性の物語――女衒の母親とその娘の物語――を発展させることでした。コクトーは、長椅子の端に腰かけ、わずか一時間足らずのうちに、私が残そうとしていたディドロの素晴らしい仕事と、私自身の仕事とを見事な手さばきで結び合わせてくれました。

アジャム――マリア・カザレス、エリナ・ラブールデット、リュシエンヌ・ボゲール、ポール・ベルナール、ジャン・マルシャが相手だと、また職業俳優の問題が生じたのではないでしょうか？

ブレッソン――そうです。しかも私はアラン・キュニー〔一九〇八―一九九四年、フランスの俳優。『悪魔が夜来る』（四二年）など〕を使いたかったのに、プロデューサーのラウル・プロカン〔一九〇〇―一九九二年、フランスのプロデューサー。『この空は君のもの』（四四年）など〕が首を縦に振ってくれませんでした。諍いになり遅れが生じ、結局、私が譲歩することになりました。代わりはポール・ベルナールでした。この映画でのマリア・カザレスは見事に「非＝悲劇」を演じています。しかし撮影初日からそうだったわけではありません。われわれのあいだには戦いがありました。

アジャム――観客の反応はあまり良くなかったのではないかと思いますが？

ブレッソン――行動《アクション》はなく、感情しかありませんからね。批評は、概して私を抹殺しました。復活を遂げるにはずいぶん時間がかかりました。プロカンは映画を人目に触れぬよう仕舞ってしまいました。

アジャム――あなたは出資者たちからあまり相手にされなくなってしまったわけですね。次作の『田舎司祭の日記』は一九五〇年ですから……。

ブレッソン――『田舎司祭の日記』は注文作品でした。ベルナノスの小説を読んだ後、一度断ったのですが、二回目に読んだ後で引き受けることにしました。しかし原作の精神に対して忠実であろうとしたせいで、シナリオは「劇的な面白味がない」と判断され、突き返されてしまいました。そしてプロデューサーを変えることになったのです。一年後、ユニオン・ジェネラル・シネマトグラフィックの製作で映画を撮ることができました。

アジャム――俳優という観点からすると、『田舎司祭の日記』は大きな一歩を踏み出すものです。この作品で初めて、職業俳優を放棄なされますね。

ブレッソン――ええ、完全にではありませんが。デルバンド医師役でバルペトレ〔アントワーヌ・バルペトレ、一八九八―一九六三年、フランスの俳優。『赤と黒』（五四年）など〕が出ていますし、マリー＝モニック・アルケル〔一八九三―一九五七年、フランスの女優。サラ・ベルナールのもとで演技を学ぶ〕もいます（彼女は、私を安心させるために、もう二〇年も演技をしていないなんて言ったんですよ）。彼女が演じた伯爵夫人のシークエンスの撮影後は、ボクシングの試合の後のように「グロッキー」状態でした。

クロード・レデュ（アンブリクールの司祭）は、最初に会ってから撮影が始まるまでのあいだに、ジャン・ダステ〔一九〇四―一九九四年、フランスの俳優、演出家。『アタラント号』（三四年）など〕とコメディ・ドゥ・サンテチエンヌで少しばかり演劇をやったようです。彼は繊細で感受性豊かでした。数日ほどで、彼に学んだことを忘れることを叩き込みました。この映画ではまだ随所に劇的になり過ぎている部分があるものの、この映画以降、私は自分の手段を数え上げ、それを確かなものとし、職業俳優を完全に消し去ることを決意したのでした。

アジャム――非職業的俳優をどのように指導するのでしょうか？　また結局のところ、彼らから何を手に入れようとしているのでしょうか？

ブレッソン――まず第一に、私は指導しません。彼らが自らを導くのです。演出《ミザンセヌ》も俳優への演技指導もありません。なぜなら単純に舞台《セヌ》も俳優も存在しないからです。主人公《プロタゴニスト》たちに必要なのは、自分を忘れること、自分をコントロールするのをやめること、自動的になることです。重要なのは、彼らが私に見せるものではなく、彼らが私に隠しているもの、それどころか自分の内にあるとは彼ら自身も思っていないものなのです。

アジャム——では、どのような基準で彼らを選ぶのでしょうか？

ブレッソン——直感によって選びます。選択を間違わなければ、彼らを好きにさせることができます。ただし限られた枠組みのなかにおいてです。私が彼らを照らし出し、彼らが私を照らし出すのです。私が望むのは、彼らが不意打ちをもたらすことです。

アジャム——あなたは例によって彼らに「抑揚のない口調」を課しています。

ブレッソン——まず、この口調は抑揚を欠いたものではありません。それは真実のもの、つまり正確なものです。この「正確」という語は、演劇では必ずしも理解されていません。演劇の口調は、研究された感情、不安定な感情に基づいています。それは、ふらふらと不安定なものなのです。言葉や身ぶりは自動的なものでなければなりません。われわれの生活の四分の三をなす自動現象《オートマティスム》からこそ、思考や推論を経ていない真実が生まれるのです。

言葉は何よりもまず一つのリズムです。リズムの重要性、その絶対的な力が私の仕事を支配しています。私が主人公《プロタゴニスト》たちに課している唯一の訓練は、朗読の訓練です。これはピアニストの音階練習に相当します。ポール・ヴァレリーは、第二帝政下の有名な馬術教師、〔フランソワ・〕ボーシェが、若い弟子の前でどのように馬に乗って見せたかを語っています。彼は馬術練習場の端から端まで、ごく単純に並足で歩いてみせた、と。弟子はうっとりとなりました〔ポール・ヴァレリー「コローをめぐって」（『ヴァレリー集成V〈芸術〉の肖像』二三〇頁）を参照〕。

アジャム——『田舎司祭の日記』の六年後、『抵抗』を監督しますね。この映画の出発点は、アンドレ・ドヴィニの自伝的な物語です。

ブレッソン——その点についてお話ししておきたいことがあります。ドヴィニの素晴らしい物語は、一九五四年に『フィガロ・リテレール』誌に発表されました。感銘を受けました。彼がそれを下敷きにして本を書いているあいだ[4]に、私もそれを下敷きにして映画のシナリオを書きました。だから私の映画の幾つかのシークエンスは、彼の本とまったく一致していないのです。やりとりされる言葉の大筋においてさえもです。彼に私のシナリオを見せたら、「まったくこの通りだ！」と叫んでいましたよ。

アジャム——いずれにせよ、この物語は、現実と真実が同義ではないということを証明しています。

ブレッソン——そうです。しかし私の方で現実を加えることもしています。この映画は、モンリュック監獄で撮影しました。ドヴィニの独房、彼がじっさいに通った中庭や屋根、巡視路で撮影したのです。この映画は、そのおかげで気楽に撮ることができました。彼の物語に対してかなり無頓着になることができたのです。疑う余地なく、そのようであったわけですから。あれこれ説明したり状況を設定したりする必要はありませんでした。

それに、私自身も監獄での生活を知っています。こうした物音の世界を知っているのです。映画の作家は、ただ実行するだけの存在であってはなりません。空虚に陥ってはなりません。映画の作家は、そもそもの最初から創造者でなくてはならないのです。

アジャム——三年後に撮られる『スリ』がまさにそうです。あなたはシナリオと台詞の作者でもあります。

ブレッソン——この映画の出発点は手、われわれの手です。パスカルは「魂は手を愛する」と言っていますし、モンテーニュも「手は、われわれが命令しない方に行くことがままある」と言っています。

アジャム——ジャック・ドニオル゠ヴァルクローズとジャン゠リュック・ゴダールとのインタビューのなかで、あなたは「外面的な冒険、それはスリの手が繰り広げる冒険です。その手が、持ち主を内面的な冒険へと駆り立てることになります」と語っています。スリの内面的な冒険とは何でしょうか？

ブレッソン——私の描いたスリとその手との関係は、道徳に帰着するように思います。スリを現行犯で捕まえるには、捜査官はスリが手のなかに紙幣や宝石を持っているところを捕まえないといけないんですよ。

アジャム——どうしてですか？

ブレッソン——なぜかというと、とあるスリが、まさに捕まえようとしたその瞬間に、（本人いわく）後悔の念で一杯になって盗みをやめようとしたことがあるからです。そこから道徳的な問題が生じるのです。
アジャム――同じインタビューであなたは、観客が『スリ』を「歓迎」してくれるだろうと予言しています。じっさいにそうだったのでしょうか？
ブレッソン――ええ、最終的には。出だしは振るわず、ぱっとしませんでしたが。プロデューサーや配給業者は公開直後の収益ばかり気にしていますが、それは必ずしも必要ではないのです。
アジャム――一九六二年に撮られた『ジャンヌ・ダルク裁判』の上映時間が短いのは、経済的な理由からでしょうか？
ブレッソン――違います。むしろ私は予算よりも低く抑えたはずです。この映画は入念に準備され、ロケーションもちゃんと選ばれていましたから。それに映画の全編が、同じ場所、ムードンの城館の地下（テラスの下の部分）と庭で撮られていますからね。
もしこの映画が短すぎるとしたら（しかし何と比べて短いのでしょうか）、それは私のせいです。「裁判物のスタイル」は、途中で観客をうんざりさせてしまうのではないかと心配になったのです。もし上映時間について、しかるべき時点で適切に判断することができていたら、気に入っていた〔ジャンヌと判事の〕問答をさらに幾つか付け加えることができたのにと悔やまれます。
アジャム――この映画は予定よりもお金がかからなかったのですね。しかし、あなたは「予算超過」のスペシャリストとして通っています。
ブレッソン――それも作り話です。確かに『バルタザールどこへ行く』では、少しばかり「予算超過」しました。しかし、それはロバの気まぐれのせいです。ロバは芸達者でもなく調教されてもいませんでしたから。
アジャム――しかしサーカスの場面は？

（4）アンドレ・ドヴィニ『死刑囚は逃げた』田邊貞之助訳、紀伊国屋書店、一九五七年〔*Un condamné à mort s'est échappé*, Gallimard, 1956〕。

ブレッソン――あそこは最後に撮ったんです。二ヶ月かけて調教師のギイ・ルノーにバルタザールを調教してもらった後で撮りました。

アジャム――定期的に話題になる三本の映画がありますね。あなたが撮るはずだった映画、これから撮る映画、あるいは撮りたいと望んでいる映画です。つまり『クレーヴの奥方』、『イグナチオ・デ・ロヨラ』、『湖のランスロ』です。この三本はどうなっているのでしょうか?

ブレッソン――『クレーヴの奥方』はジャン・ドラノワが撮りました。私はちゃんと契約していました。しかしプロデューサーがそれを守らなかった。私は裁判で勝訴しています。

『イグナチオ・デ・ロヨラ』は、『田舎司祭の日記』同様、注文作品でした。プロデューサーのダンジェロ〔サルヴォ・ダンジェロ、一九〇九―一九八九年、イタリアのプロデューサー、美術監督。『ドイツ零年』(四八年)、『ベリッシマ』(五一年)など〕は、本当に魅力的な人物で、サンタンジェロ城の頂きに事務所を構えていました。私の知らないうちに、彼はもう一つのシナリオと台詞をジュリアン・グリーンに依頼していたんです。私も私で仕事をしていました。撮ることなく終わったこの映画のために、ほとんど丸一年をイタリアで過ごしました。しかし、その時間を無駄だったとは思っていません。

『湖のランスロ』は、まだ企画の状態で残っています。多くの人物、群衆、馬、カラーでの撮影などが必要となるのでお金がかかります。資金繰りを容易にするため、英語とフランス語の二つのバージョンを立ち上げようとしています。映画のもととなる物語は、アングロサクソンとわれわれに共通の神話をなしていますからね。

アジャム――最初の三本の長編は、ジャン゠ジャック・グリューネンヴァルトの音楽が添えられていました。その後、『抵抗』[5]ではモーツァルトを、『スリ』ではリュリを、『バルタザールどこへ行く』ではシューベルトを使っていますね。音楽にはどのような役割を与えていますか?

ブレッソン――音楽は、支えや補強ではなく、変化の要素でなくてはなりません(変化なくして芸術はありません)。モンタージュにおいて映像や他の音と接触し合い、それらに変化をもたらす要素です。変化がなければ、映画は真に生命を得ることができません。

たとえば『抵抗』では、モーツァルトのミサ曲ハ短調を用いることで、監獄の中庭でバケツの中身を捨てる場面に、もともと映像にはなかった典礼のような趣きを与えるということをしました。『ジャンヌ・ダルク裁判』には音楽はありません。主題そのものが崇高であったので、わざわざ崇高にする必要はありませんでしたし、そもそもそんなことは不可能でした。ただ、もしやろうと思えば、通俗的な音楽によって主題を貶めるということはできたかもしれません。『バルタザールどこへ行く』では、シューベルトのソナタの第二楽章アンダンティーノがライトモチーフになっています。ロバの口数があまりにも少ない場合に、ロバの映像にこの音楽を添えました。

音楽には、それが止んだ後に、沈黙を生じさせるという役割もあります。沈黙を創造すると言ってもよいでしょう。沈黙もまたリズムの一部をなしています。

アジャム――あなたはしばしば「ジャンセニスト」と形容されますが、これについてはどうお考えですか？

ブレッソン――他にもいろんなレッテルがあります。ジャンセニストですか？ 私は予定説を、ただし偶然と混じり合ったものとしての予定説を信じています。また私の映画が厳格で、無駄がない《デプイエ》という意味でもジャンセニストと言えるかもしれません。ジョルジュ・サドゥールにこう言ったことがあります。「電流を流すには、電線を裸に剝かねばならない」と。

アジャム――他の監督たちに対して自分をどのように位置付けますか？

ブレッソン――独自の位置付けを。かつてコクトーが私について言ったように、「この恐るべき職業のなかにおいて独自」の位置を占めています。私は自分を演出家だともシネアストだとも思っていません。絵を描くのをやめなくてはいけなくなったので、私はその空白を埋めているのです。手を使う仕事をしていれば、もっと上手く空白を埋める

（5） フランツ・シューベルト「ピアノ・ソナタ第二〇番イ長調 D959」［Franz Schubert, *Sonate en la majeur* op. posth., D959 (1828)］。

ことができたかもしれませんね。
アジャム——とはいえ敬愛する映画作家はいるのでは？
ブレッソン——チャップリンとバスター・キートンです。私は彼らの「ジャンセニスム」を敬愛します。彼らの——とくにキートンの——数学的な精確さもまた愛しています。彼らのエレガンスはそうした精確さから生まれるものです。私はもう映画館に通っていません。映画館を出ると、気分が沈んでげんなりしてしまいます。私は別の道を進み過ぎてしまったようです。
アジャム——しかし若い監督たちのあなたに対する熱狂は……。
ブレッソン——感動を覚えます。機会があれば、私の周りに集う若い人たちと一緒に仕事をしてみたい、映画の断片を私の代わりに彼らに撮らせてみたいですね。ルネサンスの時代の画家のアトリエのようなものになるでしょう。私もあらためて自分の連続性を感じ、他者を介して自分のなかに入り込むことができるかもしれません。またプロデューサーたちが——わずかな例外を除いて——、若者に仕事をやらせることに対して抱いている恐怖心を取り除くことにもつながるのかもしれません。
アジャム——『バルタザールどこへ行く』は、カンヌ映画祭の運営委員会に提案されたものの、拒否されてしまったそうですね。カンヌに選出されることを期待していましたか？
ブレッソン——いいえ。私の映画には二、三票しか入りませんでした。結構なことです。この映画祭は私の敵ですから。他方で、『バルタザールどこへ行く』がヴェネチア映画祭のコンペに入ったことをうれしく思っています。カンヌは私向きではありません。あれは別の類いの映画、スターの出てくる映画向けの映画祭です。

「ブレッソンによる映画」、『レ・ヌーヴェル・リテレール』、一九六六年五月二六日
« Le cinéma selon Robert Bresson », *Les Nouvelles littéraires*, 26 mai 1966.

10

『少女ムシェット』——一九六七年

『少女ムシェット』の撮影風景。カメラマンのジャン・シアボ（カメラを覗く男）、小道具係のジャン・カタラ（ホースを持つ男）、チーフ助監督のジャック・ケバディアン（じょうろを持つ男）、ナディーヌ・ノルティエ。

むしろ肖像画家が描くように

イヴォンヌ・バビー〔一九二九年―、フランスのジャーナリスト、作家。長く『ル・モンド』紙の文化欄を担当した〕——どうしてベルナノスのなかから、この小説を選ばれたのでしょうか？

ロベール・ブレッソン——昨年の夏、私は映画が撮りたくて燃え立っていました。ベルナノスの遺族は、ずっと以前から私の忠実さに期待を寄せて、この小説を私のために取っておいていました。そして映画化するように催促していたのです。しかし私はずっと断ってきました。その理由は、（1）私は脚色をせずとも仕事ができると思っているからであり、（2）この小説の残虐さを恐れていたからです。

バビー——あなたにとって、原作に忠実な映画とは何でしょうか？

ブレッソン——映画が小説に対して忠実であることは、必ずしも私の考える意味でのシネマトグラフに恩恵をもたらすわけではありません。しかし私は訓練のための訓練も嫌いではないのです。このことは、私のベルナノスへの敬意、ムシェットへの愛情、そして篩《ふるい》を通したことにしか手をつけないという意志と矛盾するものではありません。

バビー——残虐さを恐れていたとのことですが……。

ブレッソン——私はなかなか書き終える時間のない技術的な本〔『シネマトグラフ覚書』のこと〕のなかに、こう書きました。「シネマトグラフは圧砕することさえもできる強力な機械である」と。ベルナノスの小説の残虐さは、映画にすると耐えがたいものになる恐れがありました。しかし私は、自らの責任において残虐さを和らげないことにしました。

バビー――『バルタザールどこへ行く』と『少女ムシェット』には類似点があるのでは？

ブレッソン――ムシェットの人生は八方塞がりです。そして彼女は自殺をします。行動を起こすのです。それに対して、バルタザールは耐え忍ぶだけです。両者はともに（様々な姿で現れる）世間の残酷さや不正などの餌食となります。ムシェットの抱く激しい恐怖は、狩り立てられる動物の抱く激しい恐怖と似ています。私は直感的に、この映画にヤマウズラの幼鳥や野ウサギを登場させました。われわれの生は動物の生と、言い表しようもないほど結びついています。映画の領分は、言い表しえぬものの領分なのです。

バビー――映画に登場する村は、小説に出てくる村とは違いますね。

ブレッソン――パ＝ド＝カレー県〔フランス北部の県〕でなく、ヴォクリューズ県〔フランス南東部の県〕です。太陽を求めていたからです。草や木はどこへ行っても草や木です。

バビー――時代設定も小説とは異なりますね。

ブレッソン――映画は過去を抹消します。私が撮影するのは現在においてであり、ムシェットもこの現在に存在しています。わざわざ過去に戻る理由などありません。悲惨やアルコール中毒はいつの時代も同じです。

この映画は、ムシェットを描いた絵画《パンチュール》なのです。ベルナノスの本もそうです。ほとんどそうだと言えます。私は、心理や分析といったものを信用していません。そうした不信こそが、かつて『田舎司祭の日記』を選び、今こうして『新ムシェット物語』を選んだ理由の一つになっています。

バビー――絵画という語で何を言おうとなさっているのでしょうか？

ブレッソン――もし小説のなかに心理や分析の代わりに絵画が存在するとしても、それはやはり言葉によるものでしかありません。私は言葉から逃げます。もし私の映画に心理や分析が存在するとしても、それは映像によるものであり、むしろ肖像画家が描くような仕方でなされたものなのです。

バビー——では、ムシェットをどのように描いたのでしょうか？

ブレッソン——できる限り自身の身ぶりに無自覚な一四歳の少女を選び、彼女を映画の——小説のと言っても構いませんが——アクションのなかに放つことによってです。私は自分自身に修正を加え、そしてベルナノスに修正を加えてゆきました。撮影《プリーズ・ド・ヴュ》とは不意打ち《シュルプリーズ》でありうる、それどころか、そうあるべきなのです。

バビー——今回もまた、手を撮っていますね。

ブレッソン——手だけで表現できるとき、顔が不可欠ではないときには。私は必要不可欠なものだけで済ませます。

バビー——暗示にとどめるのでなく、癲癇《てんかん》の発作の一部始終を見せていますが、これには観客もきっと驚くでしょうね。

ブレッソン——癲癇の発作は、この映画の劇的な運動の一つであり、中断したり断片化したりすることのできないものでした。あれには私自身もびっくりしました。

バビー——ムシェットの自殺もまた劇的な運動ではないでしょうか？

ブレッソン——そうです。彼女の自殺は小説とは異なっています。これはすんなりと自然に思いついたものです。ムシェットはローラーのように岸辺を転がってゆき、水面は彼女を飲み込んでしまいます。まるで何事もなかったかのように。私は『ジャンヌ・ダルク裁判』でも、火刑台と鎖が突然、空っぽのまま残されるのを見せることで、こうした手品《エスカモタージュ》のような消失としての死を感じさせようとしました。

バビー——モンテヴェルディの〔『聖母マリアの夕べの祈り』（一六一〇年）の〕「マニフィカト」は、あなたにとってどのような意味をもつのでしょうか？

ブレッソン——あれは支えや補強の音楽ではありません。本編に先立ち、その締めくくりとなっています。つまり映画全体をキリスト教信仰で包み込んでいるのです。この音楽はなくてはならないものでした。

バビー――『バルタザールどこへ行く』、『少女ムシェット』と二年続けて映画を撮りましたね。このリズムの変化はどこから来たのでしょうか?

ブレッソン――幸運から。つまり二人のプロデューサーとの出会いからです。このペースで撮るとなると、ゼロから創作するよりも脚色することが多くなるのはやむをえません。完全にオリジナルな主題を熟成させるには、小説家のように何年もかかるでしょうから。それこそ『バルタザールどこへ行く』で私がなしえたことでした。

「言い表しえぬものの領分」、『ル・モンド』、一九六七年三月一四日
« Le domaine de l'indicible », *Le Monde*, 14 mars 1967.

ベルナノスがしっくりくるのは、彼が現実を用いて超自然を作り出すからである

ナポレオン・ミュラ——ロベール・ブレッソン監督、ベルナノスとはいつから知り合いだったのでしょうか?

ブレッソン——ベルナノスと個人的に知り合うことはできませんでした。一九四八年の夏、チュニジアからパリに戻ったベルナノスはすでに病に冒されていました。あっという間に入院、手術となって、亡くなってしまいました。ですから『田舎司祭の日記』に関して、彼とやりとりをしたことは一度もなかったのです。間接的なやりとりすらもありませんでした。当時、私は言ったものです。ベルナノスが死んでしまってからの方が、生きているうちよりも仕事がやりにくくなってしまった、と。

ミュラ——『田舎司祭の日記』を撮る決意をしたのは、どのような理由からでしょうか?

ブレッソン——これは注文仕事でした。うれしかったですね。第一に、映画を撮って欲しいと依頼されたこと自体が、第二に、ただの物語や小説ではない重要な作品の映画化を依頼されたことが。当時、私は小説を自分なりに使うのでなく、それに奉仕することに専念しました。しかしその後、私はシネマトグラフが文学作品の脚色——もちろん完全に忠実な脚色のことです——から恩恵を得ることができるかどうかは疑わしいと思うようになりました(最近、『少

女ムシェット』の撮影でもそのことを確認しました）。

ミュラー——『田舎司祭の日記』のなかで、とりわけあなたを魅了したものは何でしょうか？

ブレッソン——私が強い印象を受けたのは、とりわけ司祭が日記をつける学生用のノートでした。そのノートのなかで、司祭のペンによって、外的な世界が内的な世界へと移し替えられ、精神的な色彩を帯びるようになるのです。私のシナリオは、一般に映画的と判断される出来事よりも、そうした面にこだわるものでした。これが反感を買うことになったのです。当初のプロデューサーと別れて、別のプロデューサーを探さねばならなくなりました。プロデューサー探しのために、つい最近まで、私はどれほどの時間を無駄にしてきたことか！『田舎司祭の日記』を撮ることができたのは、二年後の一九五〇年になってからでした。

ミュラー——「ベルナノス主義者たち」の反応はどうでしたか？

ブレッソン——良かったと思いますよ。

ミュラー——あなたの映画作品のなかで、『田舎司祭の日記』はどのような位置を占めているとお考えですか？

ブレッソン——この映画を撮るなかで、私は自分のしていることを以前よりも理解できるようになりました。シネマトグラフの領土は、計り知れないほど広大で、そこら中に未知の領域があります。私はそこで、知らずのうちに（あるいは自ら進んで）盲目になった者たちの国にいる片目の人間のような気分になりました〔「盲人の国では片目も王様」という諺がある。『シネマトグラフ覚書』四二頁参照〕。現実を素早くぱっと捕獲することのできる、この素晴らしきカメラという装置を、俳優——たとえ才能溢れる俳優であっても——の物真似《ミミック》を複製するためだけに使うというのは、決定的に不合理なことに思えたのです。私は自分のシステム（より正確にはそれは反システムと呼ぶべきものです）を確かなものとしてゆきました。俳優なし、演技なし、演出なし、出演者と創作された人物の〔類似性でなく〕非類似性、捕獲《プリーズ》でなく不意打ち《シュルプリーズ》といった原則からなるシステムを。

ミュラー——ベルナノスの人物たちは、そうした「非＝演技」のスタイルに向いていると思いますか？

ブレッソン――はい。なぜならベルナノスには、心理や分析は存在せず、絵画《パンチュール》〔描くこと〕があるからです。彼の小説における分析や心理の不在は、私の映画における分析や心理の不在とぴったり一致するものでした。もし私の映画に心理や分析が存在するとしても、それは、むしろ肖像画家が描くような仕方でなされたものなのです。ベルナノスが私にしっくりくる理由として（この点は、彼の作品の人物と直接的な関係があるのですが）、彼が現実を用いて超自然を作り出すという点も挙げられます。

ミュラ――では、キリスト教徒としてのベルナノスはどうでしょう？　彼は「非主流派」だと思いますか？　ベルナノスにおいて反抗はどのような意味をもつのでしょうか？

ブレッソン――彼は同時代のキリスト教徒たちが、じっさいにはキリスト教徒でないのにキリスト教徒を称していること、つまりキリストの言葉に従っていないということを非難していたのではないかと思います。非主流派でしたか？　そうした点については、私は門外漢です。自分にベルナノスを分析する能力があるとは思いません。とくに信者としての哲学的、方法的な側面について分析するなんて無理です。私のもつ信仰は単純なものですから。

ミュラ――絶望は、ベルナノスの作品にとって本質的なものだと思いますか？

ブレッソン――もし絶望が彼の作品に滲み出ているとしたら、それは書き手の不手際のせいか、むしろ読み手の誤読のせいでしょう。自殺さえも……。たとえばムシェットの自殺は、ベルナノスが書いているように、絶望を原因とするものではありません。彼女のもつ純粋さや彼女が抱く激しい恐怖は、狩り立てられる動物のそれと似ています。私の映画には、狩りの獲物とムシェットのあいだの並行関係が見出せます。彼女にとって死は、終わりでも完了でもありません（ベルナノスはそう言っています）。それはむしろ始まりです。彼女は啓示を待っているのです。

ミュラ――ベルナノスはカトリック信仰と政治の双方において戦闘的な人でしたが、そうした戦闘的な面について何か感じるところはありますか？

ブレッソン――とくに心動かされません。それに、政治とカトリック信仰のいずれにおいてもベルナノスが活動的な闘士であったのとは反対に、私はまったく闘士ではないのです。

ミュラ――では、『新ムシェット物語』についてです。なぜ一五年も経って、再びベルナノスのテクストを映画化したのでしょうか？

ブレッソン――昨年の夏、私は映画が撮りたくて燃え立っていました。しかし自分の手で書いたものを準備している暇はありませんでした。それに私は、市井の小さな英雄であるムシェットが好きだったのです。しかし同時に、私はこの物語の残虐さを恐れてもいました。残虐さを和らげることなく、ムシェットを耐えられるものとすることができているでしょうか？

ミュラ――どうして二つのムシェットの物語があるのでしょうか？

ブレッソン――ベルナノス自身が語っていますが、彼はこのムシェットという名前をとても気に入っていて、二人のまったく異なる娘に同じ名前を付けずにいられなかったのです。二人は年齢も何もかも異なっています（一人は『悪魔の陽のもとに』〔二六年〕の一六歳の娘で、もう一人は『新ムシェット物語』〔三七年〕のもっと若い、一四歳の娘です）。

ミュラ――映画にあるバンパーカーの場面は幸福で輝いています。これはなぜなのでしょうか？

ブレッソン――縁日やムシェットの気を引くあの少年は、私の創作です。彼は幽霊のように現れ、消えてゆきます。しかし希望の消滅は必ずしも絶望をもたらすわけではありません。この縁日と少年を創作したのには、もう一つ誰の目にも明らかな目的があります。ここでの明るさと陽気さは、これに続く部分での暗さと陰鬱さをいっそう際立たせるのです。

ミュラ――小屋の場面は？

ブレッソン――あの小屋はベルナノスの原作から来ています。私がしたのはただ、主人公《プロタゴニスト》たちを原作にあるアクションのなかに放ち、彼らの顔の上に浮かび上がるものを捕まえることでした。私は言葉から逃げました。

疎通の不可能性です。

ミュラ――孤独は、ベルナノスの作品で中心的な位置を占めていると思いますか?

ブレッソン――私が思うに、ベルナノスという人はごく稀にしか問いを立てません。彼はただ、人物たちを何らかの状況のなかに置き、彼らが行動するのを見るだけなのです。私の映画から浮かび上がるのは、孤独というよりも意思疎通の不可能性です。

ミュラ――神の喪失――それは自己の喪失でもあります――の不安は、あなたにとって何を意味していますか?

ブレッソン――『田舎司祭の日記』では、神の名は幾度となく口にされていましたが、『少女ムシェット』では、一度も口にされません。そこに違いがあります。シネマトグラフに独自の言語は、言い表しえぬものを感じとらせることができる、私はそう確信しています。

ミュラ――ベルナノスの作品に批評的な判断を下すことはできますか?

ブレッソン――私には判断を下す資格はありません。彼の作品にはしばしば崇高なものを感じます。そうした崇高さという一点だけでも、ベルナノスをわれわれの偉大なる作家の一人に数えねばなりません。

ミュラ――ともにキリスト教徒であるブレッソンの作品とベルナノスの作品とは相容れるものでしょうか?

ブレッソン――私の作品《ウーヴル》ですって? 私はただ試み、試行をしているだけです。映画と書物ほど異なる二つのものを比較するのは容易なことではありません。

ミュラ――では、人物という点では?

ブレッソン――ベルナノス以上に私から隔たった人物を想像することはまずできません。趣味嗜好、考え方、表現方法のいずれにおいてもです。われわれを結びつけるものがあるとしたら、当然ながら、それはわれわれに共通のキリスト教文明です。たとえ私の信仰と彼の信仰がまったく異なるものに思われるとしても。

ミュラ――ベルナノスにおけるサタンの存在について思うところはありますか?

ブレッソン――私は一度だけ悪魔を見た、というか感じたことがあります。それは拾ってきた犬のなかにでした。急いでその犬を追い払わねばなりませんでした。しかし私は動物が好きなのです。これはとても奇妙なことです。

ミュラ――あなたにとって、ベルナノスは現代的な作家でしょうか？

ブレッソン――その点についてはは明確な考えはありません。すべては瞬く間に過ぎ去ってゆきます。形式はそうでもありませんが、内容の方はとくに。形式と内容を分けられるとしての話ですが。

ミュラ――ベルナノスの影響は後世まで続くと思いますか？

ブレッソン――彼は自分が正しいと思えば、それを言葉にしようとしました。彼のように考えなかった人々の方が間違っていました。しかも彼はそれを私利私欲を超えた目的のために、卑小なスケールでなく壮大なスケールにおいて行ったのでした。

ミュラ――ベルナノスの作品の大部分は都市部の外を舞台としていて、大地と結びついています。これについてどうお考えですか？

ブレッソン――彼は、誰もが隣人に目を光らせている小さな村の暮らしを熟知していました。ムシェットの死の前の部分で、好奇心から彼女を呼び寄せる三人の女性たちはじつにおぞましいものです。

ミュラ――では、ムシェットは？

ブレッソン――ベルナノス自身が言ったそうです。ムシェットは、銛も槍も剣も打ち込まれた闘牛のような存在であると〔『ベルナノス著作集〔2〕』三六五頁参照〕。

「『田舎司祭の日記』から一七年、再びベルナノスに挑む。ロベール・ブレッソンが新作について説明する」、『ル・フィガロ・リテレール』、一九六七年三月一六日

« Dix-sept ans après le *Journal d'un curé de campagne*, il revient à Bernanos. Bresson s'explique sur son nouveau film », *Le Figaro littéraire*, 16 mars 1967.

『少女ムシェット』の撮影風景。衣装係のオデット・ル・バルバンション、ロベール・ブレッソン、ナディーヌ・ノルティエ、小道具係のジャン・カタラ。

死に至らしめる視線

ジョルジュ・サドゥール——かつては同業の批評家たちの一部で、「ブレッソンは、映画のジャン・ラシーヌだ。彼の作品はどれも古典悲劇だ」と言うのが流行りだったのですが、今では「ブレッソンとは残酷さだ」と言う者がいるんですよ。どう思われますか？

ロベール・ブレッソン——私は自分をラシーヌだとも残酷だとも思いません。そうしたことを言ったり決めたりするのは私の仕事ではありません。あなた方批評家の仕事です。

ご存じのように、私の最新作はベルナノスの小説を脚色したものです。私はこの小説のなかに、稲妻のように閃く、この上なく正確な表現を見出しました。ムシェットが何度も繰り返す「旋風《シクロヌ》」という語——それは彼女を夢のなかへと引きずり込みます——、愛の歌へと変貌する学校の唱歌、そして〔密猟者のアルセーヌに〕強姦された後で父親に向けて放たれる「くそっ」の一言などです。

『新ムシェット物語』を選んだ理由の一つは、そこには心理も分析も存在しないという点でした。だから、この小説の内容は私でも扱えると思いました。それは私の篩《ふるい》を通ってくれるものだったのです。言葉で作られた心理は、小説や演劇のものであって、スクリーンにおいては異端です。スタンダールやフローベール、バルザック、プルーストといった最も偉大な小説家の場合も、心理は必然的に言葉で作られています。

サドゥール――この映画にはサイレント映画のようなところがあります。人物がほとんど言葉を口にしませんね。台詞はタイプ原稿で三、四枚といったところでしょうか。あなたは台詞よりも映像と物音によって表現しています。

ブレッソン――ベルナノスが書いたことを映像と音で暗示したのです。この映画で、私は俳優を用いませんでした。プロでない俳優でさえもです。私が用いたのはモデルです。画家や彫刻家のモデルと言うときのような意味でのモデルなのです。モデルの選択が正しければ、心理はひとりでに作られてゆきます。私はそれに合わせて自分に修正を加えるのです。

サドゥール――モデルですか？　私の友人のクレショフ〔レフ・クレショフ、一八九九―一九七〇年、ソヴィエトの映画監督。映画の可能性を探る様々な実験を行った〕――彼はプドフキン〔フセヴォロド・プドフキン、一八九三―一九五三年、ソヴィエトの映画監督。『母』（二六年）など〕やバルネット〔ボリス・バルネット、一九〇二―一九六五年、ソヴィエトの映画監督。『青い青い海』（三五年）など〕の師です――が一九二二年に用いたのと同じ語を使っているということをご存じですか？　クレショフもまた演劇の俳優を拒否し、映画において一貫して生きたモデルを用いたのでした。じっさいには、このモデルはきわめて演劇的だったのですが。当然、ご存じありませんよね。

ブレッソン――シネマトグラフは独自の言語のようなものです。音に関しても映像に関しても、モンタージュによる配置はミリ単位でなされねばなりません。

サドゥール――「残酷さ」に話を戻しましょう。いいですか？

ブレッソン――『少女ムシェット』は、人々がわざと目を背けている残酷さや悲惨さを明るみに出します。『バルタザールどこへ行く』は、残酷、愚鈍、官能に対する抗議でした。とはいえ、そうしたものは私の中にもありますし、教訓を垂れようなどという意図はありませんでした。私は自分を過ちを正す正義の味方だとは思っていません。

残酷さは至るところに存在します。戦争、拷問、収容所、老人を殺す若者たち……。オスカー・ワイルドは、書簡のなかで、おおよそ次のようなことを言っています。「日常に見られる残酷さは、単純に、愚劣さの産物です。それは想像力の完全な欠如なのです。[1]」想像力の欠如は必ずや残虐な行為につながります。戦争の始めのころ、私は軍の宿営地で一人の兵士がウサギの皮を生きたまま剝がしているのを見たことがあります。恐ろしい光景でした。

サドゥール――ムシェットが自殺する前に、猟師たちがウサギを虐殺する場面を置いたのは、そういう理由だったのですね。

ブレッソン――あれは〔飼い〕ウサギでなく、野ウサギです。この殺戮の場面は、直感的に思いついたものです。ムシェットは獣に似ています。ベルナノスは彼女を、闘牛場で銛も槍も剣も打ち込まれた闘牛に喩えています。雄牛はもはや死を逃れることはできません。ベルナノスが一九三六年にマヨルカ島で目撃した、トラックに詰め込まれて連行される、銃殺の運命にあるスペイン人たちと同じように〔ベルナノスは当時住んでいたマヨルカ島でスペイン内戦に遭遇した。彼はそのとき目撃した事態を、『新ムシェット物語』の執筆の動機として語っている。『ベルナノス著作集2』三六五頁参照〕。

ベルナノスは――そして私も――ムシェットの自殺を、物事の終わりでなく始まりだと考えていました。母親の死の直後、三人のエリーニュスたち〔ギリシャ神話に登場する復讐の女神〕（食料品屋の女主人、森番の妻、死者の通夜をする老婆）の餌食となったムシェットは、水のなかに身を投げます。[2] 小説では、彼女はゆっくりと水の中に滑り込んでゆき、水が彼女を包み込みます。私は、自分の住む島から、人が溺れるところを少なからず見てきました。水の中に落ちるやいなや、すぐに助けを求めるものなんですよ。

ムシェットが水の中に入る瞬間は見せませんでした。水に落ちる音が聞こえ、水面に波紋が広がるのが見えるだけです。こうした手品《エスカモタージュ》のような消失こそが死なのです。かつてケネディは世界中の注目の的でした。しかし、いまや人々は彼を箱のなかに仕舞って、もう彼の話などしません。彼の後継者の話ばかりです。「ご覧の通り、影も形もございません」というわけです。『ジャンヌ・ダルク裁判』でも、火刑台の柱と鎖が突然、空っぽになるのを見せることで、そうした手品のような消失の印象を与えようとしました。ムシェットが最後に自殺してしまうという理由で、この映画は絶望の上に築かれていると批判する人もあるでしょう。しかし魂と神を信じている私にとって、そんなことはありえないのです。

私が映画のなかでますます冷酷になっているとしたら、そうする必要があるからです。私には、子供たちが残虐な事柄の犠牲者となりうるということを言う必要があったのです。子供たちのなかには、恐ろしい苦悩があります。秘められたものであるだけにいっそう恐ろしい苦悩です。私は、ヴァンセンヌで溝に捨てられた猫たち、ランブイエやフォンテーヌブローで木に縛りつけられた犬たちのことも考えます。われわれの生は動物と結びついていますから。私の映画は、アルコール中毒、誹謗中傷、羨望などの残酷な事柄を、強調したり具体化したりせずに取り上げています。私はこの映画で、人を死に至らしめる視線も見せています。

サドゥール――以前の作品よりも『少女ムシェット』でとりわけ強い印象を受けたのは、視線のもつ重要性でした。もしこの表現が使い古されていなければ、「視線の映画」という言葉を使いたいところです。

ブレッソン――いつの日か完成させたいと思っている技術的な本のなかで、私はすでに次のようなことを書いています。「映画のモンタージュを行うとは、視線によって、人物を他の人物やオブジェに結びつけることである」〔『シネマトグラフ覚書』一七一一八頁参照〕。

『少女ムシェット』は一週間で準備しました。『バルタザールどこへ行く』の続編のようなところがあると言う人もいます。そうかもしれません。しかし私には、続編にしようという意図も欲望もありませんでした。いずれにしても、脚色でしたので過度な重荷を背負い込まずに済みました。脚色のおかげで、物事をじっくり考えることができましたし、創作された人物と「モデル」との類似性を探そうと必死になるのでなく、両者の非類似性を受け入れねばならないということを理解することもできました。頭の中で自分の人物を組み立てようとするのは間違っていると思います。それゆえ私は、自分の「モデル」を見つけると、「ああ、この人こそまさに私の人物だ」と思うのです。俳優は人物

（1） Lettre au *Daily Chronicle*, 28 mai 1897.
（2） パリのサン＝ルイ島のこと。

を創造するとき、単純化、図式化してしまいます。人間というのはじつに繊細で、謎めいて、複雑なものであるというのに。

サドゥール――『少女ムシェット』では、視線の重要性に強い印象を受けましたが、あなたが用いるその他の多くの手段を見逃してしまいました。筋《アクション》に気をとられると、分析や批評の感覚を失ってしまうんです。

ブレッソン――私の映画にアクションはありません。もし私の作品、とりわけ『少女ムシェット』に、アクションがあるとしたら、それは内的なアクションです。アクションよりも精確さについて語るべきでしょう。ムシェットの母親が亡くなる場面でも、何も起こりません。劇の筋立《アントリーグ》てという意味でのアクションは存在しないのです。外的なアクションの不在、沈黙や遅さは、映画にとってひどく危険なものだと言う人もあるでしょう。一般的な映画の多くでは、沈黙や遅さを埋め合わせるために音楽が用いられます。

サドゥール――台詞がほとんど重要性をもたず、音楽も冒頭とラスト以外では使われていませんね。

ブレッソン――私の映画の音響は豊かで、じつに精確なものとなっています。例を挙げましょう。嵐の場面で、私は一〇種類もの風の音を使用しています。三〇から四〇ものトラックをミックスしたところもあります。現代の音響技術は、近年のシネマトグラフにとっての最大の進歩です。磁気テープの登場以前は当てずっぽうで音を混ぜ合わせていましたが、今では一瞬のうちに修正したり削除したりできるんですよ。

酒場の場面では、火がぱちぱちとはぜる音がドラマの緊張感を高めています。強姦のさい、ムシェットは、夢のなかで地獄に身を投げるかのように暖炉の炎に身を投げます。あまり音を使い過ぎないようにしました。盲人の世界は広大ですから。

私はまず仕事をして、その後で考えます。撮影中は、朝起きたらもうその日の仕事のことは考えないようにしています。あの場面はあのカフェの一室でこういう風に撮ってやるぞ、という風に考えたりはしません。その場で即座に創出することを自分に強いているのです。見取り図に従って事前に準備を整えておくようなやり方、つまり美術係にセットを作らせ、そこで起こる事柄について綿密な計画を立てておくようなやり方には反対です。私は予期せざることを期待しています。不意打ちを求めています。

サドゥール――エイゼンシュテインも一九四五年に『戦艦ポチョムキン』〔一九二五年〕の撮影について、あなたと同じように語っていますよ。

ブレッソン――カメラは思考しません。それは眼、コクトーが言ったように、「雄牛の眼」です。カメラは現実を素早くぱっと捕獲します。作家や画家、彫刻家がとらえることのできないものを一瞬のうちに与え、われわれの精神がとどめることのできないものを記録するのです。私は前もって構想されたもの、準備万端なものを拒否し、演劇のスタイルに背を向けています。ある日、制作座〔リュニエ゠ポーによって設立されたパリ九区にある劇場〕で、幕間の後、幕が予定よりも早く上がってしまうということがありました。俳優たちはほぼ空席の客席に向かって演技を始めたのです。彼らはその後、もう一度その場面をやり直しました。私は同じ身ぶりが繰り返されるのを見て、同じ台詞が繰り返されるのを聞くことになったのです。映画はこれとは正反対のものです。映画は希少なもの、まさにその瞬間に起こり、そして二度とは繰り返されぬものを摘み取るのです。

私は「モデル」を引き受け、彼らに責任を負います。この責任によって、私は極度に張りつめた状態になり、普段の生活での意識を失ってしまいます。私は実在のロケーションで、しかも自分のよく知らない、少なくとも事前にじっくり研究していないロケーションで仕事をします。そうしたロケーションと私の「モデル」あるいは「モデル」たちとのあいだに作り出される新たな関係に強いられて、私はただちにあらたな創出を行うのです。

私の映画が、それに要した苦労に見合うものになっていれば良いのですが。

「『少女ムシェット』をめぐるロベール・ブレッソンとのインタビューというよりも会話」、『レ・レットル・フランセーズ』、一九六七年三月一六日
« Conversation plutôt qu'interview avec Robert Bresson sur *Mouchette* », *Les Lettres françaises*, 16 mars 1967.

11　サウンド・トラック

耳は眼よりもずっと創造的である

スミイ・アブデルムメン――長きにわたる「サイレント映画」の時代を経て、視聴覚的映画、あなたの言うところの「シネマトグラフ」の到来がいよいよ正当なものとなりつつありますが、ご自身の作品において、サウンド・トラック〔フィルムにおいて音声が記録される部分〕にどの程度の重要性を与えておいででしょうか？

ロベール・ブレッソン――イメージ・トラック〔フィルムにおいて映像が記録される部分〕と同等かそれ以上の重要性です。

アブデルムメン――サウンド・トラックは、イメージ・トラックに対して補足的な役割を演じるのか、それとも独立した役割を演じるのか、どちらでしょうか？

ブレッソン――その両方を同時に、あるいは交互に演じることができます。

アブデルムメン――イメージ・トラックとサウンド・トラックのあいだの関連付けを行っていますか？　一方が他方を含意、説明、実証するといった関連付けを……。

ブレッソン――はい。一つの音声は一つないし二つの映像に取って代わることができ、一つの映像は一つないし複数の音声に取って代わることができます。ただし後者はより困難です。

アブデルムメン――シナリオの、より正確には撮影台本の段階で、サウンド・トラックも詳細に書き込んでいるのでしょうか？　それとも、サウンド・トラックは撮影の最中に生まれるものでしょうか？　撮影前、撮影後ですか？

ブレッソン――前、最中、そして後にです。

アブデルムメン――あなたの映画作りにおいて、ミキシングの作業が特別な位置を占めていることは疑う余地がありません。ミキシングの役割とは、正確にはどのようなものでしょうか？　作業全体でどれくらいの時間がかかるのでしょうか？

ブレッソン――私にとって、ミキシングは真の創造行為です。それは、音声的なものであれ視覚的なものであれ、映画のありとあらゆる要素が互いに接触し合い、作用を及ぼし合い、変化させ合う局面です。映画の創造をそのようなものとして、つまり物真似《ミミック》や身ぶり、俳優の声の効果による創造とは異なるものとして考えるならば、撮影も録音も準備作業同然のものでしかありません。

通常、一時間半の映画の場合――あなたが質問なさったから答えるのですが――、厳密な意味でのミキシングにかかる時間は一週間ほどです。しかし、そこに至るまでには何ヶ月ものモンタージュの作業が必要です。まずイメージ・トラックのモンタージュ、次いで大量のサウンド・トラックのモンタージュです。サウンド・トラックが互いに同期し、作品を構成する音声的要素を余すところなく押さえ、しかるべき場所に正しく配置されてようやく、それらの配分を決めて混ぜ合わせる準備が整うのです。

アブデルムメン――あなたの映画のサウンド・トラックは、つねに一つの探求であるように感じられます。探し回って選び抜いた音響的なオブジェ――それらはもともと雑多でまとまりを欠くものでしかありません――を孤立させ、作り変えようとする強い決意が感じられるのです。『バルタザールどこへ行く』だけに限っても、自動車のクラクションや噴水から流れる水の音など、いくらでも例を挙げることができます。一体、どのように音を作っているのでしょうか？　映像と同時に音も録音するのか、それとも映像とは別に音だけ録音するのか、全体に関しては、どのように作業するのか教えてください。

ブレッソン――同時録音とアフレコの両方を、状況や目的にあわせて使い分けます。たとえば街頭の喧噪の場合、テープレコーダーで直接録音すると判別不能な騒音になってしまうので、静かな場所で車の音や舗道の上を歩く足音などを一つ一つ録っていって、そこから街頭の喧噪を再構成してゆきます。

アブデルムメン——あなたにとって、「音響オブジェ《オブジェ・ソノール》」〔具体音楽の創始者ピエール・シェフェールが提唱した概念。原因や意味を宙吊りにし、音そのものを聞く「還元的聴取」によって聞かれる音〕とは何でしょうか？　滝の音（『ブローニュの森の貴婦人たち』）、手すりの柵に鍵を打ち付ける音（『抵抗』）、棒を宙でぶんぶんと振り回す音（『バルタザールどこへ行く』）などが思い浮かびます……。

ブレッソン——もちろん、オブジェには音響的な現実があります。オブジェは視覚的な現実よりも音響的な現実において、よりいっそう劇的なものとなります。

アブデルムメン——あなたの俳優たちの声と抑揚、こう言ってよければ、彼らの「声の演技」が非常に独創的で型破りなものであることは、よく知られています。そうした声の演技は、（台詞という）機能的側面や、あなたの演出に固有の特徴としてだけでなく、純粋に音響的な要素としても（あるいはそういうものとしてのみ）考えることができるのではないでしょうか？

ブレッソン——できます。ただし、次の点を頭に入れておかねばなりません。鍛えられていない声の音色《タンブル》だけが、音楽的な面でも心理学的な面でもとにかくありとあらゆる面で、この上なく貴重なものをシネマトグラフ固有の仕方でもたらすことができるということを。

アブデルムメン——あなたは、ただの音響オブジェを「音楽オブジェ」とみなしているという風に言えませんか？　滝の音や枝のざわめきを交響曲やソナタに喩えんとする月並みな修辞とは無縁なところで、あなたは、ある種の音楽性——少なくともそのオブジェに固有の音楽性——を呼び起こしたり、創造したり、付与したりする要素としてそれらの物音を扱っているのではないでしょうか？

ブレッソン——物音は劇的なものであると同時に音楽的なものともなりうる、物音の寄与がもつ意義はこの点に集約されます。物音が、楽器によって奏でられる音楽と相性が悪いことは明白です。器楽の映画への闖入は、たいてい、その場しのぎなものでしかありません。

アブデルムメン――長い間、映画音楽は純粋に機能的でしかない添え物として扱われてきました。これこれの映像（風景、メランコリックな状況など）には、これこれの音楽（風景音楽、ロマン主義的な音楽など）が合うといった具合に。この点についてはどうお考えですか？

ブレッソン――映画やテレビは器楽を、それ単独で用いるのであれ声の背景として用いるのであれ、支離滅裂で因習的な仕方で使い続けています。

アブデルムメン――基本的に、あなたの映画で音楽が用いられるのはかなり稀で、しかも、どちらかというと控え目に、たいていは映画の終盤で用いられます。最近の作品に限っても、『バルタザールどこへ行く』の最後でシューベルトのソナタが、『少女ムシェット』の最後でモンテヴェルディのマニフィカトが流れますね。そうした音楽は、映画を貫く緊張の果てにふと訪れる最後の緩和、休息に対応しているように思えます。音楽の使い方に関して、何らかの「理論」（方法ないし、たえず更新されうるヴィジョンといった意味での理論）をお持ちですか？

ブレッソン――初期の作品では、音楽の使い方を間違っていました。

アブデルムメン――ロラン・バルト〔一九一五―一九八〇年、フランスの批評家、記号学者、思想家。『零度のエクリチュール』（五三年）、『明るい部屋』（八〇年）など〕は『神話集』[1]のなかで、ブルジョワの声楽芸術は「標識的」な芸術であると語っています。つまり、エモーションや感情そのものでなく、エモーションや感情の記号を浮き彫りにすることに全身全霊を注ぐ音楽ということです。そうした「標識的」な使用に陥ることなく、映画で音楽を使う可能性について、どのようにお考えでしょうか？

ブレッソン――（a）ロラン・バルトは正しいと思います。映画において器楽が作り出すのは効果です。器楽は、そこで笑うべきか泣くべきかを教えるものなのです。（b）これは私のシステムでしか有効でないかもしれませんが、

（1）ロラン・バルト『ロラン・バルト著作集3 現代社会の神話 1957』下澤和義訳、みすず書房、二〇〇五年、二七九―二八四頁［Roland Barthes, *Mythologies*, Le Seuil, Paris, 1957］。

ばなりません。

器楽を用いるときは、映像がそれ自体でもつのとは異なる価値や意味をその映像に与えるような仕方で用いてやらねばなりません。

アブデルムメン――音の使用は、どのようにしてあなたの作品《フィルム》の――あるいはあなたの全作品《ウーヴル》の――全体的な意味作用のなかに統合されるのでしょうか？　また、そうした意味で視覚的な現実と聴覚的な現実のあいだに緊密な連関はあるのでしょうか？

ブレッソン――一つの映像を一つないし複数の音によって置き換えることが可能な場合は、迷うことなくそうすべきです。一般的に言えば、可能な限り観客の眼よりも観客の耳に働きかけるようにすべきです。耳は眼よりもずっと創造的なのですから。

アブデルムメン――現在、あなたのもたらした革新によって、またこの分野でレネやゴダールが行っている革新によって、かつては映像の補助役としか考えられていなかったサウンド・トラックから、その真の重要性を解き放とうとする運動がはっきりと描き出されつつあります。あなた自身はサウンド・トラックの未来をどのようにお考えでしょうか？

ブレッソン――音によってこそ映画の進歩がなされることでしょう。音、人間の声、動物たちの歌や叫び、物音などに対する作り手の、そして観客の感受性の進歩、そして記録と上映の機材の製造とその使用の進歩がなされるでしょう。

アブデルムメン――われわれは今後ますます完全なるシネマトグラフの芸術、つまり視聴覚的な芸術へと向かってゆくとお考えでしょうか？

ブレッソン――もちろんです。われわれがこれまで話してきたことからすれば、当然、そういうことになるでしょうね。

「ロベール・ブレッソン、スミイ・アブデルムメンによるインタビュー」、『イマージュ・エ・ソン』、一九六八年三月
« Robert Bresson, propos recueillis par Smihi Abdelmoumen », *Image et Son*, mars 1968.

12 『やさしい女』——一九六九年

『やさしい女』撮影現場でのドミニク・サンダ。

死と生の衝突

質問――なぜドストエフスキーの『やさしい女』〔ドストエフスキー『やさしい女　白夜』井桁貞義訳、講談社文芸文庫、二〇一〇年〕を題材に選ばれたのでしょうか？

ロベール・ブレッソン――ドストエフスキーの作品に対して、私が限りない敬意と愛情を抱いていることはご存じかと思います。なぜこの中編小説（ロシア語の原題は『クロトカヤ』で、フランス語の訳者はこれを『やさしい女性《ラ・ドゥース》』としています）から『やさしい女《ユヌ・ファム・ドゥース》』――些か皮肉っぽいタイトルです――という映画を作ったのか、なぜこの中編を選んだのかというと、ずばりこの中編が傑作ではないからです。かなり、というかとても感情移入を誘う作品で、随所に大袈裟なところがあり、ひどくやっつけで書かれています。だからドストエフスキーの才能を傷つけたり不敬を犯したりせずに、作品に奉仕するでなく自分なりに使うことが可能だったわけです。本質的なものだけを残して、ロシア色を抜き去り現代化しました。物語は現代のパリを舞台に、若い夫婦と年老いた女中のあいだで繰り広げられます。

質問――ドストエフスキーが舞台とした一九世紀後半の雰囲気や風俗を残すのではなく、このドラマを現代に移したのはなぜでしょうか？　時代設定の変更によって登場人物の本当らしさが損なわれてしまうとは考えなかったのでしょうか？

ブレッソン――雪やトロイカ、ビザンチン様式のドーム、毛皮のコート、顎髭が出てくる映画を作る自分の姿はちょっと想像できませんからね。私は登場人物の性格、それどころか主題そのものまで変えてしまいました。ドストエフスキーにおいて主題は、自殺した若い妻の死体を前に己を正当化しようとする夫の責任感、彼を責め苛む罪悪感にあります。私の場合はというと、主題は、この物言わぬ身体を前にした夫の疑念、不確かさ《アンセルティチュード》にあります。「彼女は私を愛していたのか？　私を騙していたのか？　私の愛情を理解していたのか？」などなど。私の映画の主題は、共に暮らす二人のあいだに横たわっている――たとえ当人たちがはっきり自覚していないとしても――意思疎通の不可能性にあります。あの沈黙、あの夜なのです……〔本書二八〇頁参照〕。夫は死んだ妻に問いかけます。しかし彼には、妻から二度と答えは返ってこないことがよくわかっている。それこそが胸を打つのです。

質問――『やさしい女』では、職業俳優を用いなかったことで、深刻な問題が生じたのではないかと思います。というのも人物たちが極度に緊張しているからです。やはり何テイクも撮られたのでしょうか？

ブレッソン――ご存じのように、ずいぶん前から私はもう職業俳優を使っていませんし、そのことで問題が起こるということもありません。この作品でのテイク数は以前よりもずっと少ないものでした。というのもカラーはお金がかかりますし、それに伴う現像所の仕事もありますからね。

質問――原作に大幅な削除や変更を施していますね？

ブレッソン――二人の年齢差をなくした、というか縮めました。年齢差は自殺の理由を説明してくれません。あるいは、わかりやすく説明し過ぎてしまいます。誤った口実になってしまうのです。意思疎通の不可能性は、年齢差がなくとも存在しますからね。また、質屋もなしにしました。これはもうロシアにもないでしょうし、そもそもフランスにはありませんから。同じような場所を探した結果、ローマ通りにある古物商で置き換えることにしました。私がこだわったのは、古いオブジェの存在感、店内でやりとりされるお金、二人の最初の喧嘩のきっかけとなるお金の存在感です。

もう一つの大きな変更点は、夫の独白を女中との対話に置き換えたことです。しかし私をとりわけ引きつけたのは、所詮はかなり凡庸な新婚夫婦の物語ではなく、死んだ妻の映像と生きている妻の映像という二つの映像の不断の衝突、絶え間ない並置の可能性でした。そこから、この映画のエクリチュールが導き出されることになったのです。それは回想やフラッシュバックではありません。まったくの別物です。それは死と生の衝突なのです。

私はまた、この女性、若い妻を小説よりもっと生き生きとした人物にしました。ドストエフスキーは、彼女よりも、彼女の死に対して自分は責任、罪があるのかを知ろうとして苦しむ男の方により関心を寄せているように見えます。私は小説に対して、彼女が己を表現する次元としての官能性を付け加えました。彼女の官能性はとても無垢で、とても直接的な官能性です。

質問──まさに、彼女がバスローブをするりと落とすエピソードが……。

ブレッソン──これは純粋に無償な行為ではありません。ある種の官能性は、裸体を見せることなしには呼び起こすことができません。とはいえ、二つの肉体がシーツの下で動き回るのを見せるような古典的挑発のことを言っているわけではありません。見世物《スペクタクル》では今や、そうした習慣が根を張っていますが、裸体は美しくないと猥褻なものになってしまいます。

質問──夕食の場面では、スープを飲むスプーンの立てる音によって、二人の差異化が図られています。

ブレッソン──これは単に、スプーンが皿にあたる音と飲み干す音だけが響くなか、差し向かいでスープを飲むというのが、いかに恐ろしいことかを見せようとしたのです。そうした場面では、どんな音も耐えがたいものとなります。

質問──劇場で俳優たちが『ハムレット』を演じる場面をかなり長めに挿入していますね。

ブレッソン──叫ぶ、喚くといった悪しき習慣がシェイクスピアの時代にすでに存在していたと思うと奇妙な思いがします。しかし、われわれの偉大なる俳優たちは叫びなどしません。レミュは声を荒げませんし、ジェラール・フィリップも『ロレンザッチョ』を囁くように演じながら、桟敷席の一番後ろの観客まで感動させていましたよ。

質問――愛は相手を、自分自身を破滅させるものだとお考えですか？

ブレッソン――私はそうした悲観的な考えはもちあわせていません。私は愛を信じています。愛しか信じていないと言ってもいい。人間への愛だけではなく、事物への愛もです。愛は理解をもたらします。人は愛を通じて互いを理解するのです。しかし誤解された愛や、噛み合わない愛も存在しています。

質問――彼女の自殺の理由は、はっきりしません。

ブレッソン――自殺の本当の動機を理解するのはいつだって困難なことです。

質問――物音にはどういう役割を与えていますか？

ブレッソン――映画の終盤、妻が自殺をしようとするところでは、沈黙と物音がどんな音楽よりも、どれほど優れた音楽よりもずっと劇的な効果をもたらしています。ただし沈黙は物音を用いることでそれを生じさせる、出現させる必要があります。

質問――車の中にいる妻の恋人の姿を見せなかったのはどうしてでしょうか？

ブレッソン――この人物が重要でなかったからです。重要なのは相手が誰かではなく、〔彼女が男といるという〕事実の方でした。相手は別の男であったかもしれない。何人も男がいたかもしれない。それは大した問題ではないのです。ここには、もう一つの基本原理があります。それぞれの人物にふさわしい場を与えてやることです。ある人物が一番重要な位置を占めるのであれば、その人物に一番大きな場を与えてやること。そして二次的な役割の人物は必要以上に見せないこと。映画のなかで、すべての人物が一番の位置を占めるというのは非常にまずいことです。

質問――しかし観客の誰もが知りたいと思ったに違いない、この人物を省略するのは重大なことですよ。同様に、観客の誰もが知りたいと思ったに違いない、妻の過去の省略も非常に積極的な意義をもっています。それは多くのことを物語っています……。

ブレッソン――ここにも基本原理があります。チャップリンのような偉大な存在を除けば、ほとんど誰も理解していない原理、それは節約《エコノミー》の原理です。わずかなもので大きなことをなすこと、それが秘訣です。にもかかわらず、それとは反対のこと、何が何でもすべてを見せるということが広く行われています。何でもかんでもすべて良しというわけです。その結果もたらされるのはエモーションの不在です。なぜなら節約がないからです。あらゆるものを節約すること。たとえば身ぶりを節約すること。それによって、なされた身ぶりは多くのことを物語るようになるのです。

質問――ドストエフスキーは、この物語をこの上なくリアルなものだと考えているにもかかわらず、それを「幻想的な」と形容しています〔「私はこれに「幻想的な」という表題を付けた。この作品を最高の意味でリアルなものと考えているにもかかわらず」(『やさしい女　白夜』九頁)〕。

ブレッソン――まったくその通りです。多くの人は、幻想的なものは並外れた人物や例外的な状況によって得られると思い込んでいます。しかし幻想的なものはわれわれの身の回りにあるのです。たとえばクロース・アップされた顔です。現実以上に幻想的なものはありません。ドストエフスキーは、幻想的なものは、過去を想起する夫の独白が瞬時に書き写されるという設定に由来すると考えていました〔「すべて速記者によって書き留められたものである、というこの仮定こそ(そのあと私がそれに手を加えたとしても)、私がこの物語を幻想的と名づける理由にほかならない」(『やさしい女　白夜』一二頁)〕。同様の理由から、私はそれを現在と過去の想起を混ぜ合わせるための手法であったとは考えません。私にとって、それはフラッシュバックではありません。調子《トーン》の断絶は存在しません。すべてが同じ一つの時間のなかで繰り広げられるのです。

質問――あなたの作品では、ほとんどいつも扉が開くとともに場面が始まり、扉が閉じるとともに場面が終わるという風になっていますね。こうして空間を仕切ることには、どのような意味があるのでしょうか?

ブレッソン――扉はまず人間的な意味をもっています。人はばたんと扉を閉めたり扉を閉ざして内緒話をしたりするし、扉が開いているか閉まっているか、半開きかによって会話のありようも変化します。それだけでなく、扉は出発や外出、気分転換といった意図を際立たせもします。扉を開けたり閉めたりするには、何らかの動作をすることが必要ですからね。

しかし私にとって扉は何よりも音楽的な意味をもつものです。まず、扉が立てる物音による音楽的意味です。私は物音をとても重視しています。しかし、とりわけ重要なのは、扉の開閉が課すリズムによる音楽的意味です。このリズムは映画に固有のものであって、そこでは扉が楽章ごとの区切り、楽譜の小節を区切る縦線のようなものとして機能することになるのです。

質問——音楽には、どのような重要性を与えていますか？

ブレッソン——幾つかの映画で音楽を濫用してしまったのではないかと恐れています。以前にもそうしたことがあったのですが、耳の不自由な人よりも、目の不自由な人に私の映画に立ち会ってもらう方が好きです。世界を創造するには、事物の眺めよりも物音の方が不可欠であると思います。私は自分を画家よりも音楽家に近いと感じているのです。

一九六九年に行われた『やさしい女』についての複数のインタビューから再構成した質疑応答
Questions et réponses empruntées à plusieurs interviews accordées en 1969 au sujet d'*Une femme douce*.

私はここに、もう一人はよそに。そして沈黙は恐ろしい

アラン・ジョエル・ナウム――この四〇年のあいだ、多くの監督が独自の映画理論を築き、自作に適用してきました。あなたは今日、独自の理論をもつ数少ない監督の一人です。理論は不可欠だと思いますか？　より自発的な映画の可能性は信じていらっしゃらないのですか？

ロベール・ブレッソン――もしあなたが職業俳優による考え抜かれた物真似《ミミック》、抑揚、身ぶりを自発的と形容しているのでしたら、私の考えをご理解いただくのは難しいことでしょう。自発的という語の意味が、あなたと私では異なるわけですから。しかし、あなたがどう考えていようとこれだけは言っておきます。私が機械的《メカニック》な手段を用いることで、モデルと呼ばれる人々から手に入れようとしているものこそが、とにもかくにも自発性に他ならないということを。私の理論はむしろ方法と呼ぶべきものですが、方法なしで済ますことなどできましょうか？　作り手が、どうやって自分が小説やソナタ、絵画、映画を作ったのかを他人に言おうとしないのはよく理解できます。しかし、そうした問いを自分自身に問わないというのはよく理解できません。（何であれ）方法なしに仕事をすることができるとは思えません。どんなしがない職人さえも方法を必要とします。方法がないと、無秩序なもの、あるいは凡庸なものになってしまうのです。

ナウム——九作目の『やさしい女』で、あなたは転機を迎えられたように思われます。カラー映画には、ある意味で、映画の独自性についてのあなたの考えと相容れない部分があるのではないでしょうか？

ブレッソン——色彩がもたらした唯一の変化は（もし変化があるとしてですが）、映像の表現力と説得力の増大です。色彩を用いることで観客の心を強く打つことができます。ただし色彩が正確でなければ、ひどくて目も当てられない偽物の現実になってしまいます。それでは観客の心を打つことなど決してできはしません。

ナウム——『やさしい女』は、『少女ムシェット』の論理的延長であるように見えます。『少女ムシェット』は思春期の終わり、自殺で終わっていました。そして『やさしい女』は一人の女性の自殺で始まっています。こうしたネガティヴな行為は、われわれの社会やあなたの作品——意思疎通や生きることとの不可能性という根本的な問題を描くあなたの作品——との関わりにおいて、何らかの政治的な意味合いをもっているのでしょうか？　それとも、そうした行為は単なる逸話的な事実に過ぎないのでしょうか？

ブレッソン——もし自分の作品が以前の別の作品の延長だとわかったら、とても悲しい気持ちになるでしょうね。何かを再開したり継続したりするよりも、映画を撮る度にゼロから出発する方が好きなのです。もし『やさしい女』の冒頭での自殺が何かの論理的帰結であるとしたら、それは、あなたもきっとご存じの詩のなかでクローデルが語っていた、あの夜と沈黙の帰結です。(1)「私はここに、もう一人はよそに。そして沈黙は恐ろしい」という句から始まる詩です。「ただ夜があるだけだ。共通の、意思疎通のない夜が」という句も出てきます。真の意味で互いに意思疎通することができないという、われわれの意思疎通の不可能性こそが、この世界で、あらゆる社会で繰り広げられる数多の悲劇の根底にある、そう言っても過言ではありません。

ナウム——『やさしい女』では、金銭によって結びつけられた一組の夫婦の関係が問題となっていますが、これは今までにないことです。この夫婦は、最初からすでに破局を定められているかのようです。映画を通してまったく進展が見られず、映画は最初から最後まで変化しないままなのです。最終的な破局も、最初の時点にあった破局を浮かび上がらせるものでしかありません。彼らの運命は避けられぬものなのです！　冒頭では抽象的なものでしかなかった意思疎通の不可能性は、個別の人物の水準において、愛することの不可能性として具体化することになります。こうした破局は、あなた自身や映画そのものとの関わりにおいて何を意味するものなのでしょうか？

ブレッソン――結婚の哲学を講釈するつもりはありません。私の周囲には、不幸な結婚よりも幸福な結婚の方が多いのですが、不幸な結婚だって知っています。新聞を開くと、不幸な結婚が引き起こした自殺や殺人を目にすることになります。ゲーテは、端的に、結婚には不器用なところがあると言っています。

ナウム――あなたのもう一つの仕事である絵画を引き合いに出しましょう。色彩の導入は、絵を描きたいというあなたの欲求を埋め合わせるものでしょうか？　反対に、カラー映画はあなたの絵画に何らかの影響を与えるものでしょうか？

ブレッソン――絵はもうまったく描いていません。私は自分の映画では絵画から逃げるようにしています。絵葉書趣味なんて糞食らえです。

ナウム――カラー映画が新たな表現手段として、色付けされた絵画の世界や白黒の映画を無用なものとしてしまうことはありうるでしょうか？

ブレッソン――カラー映画は絵画の到達点とはなりえません。それは機械的な複製でしかないからです。カラー映画が眼に喜びをもたらすとしても、それは絵画がもたらしうる喜びとは似ても似つかぬ別種の喜びでしかありません。むしろ白黒映画の方が、絵画に近いものとなりうるでしょう。たとえば白黒映画によって暗示される木の緑色の方が、

（1）「私はここに、もう一人はよそに。そして沈黙は恐ろしい。私たちは不幸だ。そしてサタンが私たちを篩にかける。／私は苦しむ、もう一人も苦しむ。そして道はない。彼女と私のあいだに。もう一人から私へ、言葉もさしのべる手もない。／ただ夜があるだけだ。共通の、意思疎通のない夜が。何もなすことがない夜、そして実現されることのないおぞましき愛」（Paul Claudel, « Ténèbres », *Corona Benignitatis Anni Dei*, éditions de la NRF, 1915）。

カラー映画で写真的に再現された偽物の緑色よりも、その木のじっさいの緑色に近いからです。

ナウム――『ブローニュの森の貴婦人たち』と『田舎司祭の日記』のあいだには五年の月日が経っています。その隔たりのおかげで、あなたの作品に深い成熟がもたらされることになりました。しかし『少女ムシェット』と『やさしい女』のあいだには一年しか経っていません。これは何らかの態度の変化を意味するのでしょうか？ この変化の理由は何なのでしょうか？

ブレッソン――かつて今ほど頻繁に撮れていなかったのは、お金がなかったからです。プロデューサーを見つけることができませんでした。誰も私を信用してくれなかったのです。できることなら、休むことなく矢継ぎ早に映画を撮りたいと望んでいます。とはいえ、最初から最後まで自分で映画を考え出そうとしたら、それを（紙の上に）書いたり、熟成させたり、撮影の準備をしたりと長い時間がかかります。これまでやってきたような長編や中編の小説の脚色であれば、もっと早いペースで映画を撮ることが可能になるのです。

ナウム――『やさしい女』では、俳優の演技指導のあり方もまた変化の印象に一役買っています。人物たちは、以前より職業俳優に近づいているように見えます。彼らの表情や口調は、以前の作品と比べると、職業俳優のそれとの隔たりが少なくなったように見受けられます。演技指導のあり方に、おそらく、何らかの変化があったのではないでしょうか？ そうでないとしたら、こうした印象はどう説明されるのでしょう？

ブレッソン――あなたがおっしゃることとは、友人たちに言われたことや新聞に書かれていたことと正反対です。彼らに言わせると、私がここまで徹底して人物から外的な表現を奪い去ったことはなかったそうです。しかし、いずれにしても、その点に関して私は以前と何も変わっていませんよ。

ナウム――『少女ムシェット』の公開当時、普段はあなたに好意的な観客や批評家の大部分が、この映画を気に入りませんでした。その反対に、あなたの映画を評価していない観客や批評家によって評価されました。『やさしい女』に関しても、それと同じ現象が見られます。なぜだかわかりますか？

ブレッソン――観客や批評家が私のやることを気に入ったり気に入らなかったりする、本当のところの理由は私にはわかりません。いずれの場合も、気に入る場合も気に入らない場合も、たいてい誤解が存在しています。良い方向にであれ悪い方向にであれ、「驚かす」ことができたと思えば悪い気はしませんが、それらはことごとく冷静に判断するための距離を欠いているのです。

ナウム――『やさしい女』では、あなたは二人のロマンチックなヒーローを登場させています。バンジャマン〔ミシェル・ドヴィル監督『めざめ』（一九六八年）の主人公〕とハムレットです。彼らは、この映画のヒロインが暮らしたいと夢見る世界に属しています。しかし現実は彼女を夫の元へと引き戻します。

ブレッソン――『めざめ』に関して言うと、劇中の映画館で、何でもいいので、何か映画を上映しておく必要があったからです。一緒に仕事をしていたパルク・フィルムとパラマウントは、『めざめ』の製作、配給業者でもあったので、話は簡単に進みました。『めざめ』の放蕩さは、『やさしい女』の官能性と矛盾するものではありません。『ハムレット』を選んだ理由は三つあります。（1）最終幕における四人の死によって、この映画を死の雰囲気のうちにとどめようとしたことです。ただし、それは異なるスタイルの死、演劇的な死であって、自殺したヒロインの本物の死と生前の彼女の生（浴槽と石鹸の場面）と対照をなしています。（2）シェイクスピアの声を借りて、今日の俳優たちに対し、舞台の上で叫んだり喚いたりしてはいけないということを伝えることができた点には満足しています。今日の俳優の全員とは言いませんが、ほぼ全員がそうした演技をしていますから。（3）劇場から家に戻った後で、夫に〔内的な独白で〕、妻は「何事もなかったかのように」振る舞おうとしているのだと言わせるためのきっかけを見つける必要がありました〔劇場に出かける前に二人は喧嘩をしている〕。部屋に戻るなり、妻に「俳優に対する助言」のくだりを読ませることで、夫がそのように考えるのを上手く正当化することができました。(2)

（2）ウィリアム・シェイクスピア『新訳　ハムレット』河合祥一郎訳、角川文庫、二〇〇三年、一〇五―一〇六頁〔Shakespeare, *Hamlet*, acte III, scène II〕。

ナウム——テレビやレコード、自然史博物館などの安っぽい気晴らしを用いた意図は何でしょう？

ブレッソン——特別なことをしたわけではありません。テレビはどこの家にもありますから。テレビは、アパルトマンの中に外の世界の運動を持ち込む役割を果たしてくれました。自然史博物館と現代美術館は、若い夫婦の散歩の舞台です。自然史博物館は、二人をまたしても死へ引き寄せるとともに、若い妻が家でぱらぱらと頁を繰っていた自然史の本を引き継ぐものとなっています。同様に、現代美術館は、彼女が家で眺めていた画集を引き継ぐものです。

ナウム——『スリ』では、あなたの視点は内省的なものでしたが、ここでは描写的なものとなっています。この変化は、あなたにとって、あなたの作品にとってどういう意味をもっていますか？

ブレッソン——これほど、描写や説明をしていると感じなかった映画もありません。私が感じていたのは、むしろ、映像に真の意味で語らせていることであり、物音に音楽という本来の性格を与えていることであり、そして疑念や不確かさ《アンセルティチュード》についての映画を作っているということでした。

ナウム——映画の企画はお持ちですか？ それはどのような企画でしょう？ あなたは以前よりも頻繁なペースで撮っています。

ブレッソン——すでに交渉がかなり進んでいる映画が二本あります。これまでの作品よりも大きな予算の映画です。三本目の映画も（紙の上で）仕事を始めました。

「ブレッソンとの会話」、『フィルムクリティカ』一九六九年一〇月
« Conversazione con Bresson », Filmcritica, octobre 1969.

ルーヴル美術館でのロベール・ブレッソンと撮影監督のギラン・クロケ（カメラを覗く男）。

13 『白夜』——一九七二年

芸術は贅沢品ではない。生活必需品である

イヴォンヌ・バビー――ロベール・ブレッソン監督、あなたはきわめて個性的な監督であるのに、しばしば文学作品に着想を求めています。これはなぜなのでしょうか？

ロベール・ブレッソン――私は作家でも知識人でもありません。一七歳の時分には、ろくに本を読んだこともなくて、一体どうやって大学入学資格試験《バカロレア》に合格できたのかわかりません。私が人生から受け取ったのは、言葉として表現された観念ではなく、感覚《サンサシオン》でした。音楽と絵画――つまり形態と色彩――は私にとって、どんな有名な書物よりも真実だったのです。当時の私にとって、小説は戯れ言でしかありませんでした。その後、私は大変な貪欲さで――どうしてもそうすることが必要でした――、スタンダール、ディケンズ、ドストエフスキーを、時を同じくしてマラルメ、アポリネール、マックス・ジャコブ、ヴァレリーを読み漁りました。モンテーニュとプルースト――つまり観念と言語――には、尋常でないほど強烈に打ちのめされました。

書物を仲介することなく、人間や事物に直接赴くのが良いでしょう。しかし出発点として脚色を使うことは大いに時間の節約となります。一本のオリジナル脚本を書くのに、一冊の書物を書くよりも時間がかからないということがありましょうか？　要するに、長編や中編の小説についてならプロデューサーとすぐに理解し合うことができますが、もし私の紙の上での仕事が気に入ってもらえなかったり理解されなかったりすると、徒労に終わってしまう恐れがあ

るわけです。

映画を作ろうとする度に思うのは、私の方はまだ映画について漠とした考えしかもっていないのに、プロデューサーは、きっぱりと定まった考え、しかも誤った考えをもつということです。お金は事前にすべてを把握するのが好きなのです。プロデューサーは、配給業者と同様、たいていリスクを嫌う賭博師のようなものなのです。

バビー──『白夜』では、『やさしい女』に続いて再びドストエフスキーを取り上げていらっしゃいますね？

ブレッソン──なぜかというと、ドストエフスキーが感情を扱っているからであり、そして私が感情を信じているからです。また彼の作品では、例外なく、すべてが正確だからです。完璧な形式美を誇る彼の大長編に手を出そうなどとは思いません。何度か舞台化されたこともありますが、いつもショックを受けたものです。『やさしい女』と『白夜』の元となった二つの中編は、そうした完璧さを備えた作品ではありません。いずれの作品も本当にやっつけで書かれていて、だからこそそれらに奉仕するのではなく、自分なりに使うことができたわけです。

大して内容がないと言って『白夜』を非難することもできるでしょう。しかし私が思うに、小さな主題はしばしば大きな主題よりもずっと深い組み合わせをもちうるのです。

バビー──では、ベルナノスは？

ブレッソン──『田舎司祭の日記』は注文作品でした。小説を読んだ後、いったん断りました。けれども一月が経ち、私を信頼してくれたことがあらためてうれしくなって、もう一度じっくりと読み返してみたところ、映画化したら取り除いてしまうだろう文章が目に留まる一方で、まばゆく輝く文章も見えるようになりました。しかし私が施した、原作に極度に忠実な脚色（ベルナノスは亡くなったばかりで、彼が死んでしまったことで、彼が生きていた場合よりもずっと、仕事がやりにくくなってしまいました）はプロデューサーから理解されず、新たなプロデューサーを見つけるのに一年以上もかかってしまいました。出発点でのプロデューサーと私のあいだの誤解の良い例です。

バビー──『少女ムシェット』は？

ブレッソン――ベルナノスの信仰も文体も私のものとは異なります。しかし私はこの本に、途方もないきらめきを見てとりました。私が恐れたのは、もし少女の自殺を終わりという風にとらえられてしまうと、この題材はいとも簡単に苛酷で絶望的なものになってしまうということでした。しかし彼女の自殺は、終わりであるどころか、天国に引き付けられることによるものなのです。

バビー――もちろん、あなたは信心のある方ですからね。

ブレッソン――そうです。信心のない人々のことは何とも思いません。彼らにとっては、すべては地上に由来し、すべては地上でなされます。この世に生きる人々は、この世の知識では説明のつかぬ物事を受け入れられないのです。しかし物質主義に毒された聖職者は我慢なりません。けたたましく歌われるか否かにかかわらず、とにかく愚かしい聖歌《カンティック》で、神の礼拝から心を逸らせてしまうミサにもうんざりしています〔一九六二年から六五年にかけて開催された第二バチカン公会議において、ラテン語でなく各国語での典礼が許容され、グレゴリオ聖歌などが各国語での聖歌に取って代わられるようになった〕。

偉大な芸術家たち――音楽家、画家、彫刻家、建築家――は、少なくとも、教会の神父たちと同じくらい、教会のために力を尽くしてきました。大衆の心に触れるのに芸術など必要ないという考えが、紋切り型として流布しています。芸術が、教会が捨て去ろうとする贅沢品の一つとみなされているのは何とも奇妙なことです。私の念頭にあるのはとりわけ、教会がグレゴリオ聖歌や偉大な宗教音楽を抹消しようとしていることです。そもそも芸術の何が神聖なる印象をもたらしているのかは説明が付きません。芸術は贅沢品ではありません。生活必需品なのです。

芸術映画《フィルム・ダール》、「芸術映画館」向けの映画という観念は、内容空疎な観念です。天から降ってきたこの驚嘆すべきカメラという機械が、わざとらしい作り事を捕まえるために用いられているということには驚きを禁じえません。カメラは真実、つまりは現実を捕まえることができるというのに。そうした真実ないし現実は、われわれがごく稀にしか垣間見ることのできないものであるのみならず、われわれが見てさえおらず後になってしか気づくことができないものでもあるのです。一体どうして贋造の芸術である演劇に、映画の第一の素材を求めたりするのでしょうか？

バビー――『白夜』に話を戻しましょう。

ブレッソン――オリジナルの主題の脚本を書いていたところ、短期間で映画を撮ってくれるならお金を出すというオファーがありました。私は以前読んだこの中編のことを思い出して、大急ぎで脚色をしました。

この中編は、恋愛と青春を扱っています。ドストエフスキーの描いた恋愛と青春は、驚くほど現代的だと思いました。ドストエフスキーの作品では、今日の若者が抱える苦悩が問題となっているわけではありません。にもかかわらず、そこでの感情には、ある意味で現代の若者の恋愛の複雑さに通じるものがあるように思われたのです。

もしできることなら、お金と利益、戦争と恐怖のうえに成り立つ破廉恥な社会を拒み、無為のうちに一種の救済を探し求める少年や少女たちの自己犠牲を描いてみたかった。しょっちゅう、そうした若者たちのことを考えています。彼らを次の作品の主題にしたいものです。

いつの時代も、国家は人口の増え過ぎによって滅んできました。人口過多はつねに災厄とみなされてきたのです。互いの足を踏みながら歩くような状況では生きてゆくことなんてできません。どの国だか知りませんが、北の国にはものすごい速さで増えるネズミがいて、互いの足を踏むようになり始めると、崖の上から海へと一斉に身を投げ出すようになるそうですよ。

バビー――あなたは悲観主義者なのでしょうか?

ブレッソン――私が悲観主義に陥るのは、思考の無秩序やわれわれを操る未知の力が問題となるときです。それらを前にしては、全知全能のジャン゠ジャック・ルソーを一〇〇人集めてこようと、まったく歯が立ちません。

面白いことに、ボードレールが一世紀以上も前に「火箭」で予言しています。(1)「機械がわれわれをすっかりアメリ

(1) シャルル・ボードレール『ボードレール批評4』阿部良雄訳、ちくま学芸文庫、一九九九年、六六―六七頁[Charles Baudelaire, « Fusées », dans *Œuvres complètes*, Gallimard, « Bibliothèque de la Pléiade », 1963]。

カナイズしてしまい、進歩がわれわれの中の精神的部分全体をまるで萎縮させてしまった結果、空想改革家《ユトピスト》たちの血なまぐさい、冒瀆的なあるいは反自然的な夢想のどれをもってきても、進歩の歴然たる諸成果とは比べものにならぬ、ということになるだろう。私は、およそ物を考えるほどのあらゆる人に、生のいかなる部分がなお残存しているか示してくれと要求する。宗教については、これを語ったり、その残存部分を探したりすることは無用と思う。なぜなら、いまさらわざわざ神を否定する労をとることが、この領域で可能な唯一の破廉恥行為《スキャンダル》であるようなしだいだから。……僅かに残る政治的なものは、万人の獣性に締めつけられてもがき苦しむだろうとか、為政者たちは、自らの位置を保ち秩序の幻影を作り出すために、今日すでにかくも冷酷になっているわれわれの人間性をも戦慄させるであろうような手段に訴えることを余儀なくされるであろうとか、言う必要があるだろうか？——この時代になると、息子は、一八の年ではなく、一二の年に……家庭を逃げ出すことであろう……。」

　しかし、そうは言っても、私は人間を信じたいし、この時代とともに生きていたいと思っています。

バビー——時代とともに生きるとはどういうことでしょうか？

ブレッソン——それはガソリンの臭気を吸い込み、通りの喧噪に耳をつんざかれ、向かいの家々の壁や目的もなく騒ぎ立てる喧しい連中ばかりを見ながら生きるということです！　とはいえ、近いうちに、われわれの誰もがこんな野蛮で下劣な都会暮らしにうんざりしてしまうはずです……。次の質問に進みましょう。

バビー——観客についてはどのようにお考えですか？

ブレッソン——自分の作っている映画が大衆を喜ばせるか退けるかということはまったく考えません。私が考えるのは、それが良く出来ているかどうか、それが「届く」かどうかということです。ちゃんと届くかどうかを、私自身を相手に試すのです。面白いのは、観客あるいは自分の映画の観客のことを知っていると豪語する連中はつねに最も愚かな層の観客に合わせているということです。戦前、画家というものは観衆のことなどいっさい考えなかったし、わざわざ観衆を得ようともしませんでした。自分を説明する必要など感じておらず、黙して多くを語らなかったものです。

私の映画は、私が見極めようとしている何かに向かうための訓練、試行、努力のようなものです。しかし、それは近づいたかと思うといつも遠ざかっていってしまいます。自分の手を使って仕事ができないのが悩ましいですね。私は自分の映画をオブジェのように眺めるのが好きです。

映画というわれわれの仕事において、ほとんど理解されていないものがあるとすれば、それは貧しさです。絹の織物と比べたときの鞄用の帆布という意味での貧しさです。これはモーツァルトが、自分の作曲した幾つかのコンチェルトについて次のように書いたときに話題にしていたことです。記憶を頼りに引用します。「これらの曲は、難し過ぎも簡単過ぎもせず、ちょうどその中間です。……みな輝かしい曲ばかりですが、貧しさを欠いています」〔『シネマトグラフ覚書』五二頁、『モーツァルト書簡全集V』海老沢敏、高橋秀郎編訳、白水社、一九九五年、三一三頁参照〕。

現在の映画の凋落ぶりは嘆かわしいものではありますが、映画が今なお輝きを放つのをやめていないことにも気づかされます。映画によって——これはじつに逆説的で、どうしてそうなるかわかりませんが——少しばかりくたびれた他の諸芸術もまた、新たな一歩を踏み出すことができるでしょう。

『ル・モンド』、一九七一年一一月一一日
Le Monde, 11 novembre 1971.

青と栗色のあいだで

クロード・ベイリー〔一九三二―二〇〇一年、フランスの映画批評家、映画史家。『カイエ・デュ・シネマ』編集委員、『アヴァン＝セヌ・シネマ』編集長などを歴任〕――『白夜』での現実へのアプローチは、以前のどの作品にもまして絵画に基づいているのではないでしょうか？

ブレッソン――私は少しずつ近づこうと試みています……。しかし人も事物も何もかもするりと逃げ去ってゆきます。できる限りやってはいるのですが……。私はまた、自分が感じた印象や感覚をスクリーンの上に移し替えようとしています。つまり以前は画家であったのに、もう画家ではなくなるというのは、ほとんどありえないことなのです。絵画が私に教えてくれたのは……、映画では絵画から逃げねばならないということでした。

ベイリー――絵になるもの《ピトレスク》から逃げるということですか？

ブレッソン――そうです。とりわけカラー映画が登場してから支配的となった絵葉書趣味を警戒するということです。人々は〔絵葉書のような映像に〕恍惚となります。しかし美しい写真を撮るには、つねに本質的なものを犠牲にしなくてはなりません。他方で、映像の構成に関して、絵画が何らかの仕方で私の役に立っている可能性はあります。

ベイリー――『白夜』には、果物皿や絵の具の缶、扉など「静物画」と呼びたくなるような細部が散りばめられています。正確に言うと、こうしたオブジェは映画の構造のなかでどのような機能をもっているのでしょうか？

ブレッソン——われわれが気づいていようといまいと、オブジェはわれわれの生活において重要な位置を占めています。どの戯曲だったかもう忘れてしまいましたが、コクトーの戯曲である人物が言います。「オブジェたちは猫のようにわれわれの後を付けてくる。」われわれの身の回りにあるオブジェは、われわれ自身について、そして他の人々についてもじつに多くの事柄を含んでいます。死者の魂が岩や木々などに宿っているという信仰が生きている国もありますよ。

ベイリー——オブジェなき世界は砂漠のようなものでしょうか?

ブレッソン——隠者にでもなるしかないでしょうね。

ベイリー——映画のほとんど全編（クレジットに先立つシークエンスを例外として）を寒色で処理されていますね?

ブレッソン——夜の色をどうするかについては、撮影に入る前に散々悩みました。カラー・フィルムの扱い難さを考えると、青（寒々しい色調）か栗色（暖かい色調）の二択でした。私は両者の中間、どちらかというと青や緑寄りにとどまろうとしました。絵画における寒色、暖色という現象は、映画でも同じように存在しています。暖かい色調の方が前面に出てきます……。

ベイリー——……それに対して、夜のシークエンスでは、オブジェが背景に退いていますね。タイトルが示唆するように、夢の世界に入り込んでゆくような感じがします〔『白夜』の仏題は『ある夢想家の四夜』〕。

ブレッソン——タイトルに夢という観念を付け加えたのは、じつに単純で手っ取り早いやり方ではあるのですが、主人公のジャックがテープレコーダーに吹き込む内容が、現実ではなく、空想の領域に属するものであることを明確にするためでした。もちろん、私には幻想的な映像を作ろうという欲望も意図もありませんでした。

ベイリー——にもかかわらず、ジャックの描く絵はかなり奇抜です。彼の絵をじっくり見せていますね。

ブレッソン——アトリエのシークエンスで使う絵を私自身の手で用意していたのですが、それを使うことはありませんでした。アンヌ＝エリア・アリストートという若い女性画家が、たいへん気前よくアトリエを使わせてくれました。

とても短期間ではありましたが（私は資金調達と撮影準備で苦労していました）。私の絵の代わりに彼女の絵を登場させたら喜んでくれましたよ。

ベイリー――それらの絵で驚いたのは、人物の顔が大きな色の平面で塗り潰されているところです。つまりジャックは、映画の全編を通して、自分自身の色を探しているといえるのではないでしょうか？ そして最後のショットで彼はついにそれを見出すことになるのです。

ブレッソン――あなたが絵から受けたような奇妙な印象は想定していませんでした。私は象徴が嫌いです。徹底的に象徴を退けようとまではしていませんが、自分から望むことはまずありません。たいてい私は象徴のことを意識していません。

ベイリー――しかしながら、前もって考えられたに違いない色彩の「合図」が幾つかありましたよ。たとえば、あるショットで、薄紫色の服を着た女性が何気なく舗道を通り過ぎてゆくのが見えます。そして、それと同じ色がまさに次のショットで再び現れるんです。

ブレッソン――これも事前に考えていたものではありません。私はできる限り即興をしながら撮影を行います。このアイデアを見つけたのも偶然でした。すぐに飛びつきましたね。あるショットの最後に現れた色彩を、何らかの方法で次のショットの冒頭にも登場させられる場合、私は迷うことなく二つのショットを色彩によってつなぎます。偶然を利用せねばなりません。偶然を欲し、偶然を挑発せねばならないのです。偶然を呼びこむために、あらかじめ映画の何パーセントかを取っておくことも有効でしょう。上手く行った試みは、ほとんどつねにコントロールされた偶然の――あるいはコントロールされざる偶然の――産物なのです。

ベイリー――『白夜』のなかには、誇張された戯画的とも言えるシークエンスがあります。たとえば抽象画家がジャックの部屋を訪れる場面や、映画が上映される場面などです……。

ブレッソン――こうした誇張はあっという間に誇張でなくなってしまうでしょう。時は駆け足で過ぎ去ってゆきます……。ジャックを訪れる若い抽象画家が使う隠語も、この一年のうちに、ほとんどありふれたものになってしまいました。映画内映画（ギャング映画）は多くの人にとって誇張ですらありません。われわれの時代は物事を引っかき回し、ひっくり返し、破壊してしまうのです……。

ベイリー——驚いたのは、そうした誇張の部分においてすら、あなたは己自身に忠実であるということです。たとえば抽象画家に「染みが小さくなればなるほど、それによって暗示される世界は大きくなる」と言わせるところなどです。

ブレッソン——もちろんです……。わずかな手段で最大限のことをするよう目指すべきです。とはいえ、あれもこれもなくしてゆけば、ますます創造的になってゆくというような単純な話でもありません。それでもやはり、創造とは、足すよりも引き去ることなのです。映画という映像の芸術において重要なこと、困難なことは、見せたり表象したりするのでなく、暗示することです。演劇とはまったく別物なのです。現在行われている演劇と映画の結婚というのはじつにばかげた代物です。

ベイリー——ギャング映画についてですが、そこには少なくとも一つ——些か誇張されている点を除けば——あなたの「真正な」映画に問題なく嵌まり込みそうなショットがありましたね。血だまりと拳銃のそばで、痙攣している地面を這う手のショットです。

ブレッソン——もっともなご質問です。このギャング映画のシークエンスは、本編の撮影が終わってしばらく経ってから撮ったもので、友人のギラン・クロケ——彼は『白夜』では撮影監督でないのですが——が手を貸してくれました。彼がスタイルを変えてはどうかと提案してくれたのです。彼は正しかった。私はスタイルを変えようと努力したのですが、どうやら上手く行かなかったようですね。

ベイリー——いつもと同じように、ある種の遅さを追求していますね……。

ブレッソン——むしろ多くの人が、私の映画は速いと言っています。最近もアメリカ人の批評家がそう言っていました。しかし、じつのところ、両者に矛盾はありません。見かけのうえでの遅さと、感情の進展における速さは同時に存在しうるのです。私の説明はあまり明瞭でないかもしれません。これを理解するためには、暗示されるものの領分──言葉や物真似《ミミック》、伴奏音楽では表現されえぬものの領分──に踏み入らねばなりません。

ベイリー──バトー・ムーシュが橋の下に入ってゆく、とてもゆっくりしたショットはどうでしょう……。

ブレッソン──これはまた別の遅さです。それは一風変わった、どこかノスタルジックな遅さとなりました。おそらく私は、無意識のうちに、このゆっくりとした船の滑走を自分の思い出から引き出してきたのでしょう。戦争中に捕虜となったとき、ライン川をさかのぼってドイツに入りました。昼も夜も平底船のデッキに詰め込まれたまま……。この場面では、映像の運動をほとんど抹消することで音楽を引き立たせるとともに、音楽がゆっくり時間をかけて効果を発揮するようにしました。この場面全体の効果は、船のリズムと音楽のリズムの結合によってもたらされています。

ベイリー──あなたの映画には、一般的な意味での「人物」が存在していないように感じられます……。

ブレッソン──確かに、私は人物よりも性格のことを考えています。この点でもやはり、私は大部分を偶然に、そしてカメラに委ねます。カメラは俳優ではなく、人間を──その奇癖や予測不可能な矛盾まで含めて──捕まえるものですから。われわれが紙の上に書き付ける人物はひどくぎこちなく、生硬なものでしかありません……。私が好きなのは、図式的なもの(シナリオ)から出発して、カメラによって導かれることです……私が行きたいところへと。

ベイリー──ジャックがテープレコーダーに吹き込む作り話をじっくりと聞かせていますね。彼が口にする言葉は、不思議の世界(少しジュリアン・グラック風の)を想起させ、それ以外の部分を覆う日常のリアリズムと奇妙な対比をなしています。

ブレッソン──ジャックの言葉を少し文学的で、実生活で用いられる言語と異質なものにすることによって、それが通俗的、感傷的なものとなってしまわないようにしたのです。

『白夜』でのギョーム・デ・フォレ。

ベイリー――どうしてマルトはジャックに対して「私たちはとても聡明でないといけないわ」と言うのでしょう？　彼女のなかには肉の欲動と知的な欲動との葛藤があるのでしょうか？

ブレッソン――「とても聡明」でなくてはならないのは愛の罠に落ちてしまわないためです。この場面では、彼女はジャックよりも明晰です。彼女が鏡に映った自分の裸を眺めるのも同じ理屈です。それは、清純ではないにしても、とても自然で（あるいは「自然そのもの」で）、無垢な視線です。マルトが下宿人が貸してくれたエロティックな本を読むところでは〔ルイ・アラゴン『イレーヌ』（生田耕作訳、白水社、一九八九年）を読むくだりを指す〕、もっと卑猥な文章を選ぶこともできたかもしれません。この若い娘が、壁の向こう側にいる一度も見たことのない下宿人に性的に魅了されてゆくという要素も、ドストエフスキーの中編にはないものです。そこにはエロティシズムのかけらもありません。

ベイリー――こうした官能性の侵入は、あなたの作品ではかなり珍しいテーマではないでしょうか？

ブレッソン――『バルタザールどこへ行く』にすでにありますよ。

ベイリー――ヴィスコンティ〔ルキノ・ヴィスコンティ、一九〇六―一九七六年、イタリアの映画監督。『揺れる大地』（四八年）、『ベニスに死す』（七一年）など〕の『白夜』〔一九五七年〕はご覧になりましたか？

ブレッソン――はい。私自身の『白夜』を撮り終えてから程なくして。ヴェネチアの街のセットと、ヴィスコンティがそれを用いるやり方はじつに見事でしたね。しかし、どういう目的から、臆病で控え目なドストエフスキーの中編の主人公を女ったらしの男に変えたのかは理解できませんでした。

ベイリー――『白夜』の撮影はいつ行われたのですか？

ブレッソン――一九七〇年の八月と九月です。運悪く、とても寒い夏でした。夜の屋外での撮影はとてもつらく、ひどく込み入ったものとなりました。ポンヌフや通りでの自動車の喧噪に加え、うるさい野次馬たちもいましたからね。しかし、そうした困難は何も私に限ったことではありません。

ベイリー――現在は、執筆中ですか？

ブレッソン――次回作の構想中です。私は覚書を書き溜めています。映画についての小さな技術本にまとめたいと思っているのですが、なかなか時間がとれません。それに、物事には決して終わりがありません。終わりという言葉は好きではありませんね。

「ロベール・ブレッソンとの対話」、『エクラン72』、一九七二年四月
« Entretien avec Robert Bresson », *Écran 72*, avril 1972.

私は不意打ちを求めている

ジャン・セモリュエ〔文筆家。ブレッソン、カール・ドライヤー、ジュリアン・グリーンについての著作がある〕——この映画はほとんど全編がロケで撮影されています。パリの屋外では何か不都合はありましたか？

ロベール・ブレッソン——自動車の騒音で近くにいても出演者たちの声が聞こえませんでしたし、群衆も間に入り込んで来て邪魔になりました。寒さで歯ががちがちと震えた夜もありましたね。

セモリュエ——夜間のロケーション撮影のせいで、色彩に関して問題が増えるということはありましたか？

ブレッソン——夜間の撮影では、カラーのフィルムはモノクロのフィルムよりも感度が低いので、どのショットでも照明を追加してやる必要がありました。カメラの位置を変えると、その度ごとにケーブルを使って遠く離れた次の位置まで照明を運ばないといけなかったのです。加えて、青色が単調だという問題もありました。

セモリュエ——『白夜』で、ポンヌフを出会いの舞台に設定したのは、どういう理由でしょうか？

ブレッソン——私はセーヌの河岸に住んでいます。夏の夜、セーヌのほとりで過ごす人々の様子や、イルミネーションで飾られた船が行き交う光景は、私にとってたいへんなじみ深いものです。この映画では、それらが私にもたらす印象を再発見し、観客に感じてもらいたいと思いました。それに、ポンヌフとヴェール・ギャラン公園〔ポンヌフのかかるシテ島の西端にある公園〕は、ヒッピーたちの逢い引きの場所です。そこで撮影してみたかったのです。

セモリュエ――映画に登場するヒッピーたちは本物のヒッピーですよね？

ブレッソン――もちろんです。

セモリュエ――あなたの最近の二作では、映画の中心的な主題をたどるうちに、パリの幾つかの場所に対する愛着のようなものが浮かび上がってきますね。

ブレッソン――私にとってパリとは、幾つかの特権的な場所、なじみのあるお気に入りの場所からなっています。私はできる限り自分の経験を映画のなかに詰め込むようにしています。

セモリュエ――『少女ムシェット』や『バルタザールどこへ行く』のような田舎を舞台にした作品と、パリを舞台とした作品とでは根本的に風土が異なると思いますか？

ブレッソン――私は長いこと田舎に住んでいました。しかし現代的な生活からあまりにかけ離れた「田舎風映画」というものは信用していません。『少女ムシェット』で、大きなトラックの騒音を聞かせたのは、そういう理由からです。『バルタザールどこへ行く』でも、できる限り自動車を登場させましたね。

セモリュエ――カラーの話に戻りましょう。『やさしい女』と『白夜』とでは、カラーが突きつける問題に違いはあったのでしょうか？

ブレッソン――ある映画で直面する問題と、別の映画で直面する問題とはまったく異なるものです。『白夜』と『やさしい女』は、夜間の撮影も昼間の撮影も、それぞれ異なる意図に基づいています。『白夜』の場合、夜の場面が長かったので慎重にならざるをえませんでした。きわめてヴァラエティに富んだ色彩表現を追求せねばならなかったのです。

セモリュエ――昼間のシークエンスの暖色と夜のシークエンスの寒色との交替は、この映画の美しさの一つをなしています。そうした暖色と寒色の交替を重視していたのでしょうか？　少なくとも、構成要素として意図していたのでしょうか？

ブレッソン——絵画の場合と同様、カラー映画の構成においても、暖色と寒色という現象はとても重要なものです。寒色と暖色は、人物たちの生そのものに作用を及ぼします。

セモリュエ——立て続けにドストエフスキーの中編を脚色なさいましたが、これは偶然ですか？　何か特別なつながりがあるのでしょうか？

ブレッソン——脚色の場合、主題に関してすぐにプロデューサーと理解し合うことができるので、大いに時間の節約になります。なぜドストエフスキーか？　彼が最も偉大な作家だからです。

セモリュエ——『田舎司祭の日記』を除くと、あなたの脚色は中編小説ばかりですね。中編の方がより演劇的とは言いませんが、より劇的な面があると思いますが、長編よりも中編の方が映画化に適しているとお考えですか？

ブレッソン——完璧な形式美を誇る彼の大長編にあえて手を出そうなどとは思いません。それらを自分なりに使おうとすると、どうしても原作を損なうことになってしまうでしょうから。彼の大長編はきわめて複雑かつ長大で、しかもロシアを舞台にしています。私が選んだ二つの中編は、もっと単純かつ不完全で、急いで書かれているので、私でも自分なりに使うことができました。それに、これらの中編なら国や時代の設定を変えることもできましたからね。

セモリュエ——ジャックを画家にしたのは、どういう理由からでしょうか？

ブレッソン——画家の生は本質的に孤独な生、内向的な生ですから。

セモリュエ——この映画はナレーションこそありませんが、主人公の「私」を前面に押し出していますね。

ブレッソン——私がいつも力を入れているのは内的な生です。ジャックの孤独な生は、まさにお誂え向きでした。

セモリュエ——ジャックが印象的なのは、控え目であると同時にあけすけでもあるところです。

ブレッソン——不思議なことに、控え目であることとあけすけな性格は時に上手く折り合うものなのです。

セモリュエ――ギョーム・デ・フォレのおかげで、ジャックの何らかの側面が浮かび上がることはあったのでしょうか？　それとも彼はただジャックを演じただけなのでしょうか？

ブレッソン――私はいつも最大限の部分を未知の人たちに委ねています。しばしば繰り返してきたように、私は不意打ちを求めているのです。カメラの前で構築される人物が、少しばかりは私がそうあって欲しいと望んだもので、しかし大部分は人物の方が私にそうであると教えてくれるところのもので構成されていること、それこそが私が望むことなのです。

セモリュエ――あなたの映画では、もう何年も前から俳優が出演していません。それによって観客は大きな均質性を感じることになります。撮影はどうなっているのでしょうか？

ブレッソン――演技をしている職業俳優のあいだよりも、演技をしていない非職業俳優のあいだの方が、ずっと確実に均質性を感じることができます。職業俳優と非職業俳優を混ぜ合わせるのがいかに難しいかは身をもって知っています。

セモリュエ――演技に関して何か難しい点はありましたか？

ブレッソン――難しい点はありました。われわれは夜の屋外で、騒音のなかで撮影していました。しかし容易な点もありました。出演者たちは若さゆえの柔軟さと才能をもっていましたから。

セモリュエ――『田舎司祭の日記』以降で、演技に関して模範というか、少なくとも指標になるような作品はありますか？　それとも作品ごとに、新たな基礎を築いて再出発しなくてはならないのでしょうか？

ブレッソン――『抵抗』で、どうすべきかがわかり始めたというのはあるでしょうね。そうは言っても作品ごとにすべてを問い直さなければなりません。

セモリュエ――初期の作品にも、もちろん若者たちはいました。いないどころではありませんでした。しかし、それにしても『バルタザールどこへ行く』以降、若者の数が本当に多くなりました。これは意図してのことなのでしょうか？

ブレッソン――教育によっても人生によっても歪められていない若者たちからカメラが捕まえることのできるものを見るのはじつに驚くべきことなのです。

セモリュエ――今回の映画には滑稽さが添えられていますね……。

ブレッソン――私が目指したのは、ほぼ完全にリズムによってもたらされるような純粋に映画的な滑稽さでした。

セモリュエ――『バルタザールどこへ行く』のマリーや『少女ムシェット』のムシェット、『やさしい女』のヒロインとは違って、マルトとジャックは危機を乗り越えます。そうした楽観主義、とりわけ映画の結末での人生に開かれてゆくような楽観主義は意図したものなのでしょうか？

ブレッソン――これは面白いですね。私にとって、この映画の結末は悲観的なものです。そこには、悲しいものではないものの、だからこそいっそう苦々しい悲観主義があるのです。

セモリュエ――しかし最後の映像では仕事をする若き芸術家が映し出されています。

ブレッソン――ええ。しかし、その仕事はあくまで幻想に突き動かされたものであって、結末は両義的なものになっています。

ミシェル・エステーヴ『ロベール・ブレッソン』セゲルス、一九七四年、一二三―一二六頁
Michel Estève, *Robert Bresson*, Seghers, 1974, p.123-126.

14 『湖のランスロ』——一九七四年

『湖のランスロ』でのアンベール・バルザン、リュック・シモン、ウラディミール・アントレク。

過去を現在に置き直す

質問――この主題のどこに心引かれたのでしょうか？

ロベール・ブレッソン――われわれの神話から主題を引き出すことができる点です。そして、ある一つの状況、騎士たちが聖杯を見つけられずにアーサー王の城に帰還するという状況です。聖杯、つまり絶対的なもの、神です。

質問――聖杯はキリスト教的な象徴ですが……。

ブレッソン――ええ。でも聖杯は、異教のケルト神話にもすでに登場していますよ。興味深いことに、一二世紀に書かれた『ランスロまたは荷車の騎士』〔クレティアン・ド・トロワ『ランスロまたは荷車の騎士』神沢栄三訳、『フランス中世文学全集2　愛と剣と』白水社、一九九一年〕にも、オルフェウスとエウリュディケといったギリシャ神話の要素が見出されます。

質問――この映画は超大作なのでしょうか？

ブレッソン――馬や甲冑の騎士たち、それに騎馬試合も出てきます……あたう限り時代錯誤《アナクロニック》なものですが。

質問――時代錯誤と言うのは？

ブレッソン――映画を信じてもらうためには、過去を現在に置き直すことが必要なのです。

質問――あなたが作り上げた中世にはお金がかかっていますか？

ブレッソン――通常、贅沢はシネマトグラフに幸運をもたらしません。幸い、『湖のランスロ』では大予算といえど、それが贅沢にはなりませんでした。

質問――凄惨な残虐行為や暴力が出てくるのではないかと思います……。

ブレッソン――ブルターニュの冒険では、辺り一面に血が流れるものですからね。

質問――きっと大恋愛も出てくるのでしょうね……。

ブレッソン――ランスロとグニエーヴルは、いわば媚薬なしのトリスタンとイズーです。乗り越えられぬ障害に阻まれた、運命の恋愛《プレデスティネ》、情熱的な恋愛です。二人の恋愛とその紆余曲折が、映画に動きを与えることになります。

質問――もちろん、ご自身ですべてお書きになったんですよね？

ブレッソン――ええ。最初の時点からすでに、己のアイデアの完全なる支配者でなくてはなりませんから。どんな場合でもそうですが、とりわけ即興をやるときはなおさらです。

質問――かなり即興をなさったのでしょうか？

ブレッソン――私はますます即興の必要性を信じるようになっています。

質問――台詞は？

ブレッソン――台詞はずっと以前に書いてあったのですが、撮影しながら少しずつ手直ししてゆきました。

質問――わざわざ困難な状況を求めたと？

ブレッソン――困難は私に味方してくれますから。スピードも同様です。紙の上で解決できなかったことを、現場で撮影しながら解決することができたとき、それこそが自分にできる最善のものであるということにしばしば気づかされます。

質問――馬や甲冑の騎士、大量のエキストラを使って映画を撮るのには苦労されましたか？　そうした映画には慣れていませんよね。

ブレッソン——一般に考えられているのとは反対に、最小限のものでやれるなら最大限のものでもやれるのです。そもそも大資本だからといって、細部を捕まえること、見せるのでなく暗示すること、あるいは映像よりも音声を優先するといったことができないわけではありません。騎馬試合のシークエンスは耳によってモンタージュされています。まあ、結局のところ、他の場面もすべてそうなのですが。

質問——馬については何か具体的な苦労はありましたか？

ブレッソン——馬は借り物ではなく購入したもので、前もってじっくりと甲冑や槍に慣れるよう調教しました。若くて手強い馬たちでしたが、私には優秀な騎手たちがいました。

質問——職業俳優ではない優秀な騎手たちですね……。あなたは俳優を嫌っているということですが。

ブレッソン——ばかげています……。私の親友

ノワールムーティエ城の中庭でのアンベール・バルザン（馬上の男）とロベール・ブレッソン。

のなかには俳優もいますよ。「あの人は画家だから彫刻家は嫌いだ」と言うようなものです。私は演劇が好きだし、俳優だって好きです。ただ俳優とはもう一緒に仕事をすることはできないでしょうね。他の人に自分を手本にして欲しいとは思っていません。

質問——最後にお聞きしたいのですが、どのようにして「モデル」と呼ばれる人々を探してくるのでしょうか？

ブレッソン——昔は、人物との精神的な類似によってモデルを探し、選んでいました。しかし、それでは膨大な時間がかかってしまいます。今では、人物と相反するところさえなければ、すぐに決めてしまいます。

質問——どうしてですか？

ブレッソン——われわれが創作する人物はひどく生硬なものです。それに現実には奇妙なところがたくさんあって、しかもそれらはすぐには姿を現してくれません。だから私は自分の勘と運に任せるのです。とはいえ、声は別です。声というのは神聖なものです。身体的容貌と切り離して声だけを聞けば、間違うことはほぼありません。

質問——演技指導は？「モデル」の指導ということです。

ブレッソン——他の誰かを導くのでなく、自分自身を導くことこそが問題なのです。後はテレパシーです。

一九七四年の封切り当時に配布された小冊子
Plaquette diffusée à la sortie du film en 1974.

ランスロのきわめて特異な内面の冒険こそが私の心を打った

ジャン＝ルイ・エジーヌ〔一九四八年―、フランスの作家、ジャーナリスト。『ヌーヴェル・リテレール』の編集長などを歴任〕——もし二〇世紀の神話を作ろうとした場合、そこに聖杯探しを入れることは本当に可能だと思いますか？

ロベール・ブレッソン——可能だと思います。他の時代にもそうであったように。ロンサールとプレイヤード派の詩人たちは、聖杯探しを自分たちの基本的な素材にしようとしました(1)〔プレイヤード派は、一六世紀にピエール・ド・ロンサールを中心に結成された詩派。デュ・ベレーの『フランス語の擁護と顕揚』はその宣言で、古代ギリシャ、ローマおよびイタリアの詩を模範としつつ、フランス語の可能性を探究することを説いた〕。

(1)「ああ諸君、かくも多くの優雅と完璧とを身に纏ったその諸君にして、若し、いつか諸君の貧弱な国語を憫み、自らの財産をもって之を富ましめるを辞せずとするならば、それこそ真に諸君が国語を擡頭せしめ、意気浩然と、之をギリシア語、ラテン語の宏壮なるに比肩せしめることにならう。これ恰も、現在その俗語に於いては(仮令、古代史の神聖さは備えずとも)、敢えてホメロス、ヴェルギリウスにも喩ふべしと思われる、イタリア人のアリオストの業績に類するものである。故に彼アリオストが好んでわが国語から彼の詩中の名称と題材を借用した如く、諸君は『ランスロ』、『トリスタン』あるいはその他の之に類するかの古く美しきフランス語の物語のいずれか一つを選択し、それを粉本として、かの嘆賞すべき『イリアス』を、彫琢推敲を重ねた『アエネイス』の類いを世に再生せしむべきであろう」(ジョアシャン・ヂュ・ベレエ『フランス語の擁護と顕揚』加藤美雄訳、白水社、一九四三年、一一一―一一二頁〔Joachim Du Bellay, *Défense et Illustration de la langue française*, II, 5〕)。

エジーヌ——とはいえ、この映画がランスロの失敗、つまり聖杯を持たずにグニエーヴルの待つ城に戻ってくるという失敗によって幕を開けているという点には何か意味があるのではないでしょうか？　続く部分では、伝説の衰退が確証されてゆくことになります……。

ブレッソン——聖杯探しの失敗と、現在の教会の危機とを結びつけようという意図はありませんでした。ランスロのきわめて特異な内面の冒険こそが、聖杯探しの途上での暴力や流血と相俟って、私の心を打ったのです。

エジーヌ——このような「歴史物」の題材を扱いつつも、偽りのリアリズムの不自然さをまったく隠そうとしていませんね。ここで問題になっているのは別種の真正さ、再現による真正さよりもはるかに深い真正さだからです。

ブレッソン——歴史家が同時に詩人でもあるというのは稀なことです。今世紀初頭に活躍したリットン・ストレイチー〔一八八〇―一九三二年、イギリスの伝記作家、批評家。ヴァージニア・ウルフらとともにヴィクトリア朝文学を批判し、新たな伝記のスタイルを確立した〕は、歴史家と詩人の素質をふたつながらに備えていました。これは素晴らしいことでした。真正であるとは、「自分自身」であるということであり、あらゆるものにこの「自分自身」を行き渡らせることです。歴史家にはとりわけ困難なことです。とはいえ、私はこの映画を歴史家として構想したわけではありません。

エジーヌ——ランスロの場合のように、たとえそれが宮廷風のものであっても、恋愛によって聖杯を手にする資格を奪われてしまうとしたら、肉体的な愛と恩寵のあいだに何らかの救いのある関係を築くことは可能なのでしょうか？

ブレッソン——たぶん可能なはずです。しかし、それがどのようなものかはわかりません。映画の方も、私以上にそれがわかっているというわけではありません。

エジーヌ——『湖のランスロ』は、絵画のように構成された作品でもあります。映像のなかのすべてが、映像を越え出て行こうとしている、つまり別の何かを暗示することを目指して、指示される現実から映像を引き離そうとしているかのようです。あなたにとって、シネマトグラフと絵画との関係はどのようなものでしょうか？

ブレッソン——絵を描きたいという欲求があると、すべてが絵の対象となり、手元にあるもので絵を描いてしまうものです。カメラやテープレコーダーのような機械を自由にできるということは途方もない幸運です。ただし絵《タブロー》を作るようにやろうとしてはいけません。

エジーヌ――『ランスロ』は二〇年来の古い企画です。神話の場面の選択とまでは言わないまでも、作品の構想は長い熟成期間のなかで変化したのではないでしょうか？

ブレッソン――いいえ。私は二〇年前に『湖のランスロ』を書いて引き出しに仕舞いました。この映画は去年までずっと私から離れ、引き出しの中に仕舞われたままになっていました。

エジーヌ――グラックが、あなたの映画の余白に書き込むことができそうな一節を書いています。「聖杯探しは、……超人に対する地上的で、ほとんどニーチェ的な憧れを表している。」(2)

ブレッソン――そうですね。しかし今日における憧れはむしろ超機械となること、自己を破壊することです。われわれの時代の特徴の一つは不注意であることなのです。

エジーヌ――とはいえ、ランスロはロマン主義的英雄ではありません。

ブレッソン――ロマン主義というのはおそらく小説家や劇作家の発明です。それはまた一つの書き方でもあります。もし本当の意味で人間に接近することが、隔たりを抹消することができたなら――それこそシネマトグラフが可能にするはずのことなのですが――、ロマン主義という語にいかなる意味が残されるでしょうか？　ほとんど何も残りはしません。

エジーヌ――そのとき、人はそこにランスロを認識することができるのでしょうか？　ヴァレリーは言っています。「神秘主義者は不道徳な存在に直接変形しうる。そして最も邪悪な、最も甘美な罪に赴くこともできるのだ、――熱

(2) Julien Gracq, *La Roi pêcheur*, « Avant-propos », José Corti, 1948, p.11-12.

すぎる涙を流しつつ。[3]」

ブレッソン——そこに、高潔な人々について語ったモンテスキューの言葉を並べることもできるでしょう。「もし人々が高潔であったなら、彼らは友人をもたないであろうというのは確かなことだと思われる。[4]」おそらく、われらの神秘主義的な騎士たちも、いとも容易く人を殺し、略奪を働き、火を放ってしまうことでしょう。

『ヌーヴェル・リテレール』、一九七四年九月二三日
Nouvelles littéraires, 23 septembre 1974.

（3）ポール・ヴァレリー『残肴集（アナレクタ）』寺田透訳、『ヴァレリー全集 第九巻：哲学論考』筑摩書房、一九七八年、四八一頁［Paul Valéry, *Analecta*, LXXXV, « Relation », dans *Œuvres, op. cit.*, t. II, p.737］。

（4）Charles-Louis de Montesquieu, *Mes pensées*, (XX, « Des devoirs », n° 604), « De l'amitié », dans *Œuvres complètes*, Gallimard, « Bibliothèque de la Pléiade », 1949, t. I, p.1129.

忠義と不忠のあいだに引き裂かれて

絵画やエクリチュール同様、シネマトグラフの芸術もまたそれ自体で存在せねばなりません。映画は総合芸術であるという宣言ほど間違ったものはないのです。五〇年ものあいだ、人々は撮影された見世物《スペクタクル》に満足してきたわけですが、シネマトグラフと撮影された見世物のあいだにはいっさい共通点などありません。このことを指摘しているのがほとんど私一人だというのは驚くべきことです。

つねに具体的なもの——今作の場合は『湖のランスロ』の物語——から出発せねばなりません。しかし私がとりわけ興味を引かれたのは、聖杯探しから手ぶらで戻って来たこの騎士の内面の状況でした。私にとって、アイデアはヴィジョンと決して切り離せないものであり、主題はそれに関して私が感じていることを表現するための口実に過ぎません。だから舞台が何世紀か、どこなのかということは重要ではないわけです。中世風の絵になる《ピトレスク》景色は排除しました。私が目指したのは、われわれ自身の現実によって、別の時代の人物たちに幾ばくかの真実を与えることでした。

私はキリスト教徒の映画作家です。しかし脱キリスト教化された現代社会と熱狂的な信仰が息づいていた時代を比較しようという気はありませんでした。寓話《パラボル》を練り上げるように『湖のランスロ』を作ったわけではありません。この映画の主人公は聖杯探しの失敗に責任を感じています。彼が興味を引くのは、忠義と不忠とのあいだで、潔白と愛とのあいだで引き裂かれているからです。この男は、偶然と予定説からなる運命という機械によって押し潰されるのです……。円卓の騎士の物語の異本のなかには改心や贖罪を描くものもありますが、私の映画にはそうしたものはありません。とはいえ、ランスロの自責の念は贖いの始まりとなりうるかもしれませんね……。私はジャンセニストだと言われますが、決してそんなことはありません……形式《フォルム》に関しては話は別ですが。

同じように、感情をしっかり描いていないと言って批判されるのも納得がいきません。確かに、私は激情的な発作やある種の叙情を拒否しています。しかし『湖のランスロ』は、媚薬の出てこない『トリスタンとイズー』であり、感情とアクションの映画なのです。この映画の中心にあるのは、王妃に対するランスロの禁じられた愛です。時に激しい暴力もありますが、暴力は暗示されるだけです。私は野次馬《ヴォワイユール》を相手にしているわけではありません。しかし昨今は、ああ、観客が野次馬のようにみなされてしまっているのです！

『湖のランスロ』において、リズムの多様性は交響曲におけるのと同じくらい重要なものとなっています。ただし、それらのリズムは楽譜に記されているようにはシナリオに書き込まれておらず、撮影やモンタージュの過程で直感的に見出されるものであるという違いはあります……。他方で、私はイメージ・トラックよりもサウンド・トラックの方が重要だと考えています。数年前から伴奏音楽を用いるのをやめて、物音を優先するようにしています。しかし現実だけでは真実を与えるには不十分です。そこに自分自身の何かを付け加えねばなりません。それによって一味違ったリアリズムに到達することができるのです。たとえば戦闘の場面では、槍や矢が甲冑に刺さるときの音が独特なものとなっています。

出演者の声の声色《トナリテ》を非常に重視しています。しかし私が彼らに、裸の言葉を出すよう要求しているというのも事実です。それは演劇の、偽りの自然らしさを思わせる、演じられた台詞の対極にあるものです。自分が選んだ素人の出演者に求めるのは、俳優の才能ではなく、内的な生を、謎をもっていることなのです。

いいえ、私は自分がマティスに近いとは感じません。スクリーンの上で絵《タブロー》を作るという発想は私にはありません。しかし色彩は映画言語の一部をなしています。ベージュ色（テントの布地や砂）や森の薄暗闇が、城の白い壁や騎士のタイツと対照をなしながら統一感をもつように心がけました。

詩《ポエジー》のあとを追い回してはなりません。詩は、省略や暗示によってこそ姿を現します。ポルノ映画はすべてを見せる芸術であるのに対して、シネマトグラフは何も表象しない芸術なのです。

ドガは言っています。「よくわからないあいだは、それほど難しくはない。しかし、わかってくると……。[(1)]」

私は困難を予測します――ただしスタイルのことは決して考えることなく。困難は私を刺激します。これほど即興をしたことはかつてありませんでした。堅固な図式を出発点に、己の直感を信頼しながら即興をしました。未知の状

（1）「彼はこうも言っていた。「絵画は、よくわからないあいだは、それほど難しくはない…。しかし、わかってくると、……おお！ その時には！……まったく別物だ！」」（ポール・ヴァレリー「ドガ ダンス デッサン」『ヴァレリー集成V 〈芸術〉の肖像』一九二頁［Paul Valéry, « Degas danse dessin », dans *Œuvres, op. cit.*, t. II, p.1214]）。

況のなかで仕事を進め（私はモデルたちにラッシュを見せません）、そのうえで予期せざるものを組織してゆくのは良いことです……。自分を神だとは思っていませんが、私が創造を支配せねばならないのも事実です。創造は、眼に見えるものであれ眼に見えないものであれ、多くの事柄を含んでいますから。ただし私は、人物や彼らの体現するものに一種の優しさを抱きつつ、創造を支配するのです。

私が観客に求めるのは、何を措いてもまず注意深くあることです。そして『湖のランスロ』の一瞬一瞬を、理解しようとするのでなく、感じ、そして味わうために己の想像力を解き放とうとすることです。

ピエール・モンテーニュによるインタビュー、『ル・フィガロ』、一九七四年九月二四日
Propos recueillis par Pierre Montaigne, *Le Figaro*, 24 septembre 1974.

音を立てる鉄

ロベール・ブレッソン——この映画には時間も場所もありません。仕事をしているとき、甲冑が現代とは異なる時代に属するかもしれないということは一瞬たりとも頭をよぎりませんでした。それは単に鉄でできた衣装であり、物音、音楽、リズムなのです。しかし物音は生であり、その具体的な証拠なのです。一般に、物音というのは消し去られるか、綿にくるむようにして弱められるかのいずれかです。発想が現実離れしていればいるほど、その分具体的なもので釣り合いをとる必要があります。これは、繊細で高尚な事柄をきわめて卑俗なオブジェと付き合わせるといった仕方で文学が行っていることです。プルーストで、城の訪問客に向かって案内人が口にする言葉を思い出してください。「ここはメアリー・スチュアートがお祈りをなさった部屋です、でも今じゃ、私が箒をしまっています。」[1]

（1） マルセル・プルースト『失われた時を求めて（4） 花咲く乙女たちのかげにII』吉川一義訳、岩波文庫、二〇一二年、二七二頁［Marcel Proust, *À l'ombre des jeunes filles en fleurs*, deuxième partie, « Noms de pays, le pays », Éditions de la Nouvelle Revue française, 1919, p.203］。

馬もまた音楽、リズムです。馬は私に、生き生きとした自発的な運動と、私が愛するものすべてを与えてくれます。つまり、新しいものと予期せざるものです。「新しい」のは、私が馬を使うのが初めてだからです。「予期せざるもの」であるのは、馬の気性のためです。馬の瞳は何を考えているかまったくわかりませんし、馬はこちらの言う通りになってはくれないからです。映像に関しては断片化です。つまり事物を切り離された諸断片によって見せることです。これは、われわれが事物を最もリアリストな仕方で見るときと似ています。胸、引き締まった後半身、首などの諸断片こそが、疾駆する馬のもたらす躍動感を表現するのです。馬が止まるときは、地面に蹄が打ち付けられるところを見せます。断片化がなければ表象に陥ってしまいます（騎士を乗せた馬の全身、風景など）。しばしば繰り返してきたように、シネマトグラフとは映像を用いた何も表象しない芸術なのです。

イヴォンヌ・バビー——騎馬試合を撮影するときにでもですか？

ブレッソン——他の場面と同様、ここで重要だったのは、感覚《サンサシオン》を伝達することであり、サーカスや縁日で見られるように騎馬試合の全体を最初から最後まで一続きに見せることではありませんでした。ここでもやはりリズムです。リズムは絶大な力をもっています。リズムのなかに嵌まり込んでいるとき、事物は強烈な印象を与え、記憶のなかに刻み込まれるのです。

バビー——もはや今日的な映画しか作るつもりはないとおっしゃっていたのに、どうして『湖のランスロ』を選ばれたのですか？

ブレッソン——私にわかるのは、撮影のあいだ、私は絶えず時代錯誤であろうとしたということです。現在から離れて、われわれ自身の生と混じり合ったものと無関係なところで、嘘偽りのないものを描くことができるなどと考えてはいけません。『湖のランスロ』における様々な出来事を介して、私はたえず現代の生活へと引き寄せられていたのかもしれません。宗教的な信仰においてすら現在の教会の危機を忘れることなどできはしません。この映画に付けたいと願っていたタイトルは『聖杯』でした。映画が進むにつれて、聖杯の不在はますます強烈なものとなってゆきますからね。

バビー――「描く《パンドル》」とおっしゃいましたね……。

ブレッソン――小説家が言うのと同じような意味です。しかし絵画――絵画は私を追いかけ、私は絵画から逃げているのですが――が今なお私に影響を及ぼし続けているというのも確かです。つまり色彩と形態ですね。形態はおそらく映像を組み立てるさいのある種のやり方を私に強いています。色彩については、それが映像に力を与えてくれているのは疑う余地はありません。しかし色彩は不完全な道具であって、簡単に絵葉書趣味に堕してしまいます。とはいえ不完全だとわかってさえいれば、不完全な道具を上手く使いこなす方法はつねにあるものです。いずれにしても色彩のせいで単純化せざるをえなくなりますね。

バビー――聖杯に話を戻しましょう。

ブレッソン――ブルターニュの人々は海の民で、想像力に富んでいます。ランスロの伝説は、書かれた文章よりも話される言葉から生まれました。フランス文学は、少なくとも魔法の世界を描く文学は、ブルターニュ精神にかなり多くを負っているのです。しかしフランス人を魅了したのは、愛についての新しい考え方だったのではないでしょうか。武勲詩〔英雄の武勲を称える叙事詩。『ロランの歌』など〕では、愛は粗野なものでしかなく、ほとんど重視されていませんでした。女たちは訴えかけるばかりで、男たちは少し尊大でした。その後（これはプロヴァンス地方由来の考えですが）、愛は理性的で、礼儀正しいものとなります。男は結婚してはいけませんでした（夫が妻から得るのは、当然の務めでしかなく、偉大な行為の報酬ではないからです）。貴婦人が恋する男を支配するのです。そして、そこには愛の規則、教理が存在していました。

ブルターニュ人がもたらしたまったく新しいものとは、地獄よりも強烈な、理性なき純粋な情熱《パッション》、『トリスタンとイズー』や『ランスロまたは荷車の騎士』の情熱でした。

クレティアン・ド・トロワが最初に聖杯のことを語ったのは、『ペルスヴァルまたは聖杯の物語』でした（間違っているかもしれません)。
その後、何世紀ものあいだ、人々は聖杯の物語を飾り立ててゆきました。聖杯は「器」、「杯」を意味しています。この聖杯のなかにはもともとオカルトな神話が隠されていたようです。しかし私の映画にオカルティズムはありません。それは、十字架の上のキリストの血が注がれた器であり、それを手にしたものが超自然的な力を得ることになるとされる器です。この神話がどのように私にインスピレーションを与えたかは、映画が語っています。

バビー——いずれにしても、あなたにとって伝説は素材に過ぎなかった。

ブレッソン——私はどちらかというと、これまで何本かの映画でやってきたように、作家——たとえドストエフスキーやベルナノスのような素晴らしい作家であっても——に忠実であることを強いられるよりも、この映画でやったように、伝説——そもそも伝説自体がかなり曖昧なのですが——とは少し違うかたちで人物を創作し、私自身で彼らに言葉を与えてやる方が好きなのです。その方が、当然ながら、ずっと自由でいられますからね。とりわけ、私がモデルと呼んでいる素人を選ぶ段階において自由でいることができます。
細心の注意と丁重さで挑んだあれらの文学作品を前にして、今私が思うのは、最大の忠実さとは不実であること、つまり、それらを読んだときに自分が感じた一種のひらめき《イリュミナシオン》しか映画に残さないことではないかということです。そうした映画は、敬愛する画家の絵の模写、ただし実物を前にせずに描いた模写のようなものとみなされうるでしょう。

バビー——この映画には多くの苦労がありましたか?

ブレッソン——映画とは試練であると思います。その試練は、ある瞬間に報われることになります。恐るべき困難を前に万策尽きて今にも挫けんとするその瞬間、不思議なことに、突如として何かに助けられているように感じる瞬間が訪れるのです。

バビー——以前、お話しになっていた本はどうなっていますか?

ブレッソン——ある日、ある映画と次の映画の合間のことでしたが、ふと自分が「俳優なし、セットなし、演劇的なものはもはやいっさいなし」という方針を取るに至った理由を見出し、自分自身に対して説明したいという欲求、そうせねばならないという義務のようなものを感じました。この『シネマトグラフ覚書』を出版するべきかどうかずっと迷っていました。今はもう迷いはありません。出版することにしました。

『ル・モンド』、一九七四年九月二六日
Le Monde, 26 septembre 1974.

聖杯、アクションを下から動かす原動力

ミシェル・マンゴワ――人物たちを突き動かす情念の関係が、聖杯の探索の主要なテーマになっているように感じられました。

ブレッソン――私は聖杯の存在、むしろその不在を避けようとはしませんでした。それは、アクションを下から動かす原動力なのです。

マンゴワ――神話にある円卓の騎士の武勲を一掃し、もっぱら人物に焦点を当てていますね。

ブレッソン――文学作品での行動《アクション》による驚異《メルヴェイユー》を、別種の驚異、すなわち感情による驚異に移し替えるためでした。だから絵になる《ピトレスク》ものも抹消しました。映画はそれ自体が夢幻の世界なのですから。不思議なことに、王妃とランスロの感情の進展に、すべての騎士たちの命運が左右されることになります。それが、この映画の隠されたアクションとなっています。「あること」をきっかけに王妃がランスロの腕に身を投げたが最後、ランスロが次々と偉業をなし遂げたところでもはや何の役にも立ちません。運命の歯車は容赦なく動き始め、すべての騎士たちを巻き添えにしてゆくのです。

マンゴワ――ランスロは自分を制することができないということですか？

ブレッソン――できません。愛こそが最も強いからです。情熱的な愛、運命の愛《プレデスティネ》です。ランスロは媚薬なしのトリスタンです。心理描写はありません。あるいは心理描写は、映画が展開してゆくにつれて、ひとりでに、そして視覚的になされてゆくと言えるかもしれません。肖像画家による一種独特な心理描写と少し似ています。ただしそれは、動きのある心理描写、もっと秘められた心理描写です。いずれにしても、私の側で心理を説明することはありませんでした。

マンゴワ――つまり、あなたは観客にとどまるということですか？

ブレッソン――いいえ。しかし撮影中は、自分の勘を、直感を信頼します。モンタージュは最大限の明晰さと精確さを要する真の創造の局面です。映像、声、音、沈黙などのあらゆる要素が、全体のなかで己が占めるべき正しい位置を探し求め、そしてお互いの絆を見出してゆきます。この絆によって、ふと生が出現することになるのです。

マンゴワ――あなたはつねにある種の誤解を受けてきました。

ブレッソン――誤解は（賞賛にも非難にも）つねに必ず存在します。誤解を引き起こすことなしに何かをなすことはできません。

マンゴワ――とくに俳優、モデルに関する誤解がありますね。あなたはモデルたちを支配している、と。

ブレッソン――俳優の演技指導はありません。なぜなら俳優はいないのですから！　むしろ一種のテレパシーです。自分が俳優に何を求めていたかがはっきりわかるのは、モンタージュの段階においてです。

マンゴワ――騎士道物語と比べると、『湖のランスロ』はとてもリアリストな映画です。

ブレッソン――撮影《プリーズ・ド・ヴュ》〔眺めをとらえることの意〕ほどリアリストなものはありませんからね。ただし〔眺めを〕現実からとらえてこなければなりません。どんな小説であれ、小説のなかでリアルに感じられるものが、現実には存在していないというのはよくあることです。

マンゴワ――『湖のランスロ』では、映画的探究において一定の成功を収めることができたのでしょうか？

ブレッソン――おそらく以前の作品よりも少しばかり幸福、幸運だったのかもしれませんし、私自身もまた進歩したのかもしれません。この数日ではっきりするでしょう。というのも今、私は封切りの映画館で日に何度もこの映画を見ているのです。光量と音量を調整しています。時に苦痛がないわけではありません。しかし感嘆すべきパスクワリーノ・デ・サンティス〔一九二七―一九九六年、イタリア出身の撮影監督。『湖のランスロ』以降のブレッソン作品を手がける〕が、撮影監督としてきわめて繊細な仕事をしてくれたので、映写機をとても精確に調整しなければならないのです。たとえば映写機の光量が足りないと、仄暗い森が真っ暗な夜の森になったり、夜明けの薄明が下手な照明の昼間のようになったりしてしまいます。写真で素晴らしいのは――これはド・サンティスのおかげで可能となったことですが――、瞬間を捕まえることができるということです。

マンゴワ――森の場面では露出不足ぎりぎりのところで撮影をしたとおっしゃっていましたが、映像は粒子もなく、じつに見事です。

ブレッソン――ド・サンティスの才能と感性のおかげです。彼の計算は非常に精確です。彼の撮った映像は、必要があれば、それに柔軟に応じてくれます。ポジの焼き付けのさい、少々露光時間を増減させても、それに順応してくれるのです。それゆえ現像所と共同作業を行うことも可能になります。私が気に入っているのは、彼の仕事が真実であるところです。気取りもごまかしもいっさいありません。それと、偉大な画家のなめらかな絵肌を思わせる、ヴェールがかかったような――にもかかわらず立体感のある――感じも好きですね。

マンゴワ――しかし「映像」は作らないんですよね。

ブレッソン――映像という観念を忘れ去ること、絵《タブロー》を作るのをやめることが必要です。事物を必要以上にかき乱さず、観客の視線を導くよう整えてやること、観客の注意をある一点――他よりも明るい点や前面に出ている点――に集中させてやることが必要なのです。

マンゴワ――書く《エクリチュール》ことですね。

ブレッソン——ええ。あるいは描くこと《パンチュール》。それらは同じことです……映像と音を用いてですが。

マンゴワ——映画のなかで文学と絵画が出会うとしたら、それはどのような点においてだと思いますか？

ブレッソン——既存の諸芸術どうしが、通常出会うのと同じ点ないし諸点において。あるいは既存の諸芸術がもつのと同じ一般法則があると言っても良いでしょう。他の諸芸術に近づくことでシネマトグラフが得るものがあるとしたら、そこから孤独を学ぶということです。孤独のなかで仕事をすること、怪物じみた撮影の混沌のただ中で己を制する術を学ぶのです。

マンゴワ——幾つかのショットやシークエンスでは、画角の狭いレンズで、ぎゅうぎゅうに身を寄せ合う人物たちを撮影していますね。

ブレッソン——私が使うのはいつも同じ五〇ミリのレンズです。これは取り替え不可能です。ひっきりなしにカメラのレンズを取り替えるのは、ひっきりなしに眼鏡を替えるようなものです。

マンゴワ——どうしてですか？

ブレッソン——われわれには物の見え方は一つしかありません。眼鏡をかけ替えることで、あなたは事物に近づいたり、そこから遠ざかったりする。それゆえカメラのレンズを取り替えると、映画が必死に保とうとしている統一性を奪い去ってしまうことになるのです（映画では、あらゆるものが逃げ去り、散り散りになってゆきます）。

マンゴワ——だからカメラの方が移動するのですね？

ブレッソン——それはまた別の問題です。カメラが動いているのを意識してはならないと思います。さもないと、偽物の眼の動きが生じてしまい、もはや一つのヴィジョンではなくなってしまうのです。初期の作品において、私は（カメラの動きが眼に見えるという）過ちを犯しています。一度にすべての慣習を批判することはできず、当時の慣習を受け入れるしかなかったのです。一種類のレンズしか使わないと決めたのも映画を撮り始めてすぐのことではありませんでした。同様に、どこから聞こえてくるのかわからない、あの交響曲を私の映画から抹消するようになったのも、少しずつそうなっていったことでした。

マンゴワ――つまり、あなたにとって映画とは純粋性の探究なわけですね？

ブレッソン――それと統一性です。

マンゴワ――現実をより正確に表現するためでしょうか？

ブレッソン――正確さは大きな力をもたらします。文学や絵画などと同じことです。

マンゴワ――しかし映画はしばしば一つの産業とみなされています。

ブレッソン――一種の撮影された演劇ですね。そこでは演出家が自分の意志を押し通すのは困難です。

マンゴワ――『湖のランスロ』は古くからの企画ですよね？

ブレッソン――もうこの映画のことを考えることもなくなっていたところ、プロデューサーのジャン＝ピエール・ラッサム〔一九四一―一九八五年、フランスの映画プロデューサー。『万事快調』（七二年）など〕と出会ったのです。

マンゴワ――通常の映画とは別物のシネマトグラフを広く認めさせることはできると思いますか？

ブレッソン――職業俳優の出ない映画を作っているのは私一人ではありませんよ。

マンゴワ――しかし、そうしたやり方で、『湖のランスロ』のような大作を作っているのは、あなたくらいのものです。

ブレッソン――英語でも作りたかったのですが、上手くいきませんでした。ともあれ英語は素晴らしい言語です。とくに台詞を聞けばよくわかります。また市場がはるかに大きいので、使えるお金も大きくなります。

マンゴワ――伝説の発祥の地であるコルヌアイユ〔ブルターニュ地方の一地域〕で撮ろうとしたのでしょうか？

ブレッソン――違います。いや、以前、紙の上で仕事をしていたときはそう考えていました……。それから考えが変わってしまいました。

マンゴワ――森は変わっていませんね。

スビズの森での騎馬試合からの帰還の撮影風景。

ブレッソン——城（ノワールムーティエ城）が森に取り囲まれるようにしました。

『ズーム』、一九七四年一一月
Zoom, novembre 1974.

15 『シネマトグラフ覚書』——一九七五年

己の芸術を丸裸にする

フランソワ゠レジス・バスティード――ロベール・ブレッソン監督、当てずっぽうにあなたの本を開いたら、ジャン・ラシーヌが息子のルイに宛てた一節がふと目に飛び込んできました。「私は君の筆跡をよく知っているから、君はわざわざ名前を署名するには及ばない。[1]」何が言いたいかというと、もし著者名なしにこの本を受け取ったとしても（そんなことはありえませんし、どうすれば起こるかわかりませんが、そんなことがあればとても面白いはずです）、ただ『シネマトグラフ覚書』（ガリマール社）と題されていているだけで、ロベール・ブレッソンという名前が表紙に書かれていない本を受け取ったとしても、きっと私は、いや私だけでなく何百、何千という人がすぐさまそれをあなたの書いたものだと見破っただろうということです。この本はきわめて簡潔、濃密なものです。基本的に、電報のような文体による短い文章からなっていて、そこであなたは自分自身に、あるいは他の誰かに語りかけているのです。つまりあなたはナタニエルのような存在――それはあなた自身でもあるはずです――に向かって話しかけているわけです（ジッドをお好きかどうか知りませんが、たとえそうでなくともです）[2]。そこであなたは、あなたに向けてなされたかもしれない非難、あなたのキャリアを通じてじっさいになされてきた非難を嘲りつつ、この上ない厳格さでもって、己の芸術を丸裸にしてみせます。署名しないどころか、あなたはしっかり確認のうえ署名しているわけです。「君のなかで世間が非難するところのものを、十分に手を入れて育てあげたまえ、それがほかならぬ君なのだから」というコクトーの言葉を覚えていらっしゃるでしょう〔ジャン・コクトー『ポトマック』澁澤龍彦訳、河出文庫、二〇〇〇年、四一頁参照〕。じっさい、あなたはそうした機会を一つも逃さず、自分が誰なのか、何者であるのかを見事に語ってみせるのです。いや、「誰なのか」という言い方は正しくありませんね。失礼。もちろん、ここには逸話などありませんし、演出家にありがちな自惚れた調子もありませんから。「これこれの映画を撮っていたとき、撮影監督のやつが近づいて来て、私に言ったものだ……」という風なものはありません。そんなものをロベール・ブレッソンに求めてはいけません。これはまさに色を抜かれた白黒の映画作家であって、あなたはきわめてそっけなく、しかし同時にきわめて情熱的な調子で己の考えを語ってみせるのです。だから一つ一つの文章、一つ一つの短いパラグラフについて、当然ながらもっと知りたくなる。あなたを呼んできて、「あなたが言いたいのはこういうことですよね」と問い詰めたくなるのです。それこそ今まさに私がやろうとしていることです。あなたは今ここにいるわけですから、幾つかの文章を取り上げて、あれこれ質問をぶつけてみる以外にやることはありません。たとえば、一つとても驚いたことがあります。あなたは決して映画館に行かないと思っていました。というか、それはあなたにまつわる伝説の一つにすらなっているわけですが（多分間違った伝説なのでしょう）、あなたの本にはじつにしばしば「Xの映画」という表現が見受けられます。

ロベール・ブレッソン——なぜかというと、これらの覚書を書き始めたのが二〇年以上も前のことだからです。当時はまだ映画を見に出かけていました。今はもう行っていません。理由を申しましょう。私が映画を見に行かないのは——これは本のなかにも書いたことですが——、舞台での物真似《ミミック》や身ぶり《ジェスト》を引っさげてわれわれのもとにやって来る俳優たちを虫めがねで拡大して見るというのが理解できないからです。そうした思いが私のなかでどんどん大きく

（1）「**節約**。ラシーヌ（息子のルイに）——私は君の筆跡をよく知っているから、君はわざわざ名前を署名するには及ばない」（『シネマトグラフ覚書』一六八頁［*Notes sur le cinématographe, op. cit.*, p.121］に引用）。

（2）アンドレ・ジッド『地の糧』、『アンドレ・ジッド集成1』二宮正之訳、筑摩書房、二〇一五年［André Gide, *Les Nourritures terrestres* (1935)］。

なってゆき、ついに何かが弾けてしまいました。もう容認することができなくなって、見るのも聞くのも嫌になってしまったのです。

バスティード――さあ、早速本題に入ってきましたね。確かに、声についてのメモ書きが膨大にあります。たとえば「自然の声、鍛えた声。声――肉と化した魂。Xの声のような鍛え上げられた声は、もはや魂でも肉でもない(3)。」

ブレッソン――私は声にこの上ない重要性を与えています。私が重視するのは、声の音色《タンブル》、くすんだ声と／ないし艶のある声、とりわけ自然の声――まったく鍛えられておらず、もっぱらリズム、減速と加速によって己を表現する声、つまり以前バロンセリ〔ジャン・ド・バロンセリ、一九一四―一九九八年、フランスの作家、映画批評家。映画監督ジャック・ド・バロンセリの息子で『ル・モンド』紙で映画評を担当〕が見事に言い当てたように、「仮面の下から聞こえてくる声」――です(4)。どうしてかと言うと――これは私自身について、またシネマトグラフの何たるかについて（それは一つの芸術であって別の芸術の写真的複製《コピー》ではないでしょう）私が理解しようと努めてきたことに関わるのですが――、舞台の芝居の実質をかたちづくる身ぶりと台詞は、映画の実質をかたちづくることはできないと私が固く信じているからです。私にとって映画の実質とは、台詞や身ぶりによって喚起される事物、あるいは事物たちなのです。これは、台詞や身ぶりが舞台でもっている機能とはまったく異なります。別の機能です。映画の実質は、それらの身ぶりや抑揚、声によって喚起されるものであり、カメラとテープレコーダーが――あたかも内側から――とらえるものなのです。

バスティード――この二つの機械をあなたは非常に愛していて、それらについてじつに頻繁に語っていますね。

ブレッソン――私はカメラとテープレコーダーを「崇高」であるとも言っていますよ。

バスティード――あなたは次のように書いています。「顔の上に、また仕草《ジェスト》の中に感情を覗かせること、それは俳優の技術であり、演劇である。顔の上に、また仕草の中に感情を覗かせないこと、それはシネマトグラフではない。意図的でなく表情豊かなモデルたち（意図的に無表情な、ではない(5)）。」これは、あなたの思考全体の鍵のようなものになっていると思いました。

ブレッソン――そうした素人たちを「モデル」と呼んでいます。画家や彫刻家が、ポーズを取ってくれる人を「モデル」と呼ぶのと同じように。ただしポーズは削除します。モデルたちにポーズを取って欲しくはないからです。私が彼らに望むのは、手つかずで無垢であること、そして未知なるものを与えてくれることです。

バスティード――最初は、あなたも俳優を指導していましたね。

ブレッソン――だからこそ言っておきたいのですが、結局のところ、本のなかに書いたことはすべて、映画を作り始めた最初の瞬間からすでに潜在的なかたちで私のなかにあったものです。しかし、この本のなかには経験に基づかない《アプリオリ》ものは何一つありません。つまり最初の三、四本を撮った後はじめて、私は説明しなくてはならないという強い必要性を感じたのです。といっても自分自身に対して説明する必要ではなくて――というのもモデルを使うことにしたのはそもそも自分のためなのですから――、なぜ私が撮影された演劇という一般的な方向でなく、こうした方向を選ぶのか、またなぜ私が次第に職業俳優と仕事をするのが困難になっていったのかを〔他人に対して〕説明する必要です。最初の作品、『罪の天使たち』を撮ったときは俳優のことを知らなくて、プロデューサーにキャスティングを委ねてしまいました。私のしたことといえば、シルヴィーとマリー＝エレーヌ・ダステの二人の役柄を入れ替えたことくらいでした。

バスティード――すぐさま俳優を指導することに困難を感じたのでしょうか？

ブレッソン――ええ、上手くいきませんでした。彼女たちにもそのように伝えました。毎晩のように泣いていましたね。ただ彼女たちはとても優しかった。私の方が正しいと認めてくれたのですから。確かに私の方でも、自分が正しいと思っていました。

（3）『シネマトグラフ覚書』八五頁〔*Notes sur le cinématographe, op. cit.*, p.67〕。
（4）Jean de Baroncelli, « Bresson l'exorciste », *Le Monde*, 2 mars 1975.
（5）『シネマトグラフ覚書』一〇八頁〔*Notes sur le cinématographe, op. cit.*, p.81〕。

バスティード――監督を始めてすぐにもう無理だと感じたのですね？

ブレッソン――ええ。でも、それがなぜなのかは正確にはわかっていませんでした。自分を苦しめるものの正体がとりわけ声に、演劇の抑揚にあるとは思ってもみませんでした。この作品では、何とかして自分を導こうとしました。初監督作でしたが、不思議なことに、とても簡単に思えた作品でした。今では、映画を撮る度に、ぞっとするほど難しいと感じているのですが。撮れば撮るほど難しくなってゆきます。

バスティード――それは良き徴候です。きっと良き結果をもたらすはずですよ。モンテーニュのじつに美しい一節を引いていますね。「いかなる動きも、われわれを露わにする。」そして、こう付け加えています。「しかし、動きがわれわれを露わにするのは、それが自動的な（意志の指令を受けない、故意でない）ものである場合だけだ。[6]」また「意図的でなく表情豊かなモデルたち」[7]ともおっしゃっていますが、先ほどの引用とどこか通じるところがあるように思います。しかし、あなたや私のような普通の人を相手にするのは、やはりずっと難しいことなのでしょうか？

ブレッソン――難しいことはありません。それはまったく別の事柄です。もちろん、責任はより重大になります。膨大な資本が投下されているにもかかわらず、間違いをしでかす可能性があるわけですから。しかし不思議なことに、私は次第にモデル選びに重きを置かなくなりつつあります。次第にモデル選びにかかる時間が短くなっているのです。最初の頃は四、五ヶ月かかっていました。不安だったのです。ところが今は違います。なぜかというと、われわれが紙の上に書くものはひどく生硬なものであって、現実ではないからです。そして現実は生硬なものでなく、一人の人間はこの上もなく複雑な存在であるからです。それに、カメラという虫めがねは人々の顔を貫通し、しっかり注意を払いさえすれば、人々の深部にまで入り込んで、プルーストの語っていた心の奥底へと到達することができるからです。[8]そこまで到達しようとせねばなりません。それこそが私を夢中にさせるのです。結果として、われわれは演劇に対して完全に背を向けることとなります。おかしなことに、人々が私を評価するとき、私が演出家であるかのように評価を下します。私は演出家《メトゥール・アン・セヌ》ではありません。舞台《セヌ》などやっていないのですから。お望みなら、私はシネアストであると言いましょう。しかし私は俳優を導いたりしません。私は自分自身を導きます。モデルとのあいだにあるのはテレパシーによる接触、一種の予知能力です。この予知能力に至ることができるのは、カメラとテープレコーダーという二つの装置のおかげです。

私は通常、パリの街中や通りなどの騒がしい場所で撮影を行います。そうすると当然、声を録音することができなくなります。テープレコーダーというのは耳の不自由な婦人のようなもので、二つの音を同時に受け止めることができないからです（ご存じのように、耳が不自由になり始めるとまず、二人の人物が同時に喋るのが聞こえなくなります。一方が他方をかき消してしまうのです）。だから街頭の騒音があるときは、声を録り直さねばなりません。ただし録り直しは薄暗闇のなかで、モデルに映像を見せずに行います。

バスティード——古典的なアフレコは行わないということですか？

ブレッソン——まったく。モデルたちにこう言って聞かせます。「この台詞を、このリズムで、こんな風に言うんだ。」そしてモデルたちは、声が正しいものとなり、映像と同期するに至るまで相当な回数、その台詞を繰り返すことになります。そうしたやり方のおかげで、撮影をぐっと早く終わらせることが可能になり、私自身の時間も他の人々の時間も浪費せずに済むようになるのです。

（6）『シネマトグラフ覚書』一八四頁［*Notes sur le cinématographe, op. cit.*, p.130］。

（7）『シネマトグラフ覚書』一〇八頁［*Notes sur le cinématographe, op. cit.*, p.81］。

（8）「このもうひとつの自我を理解しようと希うのなら、私たちはわが身の深部にまで降りて、自分のなかにこの自我を再創造してみるほか、成果を得るすべがない。こうした内心の努力を免除してくれるようなものは、何ひとつありはしないのだ」（マルセル・プルースト『プルースト評論選1』保苅瑞穂編、ちくま文庫、二〇〇二年、三〇頁［Marcel Proust, *Contre Sainte-Beuve*, VIII, « La méthode de Sainte-Beuve », Gallimard, 1954, p.137］）。さらに「自分自身にあらためて面と向かいあい、おのが心の真の響きを聴き取ってそのまま表現しようとする」（同書、三五頁［*ibid.*, p.140］）。「万人のために書く方法はただひとつしかなく、それがつまり、誰のことも考えずに、自分のなかの、深く、かつ本質的なもののために書くことなのだ」（同書、二〇一頁［*ibid.*, XVI, « Conclusion », p.307］）。

バスティード――そしてお金も。

ブレッソン――ええ、お金も。

バスティード――つまりあなたは倹約家であると？

ブレッソン――そうです。

バスティード――あなたは偶然について書いています。「すばらしい偶然だ、正確に作用する偶然とは。悪い偶然を斥け、良い偶然を引きつける方法。君の作品の構成の中に、偶然を呼びこむための余地をあらかじめ空けておくこと。(9)」

ブレッソン――オーギュスト・ルノワールの素晴らしい言葉があります。記憶で引用します。マティスに宛てた書簡の一節だったかと思います。「花束を描くつもりなどなかった方の側につい花束を描きこんでしまうということが、私にはよくあります」〔『シネマトグラフ覚書』四七頁参照〕。あるいは「たまにあります」だったかもしれません。つまり彼は偶然をとらえるわけですが、その偶然はほとんどいつもとびきり素晴らしいものなのです。

バスティード――さて、あなたをちょっとした自己矛盾に陥らせるために、ある作品の撮影台本を見てみることにしましょう。ほとんど当てずっぽうに選んだのですが、『スリ』の台本ですね。リヨン駅のシークエンスのト書きを見ると、こうあります。「旅行客の夫婦がタクシーから降りる。ポーターが夫婦の旅行鞄を台車に乗せて運んでゆく。彼らは斜め正面を向き、MS（ミディアム・ショットのことですね）で画面に入ってくる。駅のホールで、画面から退場。」ロベール・ブレッソンがいったんト書きを書くや……。

ブレッソン――……台本を閉じて、二度とそれを見ることはしません。私は一人で部屋に閉じこもり、膨大な量の細部とともに映画を思い描き、頭のなかでそれを作りあげようとします。しかし、そのうえで私は自分に即興を許すのです。ずっと確実な仕方での即興です。この映画は書かれた通りに作られてなどいません。とりわけ、この駅の場面では。この場面は、あえて七月のヴァカンスの時期に、つまり人混みでごった返す時期に撮影されたもので、撮影台本をなぞることなどできなかったはずだからです。私はあまり台本を見ませんでした。

バスティード——他にもじつに奇妙な点がありました。あなたは音楽に一種の訣別を行っていますね。

ブレッソン——ええ、おっしゃる通りです。できることなら、筆を滑らせてしまった幾つかの点を訂正したいものです。「音楽はいらない。もちろん、目に見えている楽器で奏される音楽は別だ」や「雑音が音楽と化さねばならぬ」といったことを書きました。[10] 私が言いたかったのは、単純に「幻のオーケストラはいらない」ということだったのです（これは、音楽が聞こえていても、どこから聞こえてくるかは絶対にわからないような映画にみられるもので、歌劇場にでもいるような気分になりますが、田園の真っただ中にいながら歌劇場にいる理由などありません）。

バスティード——ええ、あなたは「音楽が場の全体を占めてしまう」と表現していますね〔『シネマトグラフ覚書』五八頁参照〕。結局、そうした音楽は映像に何も付け加えることがないとお考えですか？

ブレッソン——書いてしまったのを後悔している点を修正するために言っておきたいのは、こういうことです。私は、映画を構成するあらゆる要素は互いに作用を及ぼし合い、互いに変化を及ぼし合うと書きました（私が望むのは、そういう風にして、つまり映像間の関係や映像と音楽の関係によって、映像が真の意味で表現力に富んだものとなることです）。しかし私はこう書くべきでした。「眼に見える楽器によって音楽が担われ、演奏されていて、かつ、その音楽が映像に変化を及ぼしている場合に限り、音楽を思う存分用いることができる」と。

（クリスチャン・イヴァルディ〔一九三八年―。フランスのピアニスト〕[11]によって、ロベール・ブレッソンが『バルタザールどこへ行く』で用いたシューベルトのソナタの一楽章が演奏される。）

(9)『シネマトグラフ覚書』四六頁［*Notes sur le cinématographe, op. cit.*, p.43］。
(10)『シネマトグラフ覚書』二八頁［*Notes sur le cinématographe, op. cit.*, p.32］。
(11) Franz Schubert, *Sonate en* la *majeur*, op. posth., D959, second mouvement, andantino.

バスティード――これは、あなたが今し方おっしゃったことと矛盾しているのではないでしょうか？

ブレッソン――しかし私は自分の映画がとりたてて好きというわけではありませんし、自分の映画のなかでも音楽を使ったものはどれも好きではないんです。このことを言っておかないと不誠実になりますから。

バスティード――あなたはつねに自分を尊重するというわけではないのですね？

ブレッソン――進歩したいと願っています。

バスティード――『バルタザールどこへ行く』でシューベルトを使ったのを後悔しているのでしょうか？

ブレッソン――はい。しかしロバは言葉を喋らず、鳴き声を出すだけです。ロバを相当鳴かせました。あれ以上鳴かすのは無理でした。それでもロバのアクションはすべて言葉をもちません。だから音楽が必要だったのです。

バスティード――シューベルトはロバであると？

ブレッソン――そうです。

バスティード――シューベルトには優しさがある……。

ブレッソン――……メランコリーも……。

バスティード――ロバは、じつに高貴で……。

ブレッソン――……頭の良い動物です。

バスティード――あなたは「音楽によってとりあえず何とか体裁を取り繕っている映画が、どれほど沢山あることか！　彼らは映画を音楽漬けにしてしまう。これらの映像がまるで中身の空っぽなものであるという事実[12]に、観客の眼が向かないようにしてしまうのだ」と書いていますが、特定の作品が念頭に置かれているのでしょうか？

ブレッソン――いいえ。

バスティード――本当に？

ブレッソン――たくさんありますよ。

バスティード——どの映画が念頭にあるか言いたくないということですか？
ブレッソン——そうではありません。あまりに多すぎるのです。
バスティード——俳優を指導することは絶対にありえないと思いますか？
ブレッソン——ええ、もうできないでしょう。ずいぶん前からもう俳優の指導はできません。たとえやってみたとしても、絶対にろくな結果にならないでしょう。それどころか、俳優を念頭に置いたのでは、紙の上での仕事、私が拵える図式のようなものですら存在しえないでしょうね。
バスティード——あなたはシネマの失敗を語っています〔『シネマトグラフ覚書』一三〇頁参照〕。自分は一定数の事柄に成功したと感じていらっしゃいますか？
ブレッソン——いいえ、完全にとはいきませんね。
バスティード——一本もですか？
ブレッソン——最新作はいつも前作に勝っています。ところが何日か経つと、私はもう別のこと、次の映画や他のことを考えています。その映画のひどい過ちが目についてしまうのです。しかし『湖のランスロ』では、確実に、進歩することができました。おそらく偶然と一種の恩寵のおかげでしょう。かなり即興を行いましたからね。この映画では、私に自分を表現することを可能にしてくれる諸手段を用いることで、私が表現したいと望んでいるものに最も近づくことができているかもしれません。
バスティード——「別のことを考える」と言いましたね。別の映画という意味だと思いますが、映画以外の他のことも考えているような口ぶりでしたよ。

（12）『シネマトグラフ覚書』一九二頁［*Notes sur le cinématographe*, *op. cit.*, p.136］。

ブレッソン――また本を書きたいと思っています。今回のような極度に簡潔なかたちでなく、インタビュー集か何かのようなかたちになるでしょうね。それに、この夏に撮影する映画のこともあります。

バスティード――本のなかで、ノートル・ダム大聖堂の公園を横切ったときのことを語っていますね。[13] 公園を横切る途中、向こうからやって来た男が、あなたの背後にある何かを見て、喜びでぱっと明るくなった。そして男は妻と子供の方へ駆け寄っていった。普段からあなたは、こんな風にいつもカメラをもっているのですか？

ブレッソン――いいえ、まったく。私は見るのです。むしろ見る術を学んでいると言いましょうか。とても難しいことなのですよ、見る、聞くというのは！

バスティード――私たちはあなたを見て、そして聞くことができました。確かに、この本は見る術と聞く術を教えてくれます。あなたの映画を見る術、聞く術に限らずです。そこにこそ、この本の意義があります。だからこそ、あなたがクリエイターやアーティストぶって自分を語るようなことをしないでおいてくれたことをありがたく思うのです。あなたはとても謙虚に、そして単純に、自分の抱える困難をめぐって語ってくださいました。あなたに賛辞を、格別の賛辞を送ります（結局、私にはそうする他ありません。私はあなたを本当に敬愛しているのですから）。この本は、少しばかり、ライナー・マリア・リルケの『若き詩人への手紙』〔リルケ『若き詩人への手紙・若き女性への手紙』高安国世訳、新潮文庫、一九五三年〕に似たところがあります。シネマトグラフへと踏み出す若きシネアストに贈られる一冊となることでしょう。

『ル・マスク・エ・ラ・プリュム』、フランス・アンテル、一九七五年三月二二日
Le Masque et la Plume, France Inter, 22 mars 1975.

（13）「先日、私はノートル・ダム寺院の公園を横切る途中で一人の男とすれ違ったのだが、そのとき、私の背後にあって私には見えない何ものかを捉えた彼の眼が、突然ぱっと明るくなった。彼が走り寄っていった若い女と小さな子供に、もし、私もまた彼と同時に気づいていたならば、この幸福な顔は私をこれほど強くうちはしなかっただろう。恐らく、それに注意を向けさえしなかったことだろう」（『シネマトグラフ覚書』一三九頁［*Notes sur le cinématographe, op. cit.*, p.102］）。

16 『たぶん悪魔が』——一九七七年

レクスプレス――『たぶん悪魔が』はカンヌ映画祭で上映されませんでしたね。選定委員会はオフィシャル・セレクションからこの作品を外し、あなたも監督週間での上映は拒否しました。選定委員の態度を見て、あなたも態度を決めたのですか？

ロベール・ブレッソン――コンペティション部門には入りたくありませんでした。プロデューサーのステファヌ・チャルガジエフ〔一九四二年―。ブルガリア出身の映画プロデューサー。『アウト・ワン』（七一年）、『インディア・ソング』（七五年）など〕のためにコンペへの出品は受け入れました。それ以上話が進まなくてうれしく思っています。少し前は、五月のカンヌも嫌いではありませんでした。海水浴もできましたしね。しかし今や、水は汚染されてしまっています。

レクスプレス――汚染はまさに今作のテーマの一つであり、世界を滅亡へと導く様々な災厄の一つです。あなたはそうした災厄を悪魔の仕業であると考えているわけですが、あなたと悪魔との関係について教えてください。

ブレッソン――私はこれまでの人生で二度ほど悪魔の存在を感じたことがあります。それゆえ、あらゆることに加えられる損害の背後に私が悪魔の存在を垣間見たことも、そして『たぶん悪魔が』がこのようなかたちになったのも、ごく自然なことなのです。

レクスプレス――損害とはどういう事態を指すのでしょう？

ブレッソン――月から戻って来たマイケル・コリンズ〔アメリカの宇宙飛行士。人類初の月面着陸をなし遂げたアポロ一一号で司令船のパイロットを務めた〕のメッセージを思い出してください。「私たちの星を痛めつけてはいけません。汚してはいけません。それは素晴らしいものなのだから。[1]」忌々しき生の機械化についても語らねばならないでしょう。しかし話が大きくなり過ぎてしまいます……。

レクスプレス――あなたの映画は警告の叫びなのですね？

ブレッソン――若者が、その若さの限りを尽くして、世界中で猛威を振るうこの壮大な破壊の企てに対して立ち上がることを、私は心から望んでいます。ツケを払うことになるのは彼らです。しかし、もはや遅すぎるかもしれません。

レクスプレス――映画は人々の自覚を促したり奮起させたりすることができると思いますか？

ブレッソン――映画では（それ以外のところでも）、人々は、他者の血や苦しみをいとも容易く受け入れてしまいます。しかし、この映画では、存続するか滅亡するかという根本的な問いにわれわれ全員を向き合わせる最重要課題が問題となっているのです。

レクスプレス――あなたは若者たちを行動に駆り立てようとしているのですか？

ブレッソン――若者が高校《リセ》の校庭で自分にガソリンを撒き、焼身自殺をするという事件がたまに起こります。数年前にもトゥールコワン〔フランス北部のノール県の都市〕でありましたが、誰も彼の行動を予測したり防いだりすることはできませんでした。彼がそうした行為に及んだのは、うんざりするこの世界で何が起こっているかを人々に気づかせるためだったのです。

(1) 一九六九年、アポロ一一号から帰還したマイケル・コリンズの発言。「月は魅力的なところです。地質学的には、ちょっとしたお宝だと思います。しかし、どうか私に地球を！　アメリカの宇宙計画の成果の一つが、アメリカのテクノロジーを私たちの星の保存と保護に応用すること、また人々が地球の素晴らしさを理解し、地球を汚染すべきでないと気づくことであってくれればと思っています。呼吸することができる大気があり、手に水をすくって頭にかけても危険のない海があるというのはとても幸運なことです。地球の水が汚染され、危険で触れられなくなってしまうのは、悲劇であり、忌まわしい犯罪です。」

レクスプレス――この世界で起こっていることというのは、赤泥《せきでい》、アザラシの赤ちゃんの殺害、森林破壊、人口爆発、核の脅威、教会や国会の責任放棄、ドラッグ、精神分析ですね。あなたはそうした災いをすべて映画のなかで見せることで、主人公の知的な歩みと最後の行為とを説明しています。

ブレッソン――若者は、生の歓びをなすものを無に帰そうとする、そうした生のありように従うのを拒否せねばなりません。とはいえ昔の生活に戻ることができるかどうか。

レクスプレス――プロではない俳優を起用することによって、つまり若者たちをこうした黙示録的な状況に置くことによって、彼らにトラウマを与えかねないというリスクを抱えることになったのではないですか？

ブレッソン――幾日も幾晩も、そのことに怯えていました。しかしその後、彼らの若さはどんなことにも打ち勝つということに気づいたのです。

レクスプレス――しかし、あなたは出演者を厳しく指導するという評判ですね。

ブレッソン――昔、初期の作品ではそうだったかもしれません。しかし今では、出演者を指導することはほとんどありません。指導はどんどん少なくなっています。彼らを思い切り自由にしています。

レクスプレス――自分で念入りに選んだ出演者を信頼するというわけですね。

ブレッソン――たまに間違うこともあります。この映画では、六〇人ほどの若者と一〇人ほどの若からぬ人々を相手に短いテストを行いました。基本的に、声が私に手がかりを与えてくれます（これまでにも何度も言ってきたことですが）。

レクスプレス――あなたの映画の主人公は少し発音に難点がありますね。あなたと同じように。

ブレッソン――そこが素晴らしいと思っているんですよ……ただし私に似ているからではありません！

レクスプレス――それだけでなく、彼は身体的にもあなたに似ています。彼の歩き方はあなたそっくりです。スクリーンで彼を見ながら、「きっとブレッソンはこういう感じなのだろう」と考えるんです。

ブレッソン——はあ、そうですか？
レクスプレス——若い頃のあなたはどのようだったのですか？
ブレッソン——若い頃の自分がどうだったかわかっているとでも？　乱暴だったか、尊大だったか、極端だったか？　酒と煙草は相当やりましたね。今はもうやりませんが。
レクスプレス——あなたは若者に反抗を説いているのでしょうか？
ブレッソン——街へ繰り出してデモをしても無駄です。警察はほんの一〇〇年前よりも何千倍も強力で数も多いのですから。若者たちが世界を生まれ変わらせることができるとしたら、それは苛烈な、しかし受動的な抵抗によってではないかと思います。
レクスプレス——戦いと言えば敵ですが？
ブレッソン——敵は、軽佻浮薄な楽観主義、バラ色の人生を描くお金、下らないことをめぐって繰り広げられる狂った空騒ぎ、そして力の優位性です。
レクスプレス——敵を作ることになるのでは？
ブレッソン——もし怒鳴り散らす連中がいるとしたら、それは私が正しいということでしょう。
レクスプレス——この映画は、以前の作品の論理的な帰結であると思いますか？
ブレッソン——自分のやっていることに、それほど論理的な一貫性があるとは思いません。自分の撮った映画が、いわゆる全作品《ウーヴル》をなしているとも思っていません。私は試行錯誤しているのです。運動状態にある映像と音響を用いた驚嘆すべきエクリチュール、明日のエクリチュールとなるようなものを目指して。しかし映画を撮れば撮るほど、私が追い求めるエクリチュールは遠ざかってゆきます。そして自分の映画の重要性に些かの疑念を抱くことになる。そういうわけで、私はしばしば誰かに支持されたいという欲求を感じるのです。かつて画家や彫刻家がもっていたアトリエのようなものがあったら良いのですが。教えを垂れるつもりはありません。自分のところに来た人たちとおしゃべり

『たぶん悪魔が』撮影現場でのアンリ・ド・モーブランとティナ・イリサリ。

をするのです。助監督を二、三度やったからといって映画の仕事がわかるわけではない、ということは言ってやりたいですね。彼らのうちに、物事を見たい、聞きたいという欲望を、物事に注意深くありたいという欲望をかき立ててやるのです。テクニックというのは如何ほどのものでもありません。何か言うべきことがあるなら、たとえ上手く言えずとも、それで良い。しかし何も言うべきことがないなら、何をやっても駄目です。彼らに私の映画の小さな断片を、好きなようにやらせてみるのも良いでしょう。とはいえアトリエに拘束されてしまう、縛られてしまうのではないかという懸念はあります。どうなるかはわかりません。

「ロベール・ブレッソン、悪魔と私」、『レクスプレス』一九七七年六月一三日
« Robert Bresson : Le Diable et moi »,
L'Express, 13 juin 1977.

詩は省略を介して滑り込む

ジャック・フィエスキ〔一九四八年―。『シネマトグラフ』誌の編集長を務めた後、脚本家として活躍〕――『たぶん悪魔が』によって、自作のなかで最も政治参加《アンガジェ》した映画を作ったとお考えですか？

ロベール・ブレッソン――最も現代的《アクチュエル》な映画です。身の回りの出来事に対する憤りをできる限り直接的なやり方で表明せねばならないという衝動を感じたのは、これまでにないことでした。警鐘を鳴らすことで、私は人々の感情を煽ったのです。

フィエスキ――この映画が論争を引き起こしたのは、現在、広く普及している人文科学、とりわけ精神分析の描き方のせいだと思いますか？

ブレッソン――いいえ。論争はそれとは別の次元のものであったと思います（肉体をもたない《デザンカルネ》人物に対するおなじみの非難とも別です）。論争は、精神分析とも宗教とも関わりがありません。とにかく人々は不安をかき立てられるのが嫌なのです。現在起こっていること、人々に隠されていることは怪物じみています。突き詰めると、地球全体にとって何か恐ろしいことが起こっているのに気づかされます。もちろん文明というのはやがて死すべきものですが、ここで問題になっているのはまったく別の事柄です。

フィエスキ――では何が？

ブレッソン――生です。

フィエスキ――ニュース映像を使っていますね。なかにはとても有名な映像もあります。そうした情報がどのように受けとめられるのをお望みなのでしょうか？

ブレッソン――できることならニュース映像も自分で撮りたかったのですが、そんなことをしたら映画の予算を超過することになっていたでしょう。だからテレビから映像資料を拝借しました。ニュース映像には単純化されていて、手っ取り早いところがあります。しかし私がやりたかったのは説教を垂れることではなく、ただ見せることでした。赤泥には驚愕しました。お金や利益のためという口実でそれが容認されているのには開いた口が塞がりません。アザラシの赤ちゃんについても同じです。その他にも形式《フォルム》の問題がありました。地中海やカナダで撮られた映像資料を圧縮し、モンタージュによって日常生活の場面と混ぜ合わせること。たとえば、アザラシの赤ちゃんの死の映像の直後に、若い娘が荷物をもってアパルトマンを後にするところが続きます。同様に、難破船の後でポンヌフを見せました。モンタージュによって映像資料を映画に同質化させることで、それらをより生き生きとしたものとしようとしたのです。

フィエスキ――この映画のアプローチや人物の選択には、新たな福音のようなところがありませんか？

ブレッソン――何らかの知らせを告げることが問題だとして、私が告げるのは悪い知らせです（悪い知らせをもたらすのは私が最初ではありませんし、私一人というわけでもありません）。しかし私がやりたかったのは批判することではなく、ただ見せることでした。たとえば核爆発によるキノコ雲です。それは核についての講義の無邪気で無責任な側面を強調しています。核や医学の分野では、どのような結果をもたらすか予測不可能なことがなされています。しかも、それらが利便性や必要性のためでなく、進歩の名のもとになされているのです。こうした点に関しては、私は、人間や動物、植物の生について書かれた堅実な書物の足元にも及びません。われわれは不可能などないかに見える強力な力を手にしている。そして人々は地上を支配せんとしている。こうした進展を止めることはできないように思えます。これは暴力や戦争なんかよりもずっと危険なことです。そしてずっと謎めいたことでもある。この映画のタイトルはそこに由来しています。

フィエスキ――『たぶん悪魔が』は、自作のうちで最も絶望的な映画であると思いますか？　検閲は一八歳未満入場禁止を望んだわけですが。

ブレッソン――最も恐ろしい映画ではありますが、最も絶望的な映画というわけではありません。私の映画はどれも絶望などしていません。禁止の理由はよくわかります。何らかの検閲なしに映画の存在を考えることはできないでしょう。映像はあまりにも強烈なものだからです。主人公のシャルルが『地球生存作戦』という本の頁を繰るところを見せたのですが、アルーン・タジェフ〔一九一四―一九九八年。フランスの火山学者、映画監督〕がその本に序文を寄せて、次のように書いています――「若者よ、君たちが行動する番だ。(1)」若者は、人類が想像だにしなかった、この上なく破壊的なシステムを相手にすることになるのです。

フィエスキ――若者の心理について少しお話しいただけますか？

ブレッソン――若者を用いることで、彼らの特徴である未知なるものの衝動を生々しく描き出そうとしました。心理は自ずと出来上がってゆくものであって、前もって説明できるものではありません。こうした原則から出発すれば、映画にある種の統一性をもたらすことができるのです。

精神分析家との場面では、シャルルについて幾つかの情報を与え、彼がどういう人間なのかを見極め、理解しようとしました。手っ取り早く情報を伝える必要がありました。どうして両親の姿を見せることがありましょうか？　母

（1） Lucien Mathieu, *Terre, opération survie*, éditions La Farandole, 1971.

親について一言語らせるだけで十分です。「父が裕福になればなるほど、母は父を愛するようになった。」くどくど説明している暇のない諸要素は一つにまとめて片付けるようにしたかったのです。あくまで映画の統一性の枠内において、観客に触れること、強烈に表現することが必要です。シナリオに詰め込むこともできたであろうあれやこれやの要素が、ここではぎゅっと圧縮され、映画の終結が近づき、観客が知りたいと思うまさにその瞬間に、わずか数語でさらりと語られます。多くの物事を暗がりへと追いやらないといけません。これはとても重要なことです。

フィエスキ——あなたは統一性だけでなく、節約《エコノミー》も必要としているわけですね。節約は必ず省略を介することになるのでしょうか？

ブレッソン——詩《ポエジー》は省略を介して滑り込んでくるものです。

フィエスキ——あなたの映画ではオブジェが繰り返し現れます。教会の献金箱（これはスロットマシーンを思わせます）、コカコーラのボトル、シャルルが死の直前に見聞きするテレビの受像機などです。

ブレッソン——教会の献金箱についてですが、私が興味を引かれたのは、床に落ちる小銭の音と偉大な宗教音楽との音響的な遭遇でした。モンテヴェルディのこの曲はとても美しい(2)。モンテヴェルディは時としてバッハに見られるような偉大さに達しています。しかし、しっかりとした説明はできません。直感的であると感じられるときほど自分の仕事の出来に自信をもつことができます。

フィエスキ——音については何を要求なさいますか？

ブレッソン——物音についてですか？　物音——そして沈黙——は音楽と化さねばなりません。幾度となく言ってきたように、「幻のオーケストラはいらない」のです。物音と沈黙は香りや色彩と同じように、記憶と思い出のなかを漂います。私の映画は、物音と沈黙の小片の貼り合わせでできているのです。

フィエスキ——身体の一部を孤立させるフレーミングの選択について説明いただけますか？

ブレッソン——重要なのは、演劇でなされているように表象することではなく、自分が感じたことを伝達することです。疾走する馬の躍動感を表現したい場合、私は強靭な胸と後半身しか見せません。そのとき私にとって騎手は邪魔でしかないのです。同じように『たぶん悪魔が』では、ヴァランタンがズボンを履き替えるところで、彼の脚とズボンしか見せませんでした。とはいえ、こうしたことはどれも計算されたものというよりは自発的なものです。探し求めずとも自ずと見つけることができるような状態に己を置かねばなりません。

フィエスキ――あなたが描いた若者には、未来の世代への呼びかけが込められているのでしょうか？

ブレッソン――私は彼らを、私自身の目に映るがままに見せました。彼らは愛し合い、苦しめ合っています。六八年五月を機に生まれた、〔互いを「君《チュ》」で呼び合う〕親しい口の利き方はすでに、若者のあいだでの一種の平等の感覚のしるしであって、変化の兆しに満ちていました。すべてはこの素晴らしい口の利き方のなかにあるのです。子供どうしのあいだに存在している平等は、今日の思春期の若者どうしのあいだで生き続けている。そうした種類の平等を見出さねばなりません。

『シネマトグラフ』、一九七七年七月－八月
Cinématographe, juillet-août 1977.

（2） Claudio Monteverdi, « Ego dormio et cor meum vigilat », dans *Œuvres complètes*, éd. Gian Francesco Malipiero, t. XIII, 1942.

17 『ラルジャン』——一九八三年

撮影監督のパスクワリーノ・デ・サンティスとロベール・ブレッソン。

おお、金、眼に見える神よ！

ミシェル・シマン〔一九三八年―。フランスの映画批評家。『ポジティフ』の編集長を務める〕——あなたの映画の話となると、決まって禁欲主義が持ち出されます。これはもはや一種の紋切り型です。私が感銘を受けるのは、むしろ力強さなんです。

ロベール・ブレッソン——精確さがもたらす力強さです。精確さは詩《ポエジー》ともなりえます。

シマン——力強さ……、それに速さです。あなたのシナリオを別の監督に撮らせたら、一時間二五分でなく二時間一五分の映画になってしまうでしょうね。

ブレッソン——構成が、そうした速さを必要とするのです。音楽の構成の場合と同じことです。映画を作りながら、ピアニストが自分の演奏するソナタを聴くのと同じように、私は自分の映画に耳を傾けます。そして音声を映像に従わせるのでなく、むしろ映像の方を音声に従わせるのです。われわれの視覚系は脳のなかでとても大きな場所を、おそらく三分の二ほどを占めています。しかしながら、われわれの眼のもつ想像力は耳のそれよりも狭く、多様性や深さを欠いています。あらゆる創造作業において想像力が大きな役割を果たすことが知られている以上、そうした事態を無視することはできません。

シマン――あなたは映画音楽の作曲家に声をかけることは滅多になく、むしろモーツァルトやリュリ、モンテヴェルディ、シューベルト、バッハといった大作曲家を重んじていますね。

ブレッソン――そうした区別にはもはや大した意味はありません。というのも数年前から、支えないし伴奏の音楽そのものを映画から完全に抹消してしまいましたから。そうした音楽が――たとえ輝かしいものであっても、むしろ輝かしいものであるときにこそ――有害な効果をもつことに気がついたのは、かなり後になってからでした。映像がたちまち平板なものとなってしまいます。それに対して、ごく小さな物音があるだけで、映像は窪み、奥へと広がり、立体的なものとなるのです。

シマン――『ラルジャン』では、なぜバッハの『半音階的幻想曲とフーガ』を選ばれたのでしょうか？

ブレッソン――ピアニストに感傷的な曲を弾いて欲しくなかったからです。しかしバッハの音楽にはいつも感傷的なところがあるので、少しばかりミスをしでかしてしまったかもしれませんね。

シマン――あなたの映画は、現実の断片を尊重することで作られています。ただし、それらの断片はある種の秩序のなかに集められています。

ブレッソン――現実の諸断片、むしろそれらの関係と組み合わせこそが表現を作りだすのであって、演劇に見られるような俳優の物真似《ミミック》や抑揚ではありません。

シマン――あなたはつねに演劇に敵対していますね。

ブレッソン――私は演劇が大好きです。しかし撮影された演劇や諸芸術の総合となったところで、映画が得るものはないと考えています。若い人たちに向けてスタンダールの言葉を引用しましょう。「私に書く技術《アール》を教えてくれたのは他の諸芸術でした。」自分の眼と耳をしっかり育てなければなりません。

シマン――絵画による映画の汚染を恐れたことはありますか？

ブレッソン――いいえ、ありません。私が絵画のことを考えるのは、絵画から逃げるためです。私はカラーの絵葉書から逃げたいのです。しかし私が画家の眼で映像を構築しないのは、それが理由というわけではありません。

シマン――カラーを使うようになったのは、ずいぶん遅くなってからですね。

ブレッソン――カラーは非常に値が張りましたからね。自分にも手が届くようになると、すぐに喜んで使いましたよ。色彩は光です。それ自体で光なのです。

シマン――今でも絵を描いていますか？

ブレッソン――いいえ。やれることはすべてセザンヌがやり尽くしてしまいました。画家だった頃、他の画家たちと同様、私も毎晩のように映画館に駆けつけたものです。なんせ「動く」んですからね。木の葉が動くんですよ。

映画、むしろシネマトグラフは明日のエクリチュール、二つのインクを用いたエクリチュールです。一つは眼のためのインクであり、もう一つは耳のためのインクです。

シマン――しばしば考えられているのとは反対に、あなたの映画にはカメラの動きがたくさんあります。しかし、それらはいつも目につかないものになっている。これ見よがしなトラヴェリングやパンは決してありません。

ブレッソン――なぜなら、それは描写ではなく、ヴィジョンに関わる事柄だからです〔『シネマトグラフ覚書』七五頁参照〕。

シマン――画面の奥行きを活用することが滅多にないのは、音をじっくりと練り上げているからなのでしょうか？

ブレッソン――おそらく。それはまた、私が撮影において五〇ミリのレンズしか使わないからでもあります。

シマン――『ラルジャン』で、あなたがズボンの裾からのぞく脚を見せたことに気分を害した批評家が少なからずいました。

ブレッソン――グラン・ブールヴァールのカフェのテラスの前を通り過ぎる女性のズボンのことかと思います。人でごった返す時刻に、そうした大通りの一つにやって来たときのことです。そこで私を襲ったのは、舗道の上で乾いた音を立てる無数の足のもたらす雑然たる印象でした。そうした印象を音と映像によって再現しようと努めたのです。『湖のランスロ』でも、馬の脚をめぐって同じような批判を受けました。騎馬試合の場面で、馬が駆け出そうとして脚を踏ん張る瞬間の後半身の筋肉の力強さに注意を引きつけたかったので、騎士は見せずに馬の脚だけを見せたのです。

シマン――D・W・グリフィスの時代にも、俳優のクロース・アップを撮ったら、俳優の全身にお金を払っているんだからといって、プロデューサーに怒られたという伝説がありますね。

ブレッソン――映画でいちいちすべてを見せるのは、俳優の演技と同じように、演劇の慣習に由来するものです。

シマン――映像の力が音の力と競い合うことが必要なのでしょうか？

ブレッソン――音と映像が手と手を取り合っていると、両者の力が失われ、弱体化が生じてしまうのは確かです。しかし事態はそれよりもずっと複雑です。撮影の現場で、われわれの眼に入るものは、「カメラとテープレコーダーという」完璧なコピーを行うとされる二つの機械を通って出てゆくことになります。しかし、それらの機械は完璧なコピーなど行いません。カメラの方は、存在や事物について誤った外観を与えます。それに対して、テープレコーダーの方は、音の素材《マチエール》そのものまでそっくり再現します。映画に一貫性をもたせようと思ったら、第一の機械が、現実を過剰に含む第二の機械から、現実を少しばかり奪い取るようにしてやらねばならないでしょう。俳優の名演や台詞回しばかりを目当てに映画に行くのをやめさえすれば、映画の観客はどれほど多くを味わうことができることか！

シマン――どういう経緯で、俳優を使うのをやめて、その代わりに、あなたが「モデル」と呼ぶところの日々の生活のなかから見つけてきた人々を用いるようになったのでしょうか？

ブレッソン――最初の長編の最初の瞬間からすでに、女優たち――この映画には女性しか登場しませんでした――は、もはや人でなくなっていました。私が事前に想像していたものは、文字通り、影も形もありませんでした。

シマン――どうしてでしょうか？

ブレッソン――彼女たちの上っ面な喋り方や無用な身ぶり手ぶりのせいでしょうね。

シマン――あなたは現在ではもう、人物との精神的な類似によって「モデル」を選んではいないのでしょうか？

ブレッソン――身体的な特徴や顔、声、表現の仕方において人物と相反するところがなければ、すぐに決めてしまいます。人間には、じつに多くの矛盾や奇癖があります。ドストエフスキーは、そうした矛盾や奇癖についてほとんど一つの体系を作り上げました。未知の人々と仕事をし、彼らに不意打ちを与えてもらうのが好きです。モデルたちに失望させられたことは一度たりともありません。私はいつだって彼らのなかに、想像もしていなかったような新しい何かを見つけます。そして、それは私の意図の実現を助けてくれるのです。私はまた偶然を、幸運な偶然を信じてもいます。映画の主人公であるイヴォン、写真店員のリュシアン、その他すべてのモデルたちは、幸運なる偶然と直感の結びつきです。

シマン――ご自身の映画のうちで最も満足のいった作品はどれでしょうか？

ブレッソン――自分の映画を見直すことはまったく、というかほとんどまったくありません。どの映画も私に作る喜びを与えてくれました。『スリ』のように、ごく短期間ですんなりと撮れた作品もありました。『バルタザールどこへ行く』では、上手く行った瞬間と不完全な部分とが入り交じっています。想像を絶する奇跡のような巡り合わせでもなければ、途轍もなく困難な仕事をなし遂げることなどできないのです。

シマン――『シネマトグラフ覚書』で次のように書かれていますね。「秩序からも無秩序からも恭しい距離をとっている」〔『シネマトグラフ覚書』七六頁参照〕。これは、膨大な準備をすることと偶然を受け入れることが隣り合う、あなたの仕事をぴたりと言い表しています。

ブレッソン――「〔余計なものを振り落とすために〕木を揺すらねばならない」とチャップリンは言っています〔チャップリンがコクトーに語った言葉〕。しかし、あまり強く揺すりすぎてもいけないと思います。本物の無秩序も少しばかりは必要ですから。

シマン――あなたの映画を見ると、大部分が即興に委ねられているとは夢にも思いません。

ブレッソン――面白いことに、私の映画のなかには、しっかり準備されていたように見えるものの、まったくそうではなかったものが幾つかあります。たとえば『スリ』は、執筆にかかったのは三ヶ月ほどで、撮影も群衆のただ中で最小限の時間しかかけずに行われました。『ラルジャン』の場合、場所や登場人物のグループが目まぐるしく変わる点に不安がありました。話の流れがわからなくなりはしまいかと不安だったのです。しかし音による場面転換──音楽的とさえ言いたいような場面転換──を用いることで、シークエンスからシークエンスへと移ってゆくことができました。

『ラルジャン』でも、それ以前の映画でも、私は自分が何を、どのようにするのかを前もって知ろうとは決してしませんでした。ショックが必要なのです。しかるべき瞬間に、存在や事物の新たなものを感じとり、思いがけぬものを生じさせ、それをフィルムの上に定着させること。私がまだ映画館に通っていた頃に見ていた映画でいつも驚かされたのは、すべてが前もって意図され、わずかな細部に至るまで準備されているということでした。たとえば俳優たちが自分の役柄を研究し尽くしているといった具合に。画家は自分の描く画布がどのようなものになるか前もってわかっていません。彫刻家も自分の彫刻が、詩人も自分の詩がどのようなものになるか前もってわかっているわけではないのです。

シマン──執筆、編集、撮影のうち、どの段階がお好きですか?

ブレッソン──モンタージュこそが創造を行います。突如として映像と音響がぴたりとかみ合って、生がほとばしる。モンタージュは、われわれの努力に対する報酬でもあるのです。

シマン──ご著書のなかで「眼の、射精の力」について語っていますね。(1)

ブレッソン──眼のもつ創造する力です。眼は対象を解体し、それに対して己が抱いている観念に従って組み立て直します。画家の眼の場合、己の趣味嗜好や〈理想美〉に従ってそれを行うのです。

シマン──あなたの人物たちを導いているのは欲望ではないでしょうか?

ブレッソン──生きる欲望です。

シマン──『ラルジャン』では、ブルジョワ社会に対してきわめて厳しい見方をしていますね。好感のもてる人物は、燃料の配達員であるイヴォンか、良いように使われている老婦人くらいのものです。

ブレッソン――『ラルジャン』は反ブルジョワ映画ではありません。ここで描かれるのはブルジョワ社会――総体としてであれ、ある任意のものとしてであれ――ではなく、それぞれ個別の事例なのです。

シマン――トルストイの小説で面白いのは、高校生や写真の額縁など同時代的な細部です。

ブレッソン――原作の視点を残すことにこだわりました。これは正確なものでしたからね。私は舞台をフランスに移し、パリ風で現代的なものとしました。

シマン――『抵抗』もまた「現代化」されていましたね。新たな『ロビンソン・クルーソー』のようでした。主人公は技術的な問題と格闘します。形而上学的な絶望に流されることなく、生き延びるための手段を己自身のうちに探し求めるのです。

ブレッソン――私の映画の主人公たちは、未知の島を発見せんと旅に出たものの船が難破してしまった遭難者に似ています。アダムの創造の最初の数日間のように。私の次回作は『創世記』です。数ヶ月後には準備に取りかかる予定です。

シマン――どこで撮影なさるのですか？

ブレッソン――まだわかりませんが、パレスチナや中東の国では撮りません。風景をいかにもそれらしいものにしたくないんです。そもそも私の映画で風景が重要だったことは一度もありません。世界中のありとあらゆる動物を登場させます。

シマン――『ラルジャン』の一家皆殺しの場面で胸を打つのは、犠牲者たちが飼っていた犬の悲痛な叫びによってエ

（1）『シネマトグラフ覚書』一七頁［*Notes sur le cinématographe, op. cit.*, p.24］。

モーションがもたらされるという点です。

ブレッソン——多くの動物が洗練された感受性を備えているというのに、われわれはそれをよく知ろうとはしません。私はできる限り動物の感受性を活用したいと思っています。動物の感受性は、われわれの感受性の分身であり、われわれの喜びや苦悩の延長のようなものなのです。

シマン——あなたは、自分を陽気な悲観主義者だと言っています。しかし最近の作品は、『スリ』や『抵抗』と比べると、より陰鬱になっています。『スリ』や『抵抗』では最後に喜びの瞬間がありました。

ブレッソン——『ラルジャン』で、イヴォンの贖いを、贖罪という観念をじっくり描けなかったことを残念に思っています。しかしあの時点では、映画のリズムがもはやそれを許さなかったのです。

シマン——イヴォンには皆殺しの天使のようなところがありますね。

ブレッソン——彼は社会に見捨てられます。彼の行う殺戮は絶望の爆発のようなものなのです。

シマン——ある人物が、「おお、金《かね》よ。眼に見える神よ」と言います。これはつまり偽の神ということです。なぜなら、あなたにとって重要なのは、眼に見えないものだからです。

ブレッソン——忌々しい偽の神です！

「精確さの詩学」、『アメリカン・フィルム』、一九八三年一〇月
« The Poetry of Precision », *American Film*, octobre 1983.

映画は広大である。まだ何もなされていない

カイエ・デュ・シネマ——親愛なるロベール・ブレッソン監督、『ラルジャン』はカンヌで上映されました。これは、われわれにとって事件でした。まずは作品の出発点であるトルストイの中編小説の脚色についてお話しいただけますか？

ロベール・ブレッソン——トルストイにはとても美しい中編が幾つかあります。その一つである『にせ利札』〔『トルストイ全集10 後期作品集（下）』中村白葉訳、河出書房新社、一九七三年所収〕が、出発点以上のものを私に与えてくれました。それは、めくるめく〈悪〉の蔓延と最終的な〈善〉の出現というアイデアです。

カイエ・デュ・シネマ——二〇世紀初頭に書かれた小説から現代、つまり今日のパリへの移し換えはどのように行われたのでしょうか？

ブレッソン——すぐさまパリを舞台にした映画にしようと考えました。人物たちを現在の人々が喋っているのと同じように喋らせ、パリの人々が街や家で生活しているのと同じように生活させました。

カイエ・デュ・シネマ——一九世紀から二〇世紀初頭にかけてのロシア文学を出発点とされるのは今回が初めてでは

ありませんね。ドストエフスキー、さらにはトルストイのなかに、とりわけあなたの関心を引く何かがあるのでしょうか？

ブレッソン――ドストエフスキーの真実、トルストイの真実です。

カイエ・デュ・シネマ――いつ頃から『ラルジャン』を作りたいと思っていたのですか？

ブレッソン――三、四年ほど前に、『ラルジャン』の企画を制作費前貸制度の審査委員会に提出したのですが、委員会は私が要求した規定通りの額を拒否しました。同じ頃、私はアメリカで、念願の企画の資金を探していました。『創世記』、より正確には、その冒頭の天地創造からバベルの塔までの部分の映画化です。間もなく取りかかる予定です。

カイエ・デュ・シネマ――二つの企画には順序があったのですか？　どちらを先にやろうと思っていたのでしょうか？

ブレッソン――『創世記』です。これは私が長年温めてきたアイデアです。デ・ラウレンティスと一緒にこの作品を作ることになっていました。ローマに七、八ヶ月ほど滞在して、脚本に磨きをかけ、準備にも取りかかっていました。しかしデ・ラウレンティスとの関係が悪化し、私はパリに戻ることとなりました。

カイエ・デュ・シネマ――私が驚いたのは上映時間が一時間半だということです（世界の偉大な映画作家たちの映画と比べると、最近としては若干短い上映時間です）。上映時間の帳尻を合わせるためにどういう工夫をしているのでしょうか？

ブレッソン――とくに計算はしていませんでした。映画をもう一〇分長くしたり短くしたりすることはできるでしょう。しかし観客に長時間の集中を求めると、あるとき集中が緩む瞬間が訪れてしまいます。エドガー・ポーは、一篇の詩にはそれにふさわしい長さがあると言っていますが、同じように一本の映画にもまたそれにふさわしい長さがあるのです。[1]

カイエ・デュ・シネマ――しかし急いで何かを伝えようとしているようにも感じられました。この映画であなたが伝えようとするメッセージは差し迫ったものであり、ぐずぐずしている暇はないという風に感じられたのです。

ブレッソン——以前ならわれわれの時代が抱える問題を無視することもできましたが、今日の私にとってそのように振る舞うのは難しくなっています。とはいえ『ラルジャン』は、あまりにも厳しい映画になってしまったのではないかと恐れています。じっさいのところ、かなり長い時間をかけて映画を作り、自分の最善を尽くそうと夢中になっていると、自分がやっていることにいちいち意見をもったりしないものです。私は、全力を尽くす一人の職人《ウヴリエ》なのです。

カイエ・デュ・シネマ——この映画のエクリチュールはとても荒々しいものになっています。しかし悲観的な作品だとも楽観的な作品だとも言えません。というのも、この作品がもたらすのは一種の……。

ブレッソン——悲観主義というのは困った言葉ですね。というのも、この言葉はしばしば明晰という語の代わりに用いられるからです。コクトーは陽気な悲観主義者について語っていますが、おそらく私もまたその一人なのだと思います。

カイエ・デュ・シネマ——あなたの映画には陽気さ以上のものがあります。偉大な名人芸、映画と戯れ、遊ぶことの喜びのようなものがあるのです。この点で、少しばかり『スリ』を思い出しました。

ブレッソン——私は、いつもより無我夢中なやり方で仕事をすると同時に、より気楽に、自由で衝動的なやり方で仕事をしました。形式《フォルム》に固執したことを感じとってもらえたらうれしいですね。もちろん、どんな劇芸術にも汚されていない私の素人たちは必要以上のことは喋りません。そして物音のなかでも最も美しいものである人間の声は、映像の世界と対をなす物音の世界のなかに、ごく自然に己の位置を占めることになります。次回作では、サウンド・トラックが今作よりもずっと重要なものとなるでしょう。そうしたいと思っています。いずれにしても、私はより多くの注意と感受性をサウンド・トラックに注ぎ込むことになるでしょう。さして昔でもないのですが、私は「物音は音

（1） エドガー・アラン・ポオ「詩の原理」（篠田一士訳）『ポオ　詩と詩論』創元推理文庫、一九七九年［Edgar Allan Poe, *The Poetic Principle* (1830)］。

楽と化さねばならない」と言ったり書いたりしました〔『シネマトグラフ覚書』二八頁参照〕。しかし今日では、一本の映画全体が音楽と化さねばならない、一つの音楽、日々の音楽と化さねばならないと考えています。モンタージュのさいに、『ラルジャン』を映写したのですが、自分が眼前を流れる映像には目もくれずに、ひたすら音だけを聞いているのに気づいて、びっくりしたものです。

カイエ・デュ・シネマ――映画では、お金そのものが撮影されることはかなり稀です。あなたは『スリ』ですでにお金を撮影していますね。しかし今回は、それよりもずっと驚かされました。あなたは映画を『ラルジャン』〔ラルジャンはフランス語で「お金」の意〕と名づけたのですから。タイトルそのものがすでに強烈です。これは狙ってやったことでしょうか?

ブレッソン――そうです。しかし、もっと壮大なタイトルにできなかったことが悔やまれます。

カイエ・デュ・シネマ――この映画でのお金は、人物たちの情念を解き放つものとなっています。お金のためなら、人は何でも、殺人までもできるとお考えですか?

ブレッソン――新聞が日々書き立てている通りです。

カイエ・デュ・シネマ――贋札というアイデアですが……。

ブレッソン――これは、ただの小さな贋札が途方もない〈悪〉の雪崩を引き起こすというアイデアです。トルストイの小説では、〈善〉は、私の映画よりもずっと早い時点で姿を現します。トルストイには、宗教的な、福音のような部分があって、それが小説のほとんど三分の二を占めています。私の映画では、償いや贖罪といった観念は最後の最後になるまで入り込んで来ません。

カイエ・デュ・シネマ――しかし、にもかかわらず、監獄のなかで囚人仲間の一人が言います。「おお、金《かね》よ。眼に見える神よ。」このフレーズは何を意味するものなのでしょうか?

ブレッソン――このお金という神が殺人へと駆り立てるのです。

カイエ・デュ・シネマ――『ラルジャン』はアクション映画だと言ったら、不愉快に思われますか?

『ラルジャン』でのクリスチャン・パティ。

ブレッソン――そんなことはありません。一本の映画は、一続きの運動をなしています。内なるアクションこそが映画の導きの糸なのです。ある種のリズム、律動がアクション映画のような印象を作り出しているのかもしれません。不愉快どころか、その反対ですよ。

カイエ・デュ・シネマ――映画の編集にかかる時間のことを思うと、どうしてなのかと……。

ブレッソン――ええ。残念ながら、カンヌに間に合うよう急がねばなりませんでしたが。

カイエ・デュ・シネマ――しかし、それでもやはりとても身体的で衝動的な部分が残っているのは、どうしてなのでしょうか？

ブレッソン――撮影と録音は準備段階でしかありません。モンタージュにおいてはじめて物事は互いにぴったりとなじみ合うのです。イメージ・トラックとサウンド・トラックは姉妹のように並んで進み、時に一方が遅れ、時にもう一方が先に進んだりしますが、やがて双方が足並みを揃え、互いに手を取り合うに至ります。

カイエ・デュ・シネマ――今でもまだ、映画という仕事において未知の領域や新たな大陸を発見したと感じることはありますか？

ブレッソン――あります。ただし、己をある種の状態に置くという条件、つまり今まで学んだことを忘れて、何も考えずただ仕事に打ち込むという条件において。

カイエ・デュ・シネマ――あなたの映画の協力者たちに聞いたのですが、あなたは何も準備せずに撮影現場にやって来るそうですね。あなたにとって、どのショットも一つの創造だからでしょうか？

ブレッソン――その通りです。撮影の前夜、私はあえて翌日にやることを考えないようにしています。その場で、自然に湧きあがる強烈な印象を大切にするためです。もし仕事《トラヴァイユ》とは幸運な発見《トゥルヴァイユ》のことであるとすれば、前もってすべてを準備すると、まったく何もできなくなってしまいます。私は瞬間的なものを信じているのです。この恐るべき職業に足を踏み入れたばかりの頃、心底ショックを受けたことがあります。それは、演劇と同じように、予めすべてを準備するという映画の慣習でした。たとえば俳優は自分の役柄を研究し尽くしています。俳優なしで撮るという今日の私のやり方は、最初の長編を撮り始めたまさにその瞬間に生まれたものでした。女優たちは（この映画には女性しか登場しませんでした）、おそらくその上っ面な喋り方や無用な身ぶり手ぶりのせいで、もはや人ではなくなっていました。私が事前に想像していたものは影も形もありませんでした。

カイエ・デュ・シネマ――あなたのヴィジョンについてお聞かせください。

ブレッソン――現場でわれわれの眼と耳に入るものは、〔カメラとテープレコーダーという〕完璧なコピーを行うとされる二つの機械を通って出てゆくことになります。しかし、それらの機械はまったくコピーなど行いません。カメラの方は、存在や事物について表面的で偽りの外観しか与えません。それに対して、テープレコーダーの方は、人間の声や動物の鳴き声も含めた、物音の素材《マチエール》そのものを正確に再現します。現実をわれわれに与えない第一の機械が、現実を過剰に含む第二の機械から少しばかり現実を奪い取ることができたなら、聴覚的な世界と視覚的な世界とのあいだの様々な照応、対等化、置き換えの作業――それは、われわれの感受性に従ってなされます――の結果として、われわれの個人的なヴィジョンがスクリーンの上に立ち現れることになるでしょう。そこには、聴覚的な世界から視覚的な世界へというベクトルと、視覚的な世界から聴覚的な世界へというベクトルがあります。後者がとりわけ重要なのは、聴覚的な世界の方がより深遠で多彩なものだからです。

カイエ・デュ・シネマ——あなたは俳優でないモデルを用いています。じっさいに見て、興味深い人物だと思ったら、その人に決めるのでしょうか？

ブレッソン——私はいつも、どのモデルに関してもテストを行っています。たとえ数分であってもです。

カイエ・デュ・シネマ——他方で、あなたは彼らを発見したいとも思っているのでは？

ブレッソン——私はモデルをよく知りません。それが私の好奇心を刺激するのです。昔は、モデルを選ぶ基準は精神的な類似であると説明することができました。しかし今日ではその人の身体的容貌と声で私が想像するものが実現可能でありさえすれば、すぐに決めてしまいます。

カイエ・デュ・シネマ——何年ものブランクがありましたね。映画は変わってしまったと思いますか？

ブレッソン——映画は前に進むべきであったのに、その場で足踏みをしているだけでした。

カイエ・デュ・シネマ——しかし誰もが映画を作っていますよ。

ブレッソン——映画は輝いています。しかし俳優の名演や台詞回しを見聞きするために観客が映画館に通うというようなことはいつまでも続かないでしょう。ある人が私に言いました。「映画では何もかもがやり尽くされてしまった。」映画は広大です。まだ何もなされてなどいません。

「セルジュ・ダネーとセルジュ・トゥビアナによるロベール・ブレッソン・インタビュー」、『カイエ・デュ・シネマ』、一九八三年六月‐七月
« Entretien avec Robert Bresson, par Serge Daney et Serge Toubiana », *Cahiers du cinéma*, juin-juillet 1983.

訳者あとがき

本書は、Robert Bresson, *Bresson par Bresson : Entretiens (1943-1983)*, rassemblés par Mylène Bresson, Flammarion, 2013 の全訳である。一九四三年から一九八三年までの四〇年のあいだに、ロベール・ブレッソンがフランス国内外の雑誌、ラジオ、テレビなど多種多様な場で行った発言を、彼の助監督であり妻であったミレーヌ・ブレッソン——『少女ムシェット』以降のすべての作品にミレーヌ・ヴァン・デル・メルシュとしてクレジットされている——が厳選し一冊の書物として編んだものであり、ジャン・ルノワールについての浩瀚な伝記で知られる映画批評家パスカル・メリジョーによる序文が添えられている。

ロベール・ブレッソンは半世紀に及ぶキャリアのなかで、中編一本を含む一四本の映画と一冊の本を残した。『罪の天使たち』（一九四三年）から、『ブローニュの森の貴婦人たち』（一九四五年）、『田舎司祭の日記』（一九五一年）、『抵抗』（一九五六年）、『スリ』（一九五九年）、『ジャンヌ・ダルク裁判』（一九六二年）、『バルタザールどこへ行く』（一九六六年）、『少女ムシェット』（一九六七年）、『やさしい女』（一九六九年）、『白夜』（一九七一年）、『湖のランスロ』（一九七四年）、『たぶん悪魔が』（一九七七年）を経て、『ラルジャン』（一九八三年）に至る長編はいずれも、抑制された厳格な見かけとその下に息づく溢れんばかりの感受性によって現在に至るまで多くの映画ファンを魅了してきた。また、そうした実作の傍らで書きつけられた断想を集めた『シネマトグラフ覚書　映画監督のノート』（松浦寿輝訳、筑摩書房、一九八七年）も映画ファン、実作者を問わず多くの読者に刺激を与えてきた。

ロベール・ブレッソンにとって映画は、他の諸芸術の複製——とりわけ演劇の複製——ではなく、一つの自律した芸術であった。彼はその芸術を——友人であったジャン・コクトーと同じように——「シネマ」ではなく「シネマトグラフ」と呼んだのだった。フランス語で、いわゆる映画を意味する「シネマ」は、リュミエール兄弟によって名づけられた「シネマトグラフ」を縮めたものである。しかし、なぜ「シネマトグラフ」でなくてはならなかったのか。それは、映画とは「エクリチュール」、つまり書くことを必要とするものだからである。「書く」を意味する「グラフ」の部分にこそ映画の精髄が宿っているのだとしたら、それを省略することなどもってのほかなのである。ブレッソンはつねに一人で「紙の上」に書いた。初期の二作品では、台詞に関してのみ作家（ジャン・ジロドゥ、ジャン・コクトー）の助けを借りたものの脚本と脚色は一人で書いているし、『田舎司祭の日記』以降は、多くの監督——「演出家」——とは違って、脚本家や脚色家、台詞作家の協力を仰ぐことなく、すべてを一人きりで書いたのだった。しかし「書くこと」は、そうした「紙の上」での作業にとどまらない。ブレッソンにとっては撮影、そして何よりモンタージュとミキシングもまた「エクリチュール」であった。「シネマトグラフは明日のエクリチュール、二つのインクを用いたエクリチュールです。一つは眼のためのインクであり、もう一つは耳のためのインクです」（本書三六一頁）。ブレッソンは完全なる「作家」として詩的かつ精緻な映画を文字通り「書いた」のである。

本書に収められたあるインタビューのなかで、ブレッソンは『シネマトグラフ覚書』に続く二冊目の本の構想を語っている。「今回〔『シネマトグラフ覚書』〕のような極度に簡潔なかたちでなく、インタビュー集か何かのようなかたちになるでしょうね」（本書三四四頁）。つまり本書は、『シネマトグラフ覚書』の続編ではないとしても、ブレッソン自身が好んで用いる表現を借りれば、その「姉妹」のような一冊なのである。ここに収められているのは語られた言葉、パロールであるのだが、しかし、そこにはエクリチュールの人であるブレッソンらしい硬質な響きがある。それもそのはずで、メリジョーの序文にもあるように、ブレッソンはインタビュー原稿をつねに綿密に校正、「モンタージュ」していたのである。そのためブレッソンの発言は、話し言葉の無秩序さがふるい落とされていて、『シネマトグラフ覚書』と同じく簡潔で揺るぎない響きを宿している。驚くべきは、ブレッソン自身の「モンタージュ」を経ていないはずのラジオやテレビでの発言においてさえも、そうした響きが聞きとれることだろう。おそらくブレッソンは、それらの発言の場においても脳裏に書き込まれた思索を繰り出していたに違いない。じっさい、本書の随所には『シネマトグラフ覚書』に読まれるのと似た一節、というかほぼ同一の一節が頻出する。なお訳出にさいしては、可能な限り松浦寿輝氏による『シネマトグラフ覚書』の訳文を取り入れ、併読が容易となるよう心がけたので、ぜひあわせて再読されたい。

とはいえ、本書に読まれる言葉には、極限まで贅肉をそぎ落とされた『シネマトグラフ覚書』の言葉よりもふくらみがあり、そこには喜びや憤り、さらには逡巡や疑念の跡すら見てとることができる。ジャンヌ・ダルクについて信者の熱烈さで語り、また同時代の教会の危機や環境破壊について熱弁を振るうブレッソンの姿に感動せずにいることができるだろうか。また本書を読むなかで、四〇年を通じて驚異的な一貫性を見せる彼の思考が、様々な躊躇や修正、変化に満ちていることも浮かび上がってくるだろう。たとえば『シネマトグラフ覚書』において、断固たる調子で繰り返される「モデル」という言葉。ブレッソンは『田舎司祭の日記』以降、職業俳優を排除して、「モデル」と呼ばれる実人生から見つけてきた素人を起用するようになった。しかし、この「モデル」という語は、職業俳優の放棄とともにきっぱりと選びとられたものではなかった。それはまず、五一年の討論会でふと思いつきのように口にされる。しかし、その後しばらく姿を消し——その間、ブレッソンは「俳優」という語を避けるために「主人公《プロタゴニスト》」というややぎこちない表現を用いている——、六〇年代後半になってようやく用語として採用されるに至るのである。六七年のジョルジュ・サドゥールとのインタビューのなかでブレッソンは高らかに宣言する。「私が用いたのはモデルです。画家や彫刻家のモデルと言うときのような意味でのモデルなのです」（本書二五九頁）。この発言を聞いて——レフ・クレショフを想起しつつ！——率直に驚きを表明するサドゥールの反応が、この時点においてこの語がいかに新奇なものであったかを物語っているだろう。本書は、ブレッソンの思考が決して頭でっかちな理論などでなく、あくまで一作一作と映画を作るなかで練り上げられていったものであることを明らかにしてくれる（『シネマトグラフ覚書』に、わざわざ「一九五〇－一九五八」、「一九六〇－一九七四」と年代が付されていたことの意味をあらためて考えねばならない）。「この本のなかには経験に基づかない《アプリオリ》ものは何一つありません」（本書三三七頁）。

そう、本書でとりわけ驚かされるのは、ブレッソンが一貫して「経験」や「感覚」の重要性を語っていることではないだろうか。「いかなる分野であっても、自分の経験と無関係なことは何もすべきではありません。経験の裏付けなしになされたことは空虚なものになる危険があります」（本書一七〇頁）。作品そのものがブレッソン自身の人生——そもそも彼の人生について多くが知られているわけではない——とは必ずしも関係がなさそうに見えるだけに、この発言には驚きと感動を覚えずにはいられない。こうした経験の要請は、『ジャンヌ・ダルク裁判』や『湖のランスロ』などの現代を舞台としない作品についても当てはまる。「現在から離れて、われわれ自身の生と混じり合ったものと無関係なところで、嘘偽りのないものを描くことができるなどと考えてはいけません」（本書三二二頁）。こうして過去をもっともらしく再現するのでなく、むしろ「過去を現在に置き直す」という「時代錯誤《アナクロニスム》」の戦略が生まれることになる。映画はつねに「現在形」であり、「過去を抹消する」ものなのである。『シネマトグラフ覚書』では、あっさりと触れられているだけのそうした「経験」の要請が（『シネマトグラフ覚書』六〇頁参照）、ここでは具体的な事例とともに繰り返し強調される。『田舎司祭の日記』の司祭と伯爵夫人の場面の背景で響く熊手の音、『抵抗』における監獄の生活といった細部に、彼自身の生、経験、記憶が息づいていることが語られる。なかでも『白夜』のバトー・ムーシュの滑走に触れて、ふと戦争中の捕虜の経験が語られる瞬間には驚きを禁じえないだろう。ブレッソンにとって重要なのは、何よりまず自分が感じた「感覚」や「印象」を観客に体験させることであった。だから彼が観客に求めたのは、頭を働かせるよりも先に、「感じる」ことであったのだ。そう、本書においてわれわれが発見、再発見すべきなのは、理論や知性、審美主義の映画作家としてのブレッソンでは断じてなく、経験の、感覚の、直感の、感情の映画作家としてのブレッソンなのである。

本書に収録されるインタビューの幾つかには既訳がある。なかでも『カイエ・デュ・シネマ』誌初出のジャン＝リュック・ゴダールとミシェル・ドラエによる長文インタビューは奥村昭夫氏によって訳されている（『作家主義』奥村昭夫訳、リブロポート、一九八五年）。本書収録のインタビューとの異同もあるので合わせて参照されたい。その他にも、幾つかのインタビューは劇場用パンフレットやＤＶＤ解説などで部分的に訳されている。それぞれの訳者の方に御礼申し上げる。また翻訳作業のあいだ訳者の手元にはつねに松浦寿輝氏の訳された『シネマトグラフ覚書』があった。学生時代の恩師でもある氏の華麗な訳業に心からの尊敬と感謝の念を捧げたい。

翻訳にあたっては友人、同僚、家族など多くの方々にご助力いただいた。マチュー・カペル氏、ジョスラン・グロワザール氏にはフランス語の不明箇所についてご教示いただいた。また福田桃子氏、大須賀沙織氏には訳稿に対して貴重なご意見とご指摘をいただいた。坂本安美氏、エレオノール・マムディアン氏には図版の交渉でお手を煩わせた。そして編者であるミレーヌ・ブレッソン氏には「訳者あとがき」にお目通しいただいたうえ、望外の貴重なコメントまで頂戴した。いずれの方々にも深く感謝申し上げたい。最後に、遅々として進まぬ作業を忍耐強く見守り、編集を手がけていただいた法政大学出版局の前田晃一氏に心から御礼を申し上げる。

願わくは本書が、映画を愛するすべての人にとって、またとりわけ映画を作るすべての人にとって、「シネマトグラフの領土」の探索の道連れとならんことを。「映画は広大です。まだ何もなされてなどいません」(三七三頁)。

二〇一九年二月

追記

この度、本書が重版されることをたいへんうれしく思う。本書の初版刊行後、ブレッソン作品のレストア版の劇場公開が続き、日本では特集上映などを除き劇場未公開であった『湖のランスロ』、『たぶん悪魔が』もついに全国で順次劇場公開される。レストア版のソフト化も進んでいる。また、時を同じくして、ゴダールとドラエによるインタビューが収録された『作家主義——映画の父たちに聞く』が「新装改訂版」(奥村昭夫訳、須藤健太郎監修)となってフィルムアート社より刊行される。これからもこうしてブレッソンの映画が見続けられ、その言葉が読み継がれていくことを心から願っている。重版に際して初版に存在した誤字脱字等を可能な限り改めた。ご指摘いただいた皆さまに厚く御礼申し上げる。

二〇二二年二月

角井誠

図版クレジット

14, 16, 17, 20, 25, 28, 30, 37, 40, 60, 299, 358, 371頁：© Archives Robert Bresson

42頁：© ADAGP/Comité Jean Cocteau, Paris 2019 E3300

44頁：Photo by Gamma Rapho/ アフロ

55頁：© Roger Corbeau/Ministry of Culture, France

65, 70頁：© SAIF, Paris & JASPAR, Tokyo, 2019 E3300

78, 114, 124頁：© Archives Robert Bresson/MK2

89頁：© Coral/Paris-Match/Scoop

135, 141, 151頁：© Philippe Dreux

174, 210頁：© ADAGP, Paris & JASPAR, Tokyo, 2019 E3300

215, 216, 217, 221, 222, 224頁：© Archives Robert Bresson/Argos Films

246, 257, 272, 285頁：© Mylène van der Mersch

308頁：© *Lancelot du lac,* un film de Robert Bresson. Production Gaumont/Laser Production/France 3 Cinéma (France)/Gerico Sound (Italie). 1974.

311, 331頁：© Luc Simon

350頁：© Isabelle Weingarten

＊掲載図版のうち権利者が不明のものがあります。お心あたりのある方は編集部までご連絡ください。

彼自身によるロベール・ブレッソン
インタビュー 1943–1983

2019年3月29日　初版第1刷発行
2022年3月30日　　　　第2刷発行

著　者　ロベール・ブレッソン
編　者　ミレーヌ・ブレッソン
訳　者　角井 誠
発行所　一般財団法人　法政大学出版局
〒102-0071 東京都千代田区富士見 2-17-1
電話03(5214)5540／振替00160-6-95814
組版：HUP
印刷：ディグテクノプリント
製本：積信堂

ISBN978-4-588-42019-1　Printed in Japan

著　者

ロベール・ブレッソン (Robert Bresson)

1901年、ピュイ＝ド＝ドーム県ブロモン＝ラモットに生まれる。画家として活動を始めるも映画監督へ転身。1934年に短編『公共問題』を監督。第二次世界大戦に従軍し捕虜となった後、1943年に『罪の天使たち』で長編デビュー。『ブローニュの森の貴婦人たち』(1945年）を経て、3作目となる『田舎司祭の日記』(1951年）以降、徐々に職業俳優を排除し、「モデル」と呼ばれる素人を起用、他の諸芸術に依存しない自律した芸術としての「シネマトグラフ」を探求していった。『抵抗』(1956年)、『スリ』(1959年)、『ジャンヌ・ダルク裁判』(1962年)、『バルタザールどこへ行く』(1966年)、『少女ムシェット』(1967年)、『やさしい女』(1969年)、『白夜』(1972年)、『湖のランスロ』(1974年)、『たぶん悪魔が』(1977年）を監督。1983年の『ラルジャン』が遺作となった。著書に『シネマトグラフ覚書——映画監督のノート』(松浦寿輝訳、筑摩書房、1987年）がある。1999年、パリにて死去。

編　者

ミレーヌ・ブレッソン (Mylène Bresson)

ベルギー出身。旧姓はミレーヌ・ヴァン・デル・メルシュ。『少女ムシェット』以降のブレッソン作品で助監督を務め、ロベール・ブレッソンの妻となった。

訳　者

角井 誠（すみい・まこと）

1982年生まれ。東京大学大学院博士課程満期退学、パリ第1大学博士課程修了。博士(芸術学)。現在、東京都立大学准教授。専門は映画研究、表象文化論。著書に『映画論の冒険者たち』(共著、東京大学出版会、2021年)、『レオス・カラックス——映画を彷徨うひと』(共著、フィルムアート社、2022年)、論文に「ルノワール・タッチ——『スワンプ・ウォーター』における俳優演出」(『映像学』91号)、「存在の刻印、魂の痕跡——アンドレ・バザンの（反）演技論」(『アンドレ・バザン研究』5号)、訳書に『ジル・ドゥルーズの「アベセデール」』(共訳、KADOKAWA、2015年）などがある。